rowohlt

Inge Jens

UNVOLLSTÄNDIGE
ERINNERUNGEN

Rowohlt

4. Auflage August 2009
Copyright © 2009 by Rowohlt Verlag GmbH,
Reinbek bei Hamburg
Alle Rechte vorbehalten
Lektorat Uwe Naumann
Satz Adobe Garamond PostScript, InDesign
Gesamtherstellung CPI – Clausen & Bosse, Leck
Printed in Germany
ISBN 978 3 498 03233 3

Für meine Enkelin Paula

INHALT

VORWORT

Warum schreibe ich dieses Buch? Wie oft im Verlauf meiner gut eineinhalbjährigen Arbeit habe ich mir diese Frage gestellt – spätestens von dem Zeitpunkt an, da klar wurde, dass das, was ich eher aus Zeitvertreib angefangen hatte, wirklich ein Buch zu werden drohte.

Warum schrieb ich trotzdem weiter? Weil ich merkte, dass es mir Spaß machte, mich mit mir selbst zu beschäftigen. Das war eine unerwartete Erfahrung. Ich bin immerhin 82 Jahre alt und habe mich, soweit ich es weiß, noch nie sehr intensiv für mich interessiert. Da überlegt man natürlich, wo denn wohl die Gründe für dieses plötzliche Vergnügen am eigenen Leben zu suchen sind.

Ja, wo? Zunächst spielt sicherlich das Alter eine Rolle. Ich habe unter anderem Literaturwissenschaft studiert und weiß daher, dass – zumindest in der Vergangenheit – Autobiographien im Allgemeinen in Form von Lebensrückblicken geschrieben wurden; von Menschen also, die versuchten, sich am Ende ihres Daseins der Erlebnisse und Erfahrungen zu erinnern, die sie prägten und die es ihnen wert schienen, aufbewahrt und weitergegeben zu werden.

9

Resümierend zurückzublicken zu einem Zeitpunkt, da das Alter konkret erfahrbar wird: Das war auch für mich ein wichtiger Grund, mich mit mir und meiner Vergangenheit zu konfrontieren. Jenseits der achtzig registriere ich physische Veränderungen, die mich veranlassen, die Strukturen meiner Lebensführung zu überdenken. Ich kann nicht mehr stundenlang spazieren gehen, das Laufen fällt mir zunehmend schwer. Am Schreibtisch aber fühle ich mich wohl. Mit der Hand schreiben kann ich nicht mehr, meine arthrotischen Finger versagen ihren Dienst. Aber ich habe als sehr junges Mädchen das Schreibmaschine-Schreiben gelernt. Später dann machte es die Arbeit an Thomas Manns Tagebüchern nötig, mich mit dem Computer anzufreunden.

Das alles kommt mir jetzt zugute. Ich kann Aufträge annehmen, die es notwendig machen, neue Themen zu durchdenken und meine Erkenntnisse zu Papier zu bringen. Wenn es Vorträge waren, die ich auf diese Weise niederschrieb, habe ich sie anschließend selbst gehalten – an verschiedenen Orten, zu denen ich gern reiste. Nicht mehr, wie früher, mit dem Auto, sondern mit der Eisenbahn. Und siehe: Mit einem konkreten Ziel vor Augen ging es bisher nicht nur gut, sondern festigte sich gleichzeitig mein Selbstbewusstsein. Die sich an den Vortrag fast immer anschließenden Diskussionen machten mir Spaß. Gelegentliche Rückgriffe auf eigene Erfahrungen stimulierten das Interesse des Publikums und veranlassten mich später, bei mir selbst noch etwas genauer nachzufragen. Auf Eisenbahnfahrten ist so etwas möglich.

Ungefähr zur gleichen Zeit verführte mich meine Freundin Christel Freitag, der ich beim Südwestrundfunk gelegentlich Rede und Antwort gestanden hatte, zu einigen gemeinsamen Veranstaltungen in Bibliotheken oder Volkshochschulen der näheren und weiteren Umgebung. Sie befragte mich variationsreich zu wichtigen Ereignissen in meinem Leben, und ich erzählte ein bisschen. Die Abende hatten eine unerwartet große Resonanz. Sie endeten meistens in auch für uns interessanten Diskussionen, in deren Verlauf ich vielfach gebeten wurde, das, was ich da gesagt hatte, doch aufzuschreiben.

Aber es gibt noch einen weiteren Grund: Nach 57 Jahren nie abreißender Gespräche bin ich allein – ohne den Menschen, mit dem sich über alles auszutauschen mir so selbstverständlich war wie essen und trinken oder atmen. Mein Mann ist seit langer Zeit schwer krank. Seit gut zwei Jahren kann er weder lesen noch schreiben. Eine Unterhaltung mit ihm ist nicht mehr möglich. Er ist da: als ein der Zuwendung bedürftiger Mensch, der ein Recht darauf hat, dass auch ich «da bin». Aber als Partner, als ein verstehendes, Antwort gebendes oder gar widersprechendes Gegenüber gibt es ihn nicht mehr. Das hat mein Leben von Grund auf verändert und mich auf mich selbst – nein, nicht zurückgeworfen, aber verwiesen. Die unerwartete Gegenwart hat mich – vielleicht, um meine Lage überhaupt begreifen zu können – veranlasst zurückzublicken, und ich habe mit Erstaunen bemerkt, dass dieses Zurückblicken Kräfte freisetzt, die mir auch einen neuen, anderen, freieren Umgang mit dem Hier und Jetzt ermöglichen.

Die Rückschau auf mein Leben verbietet mir, mit dem Heute zu hadern. Auf die Frage: «Warum muss das sein, warum trifft es gerade uns?», wüsste ich zwar auch jetzt noch keine Antwort zu geben. Aber – und das wurde mir schlagartig bewusst – diese Frage zöge unweigerlich eine zweite nach sich, die ich ebenso wenig wie die erste beantworten könnte. Denn sie müsste lauten: Warum denn ist es gerade mir – uns – so lange so ungeheuer gut ergangen? Warum war es gerade uns vergönnt, ein so interessantes, erfülltes und – trotz mancher Schwierigkeiten – glückliches Leben zu führen?

Und eben die Nichtbeantwortbarkeit dieser beiden Fragen hat mir Lust gemacht, mich genauer mit meinem erfüllten Leben zu beschäftigen. Dabei ging es mir von vornherein nicht darum, es in allen Details wiederzuentdecken. Ich habe mir keinen Zwang auferlegt und bin keinem System gefolgt, sondern habe mir zunächst lediglich das genauer zu vergegenwärtigen versucht, was mir spontan einfiel.

An einem Punkt begann ich dann, das Erinnerte aufzuschreiben. Zunächst ausschließlich für mich selbst. Später erzählte ich Freunden von meiner mich immer noch etwas seltsam anmutenden Tätigkeit. Sie ermunterten mich, zu versuchen, noch ein paar Ereignisse mehr aus dem «Brunnen der Vergangenheit» heraufzuholen und das zutage Geförderte zumindest in ausführlichen Notizen festzuhalten.

Die Zufälligkeit der Episoden, die bei diesen Bemühungen ans Tageslicht kamen, erstaunte mich. Dennoch notierte ich auch weiterhin meine Erinnerungen, wie sie kamen, und versuchte erst später, sie mit Hilfe der Chronologie in eine gewisse Ordnung zu bringen. Ihrem Wesen nach bleiben sie unsortiert, eine Zuordnung zu Themenkreisen wäre meinen Absichten zuwider. Ich hatte niemals den Ehrgeiz, eine Autobiographie zu schreiben. Mir liegt allein daran, Erinnerungen an Ereignisse und Personen festzuhalten, die ich offenbar absichtslos behalten habe, die aber für mich in sehr verschiedener Hinsicht von Bedeutung waren.

Das heißt jedoch nicht, dass ich alles aufgeschrieben habe, was mir wichtig gewesen ist. Es gibt Personen und Ereignisse, die für mein Leben nicht minder bedeutsam waren als die, die ich erwähne, und die dennoch in diesem Buch nicht vorkommen. Vielleicht, weil sie mir in irgendeiner Weise zu nah sind und deshalb nichts vermitteln können, was noch im Persönlichen Überindividuelles spiegelt. Außerdem lag es nicht in meiner Absicht, einen Katalog von Begegnungen mit mehr oder minder bekannten Persönlichkeiten aufzustellen oder gar ein *Journal intime* zu schreiben.

Dass meine ungeordneten und «mit Fleiß», wie man hierzulande sagt, «unvollständigen» Erinnerungen sich – ihrer Zufälligkeit zum Trotz – zu einem wie immer gearteten Ganzen zusammenfügten, verdanke ich nicht zuletzt der Hilfe von Hildburg Kindt, Hans Thiersch und Uwe Naumann. Sie haben mich in vielen langen und in-

13

tensiven Gesprächen davon überzeugt, dass es interessant wäre, zu erfahren, wie eine vorwiegend als «Frau an seiner Seite» wahrgenommene Frau dennoch – und manchmal vielleicht sogar dank dieser Rolle – ein eigenständiges und emanzipiertes Leben führen konnte. Alle drei haben mir zudem durch Fragen und Diskussionen geholfen, einigen zunächst eher kargen Kindheits- und Jugenderinnerungen genauer nachzugehen – nicht zuletzt, um Konstellationen zu verdeutlichen, die sonst leicht, zumal für jüngere Leser, unverständlich bleiben. Sie haben mir aber auch Mut gemacht, die Bedeutung nicht zu unterschlagen, die die Krankheit meines Mannes beim Schreiben dieses Buches gespielt hat.

Als mir nun schon seit mindestens zehn Jahren vertrauter und inzwischen gut befreundeter Lektor hat Uwe Naumann zudem geholfen das Patchwork-Manuskript übersichtlich zu strukturieren, sodass es schließlich, zwischen zwei Buchdeckeln ansprechend «verpackt» und mit sorgfältig ausgesuchten Bildteilen versehen, in der vorliegenden Fassung das Licht der Öffentlichkeit erblicken konnte. Auch hier kann ich nur dankbar konstatieren, dass die «Unvollständigen Erinnerungen» ohne Freundeshilfe nie in einer «vollständigen» – sprich: lesbaren – Form hätten erscheinen können.

Tübingen, im März 2009   *Inge Jens*

Kapitel 1

KINDHEIT UND JUGEND

Ich wurde 1927 als ältestes von vier Geschwistern in Hamburg geboren. Mein Elternhaus war vonseiten der Mutter her eher großbürgerlich bestimmt – es wird erzählt, dass meine Großmutter «Dienstboten», wie man damals sagte, entließ, weil sie den Namen Bismarck nicht mit «ck» schrieben. Väterlicherseits dominierte die Tradition hamburgischer Überseekaufleute: Zum Geburtstag des Großvaters erschienen die Enkel in original chinesischen Gewändern, um zu gratulieren. Das und der Geburtsort meines Vaters – «geboren in Singapore» buchstabierte bei meiner Heirat der Tübinger Standesbeamte – vermittelte den Kindern gelegentlich die Ahnung von der Existenz anderer Welten.

Im Allgemeinen aber ging es handfest-prosaisch zu; mein Vater, von Beruf Chemiker, sorgte dafür, dass die Bäume nicht in den Himmel wuchsen, indem er, wenn er uns – zumal am helllichten Tag – mit einem Buch in der Hand sitzen sah, daran erinnerte, dass es in Haus und Garten noch viele nützliche Dinge zu erledigen gäbe.

Meine Kindheit und Jugend fallen zum überwiegenden Teil in die Zeit des Nationalsozialismus, meine

Schulzeit ist vom Anfang bis zum Ende identisch mit ihr. Sie begann 1933 und hätte planmäßig 1945 mit dem Abitur enden sollen. Der Krieg sorgte dafür, dass sie es nicht tat, ich, im Gegenteil, nach vielen Unterbrechungen im Winter 1946 noch einmal zu lernen begann, um, wie immer es gehen mochte, jedenfalls formaliter die Studienzulassung zu erlangen.

Dennoch: Wenn ich zurückdenke, überwiegen die freundlichen Erinnerungen. Zumindest die ersten zwölf, vierzehn Jahre meines Lebens waren unbeschwert und glücklich, geborgen im Kreis einer großen Familie. Meine Schwester Renate war eineinhalb, mein Bruder Carsten fünf Jahre jünger als ich. Die Kleinste, Gesa, 1936 geboren, galt als «Nachkömmling», der sich im Laufe der Jahre allerdings eine zentrale Stellung in der Familie zu erobern wusste. Aber so unterschiedlich wir vier Geschwister auch waren und so verschieden unsere Erinnerungen ans Elternhaus auch sein mögen: Im Urteil über unsere Kindheit sind wir uns einig.

Warum es so ist? Ich denke, wir kamen uns gegenseitig nicht ins Gehege. Es gab genug Platz für alle, und das «Vertragt euch!» meiner Mutter habe ich als absolut zu respektierendes Gebot noch heute im Ohr. Ihr pädagogisches Talent war beachtlich, ihr unreflektiertes «Augenmaß» bemerkenswert. Ich kann mich nicht erinnern, je «nachhaltig» ungerecht behandelt worden zu sein. Natürlich gab es Fehlurteile, aber sie wurden korrigiert oder, wenn erforderlich, durch Erklärungen begründet und damit aufgehoben.

Als ich etwas älter war, faszinierte mich der Bildungs-
gang meiner Mutter: Sie hatte auf Betreiben meines
Großvaters, eines Frauenarztes in Köln, das Humanistische Gymnasium besucht – besuchen müssen, denn der
Vater bestand auf einer gleichwertigen und das hieß zunächst offenbar auch «gleichartigen» Ausbildung für
seine vier Kinder. Die zwei Mädchen sollten dereinst
keine geringeren Chancen als die zwei Buben haben:
kurz vor dem Ausbruch des Ersten Weltkriegs eine immerhin bemerkenswerte Einstellung, die meine Großmutter teilte. Auch sie war eine hochgebildete, sprachge-
wandte und belesene Frau. Ich habe sie noch gut gekannt
und gern zugehört, wenn sie von ihrer Jugend erzählte, in
der sie in einem kleinen Kreis ähnlich Privilegierter von
den Dozenten der Bonner Universität unterrichtet und
sogar einmal nach Berlin geführt wurde, um den gerade
aufgestellten Pergamon-Altar zu sehen. Etwas später ging
sie dann in die Schweiz, um sich mit Hilfe exklusiver In-
ternate in die französische und italienische Sprach- und
Kulturwelt einführen zu lassen. Englisch zu sprechen
hatte sie bereits bei ihrem eigens aus Großbritannien ins
Bonner Haus geholten Kindermädchen gelernt.

Meiner Mutter imponierte diese Welt nur bedingt. Sie
hatte nach dem Abitur auf Wunsch ihres Vaters zwei oder
drei Semester Volkswirtschaft studiert, ehe sie endlich
ihren Traum verwirklichen und eine der Reiffensteiner
Frauenfachschulen besuchen durfte. Hätte sie nicht mit
zweiundzwanzig Jahren den Mann geheiratet, den sie
bereits seit zwei Jahren von einem Stiftungsfest der Tü-

binger Studentenverbindung meines Großvaters her kannte, wäre sie Lehrerin an einer solchen (oder einer ähnlich ausgerichteten) Schule geworden.

Für mich indessen stand bald fest, dass ich die Begeisterung für ein solches Lebensziel niemals teilen würde. Auch wenn meine Interessen einstweilen noch wenig zielgerichtet waren und ich mich ziemlich lange eher tastend als entschlossen bewegte, wusste ich: das mit Sicherheit nicht.

Aber was dann? Ich las gern – vermutlich unter Vernachlässigung aller «Pflichten», denn ich erinnere, dass sich meine Eltern gelegentlich bemühten, mich ein bisschen von meinen Büchern wegzubringen und «lebenstauglich» zu machen, was für meine Mutter – im Gegensatz zu meinem pragmatisch-naturwissenschaftlich orientierten Vater – allerdings, wenn auch in Maßen, Zeit fürs Lesen einschloss.

So bekam ich ganz selbstverständlich zu Weihnachten und zum Geburtstag «meine», das heißt die von mir gewünschten Bücher – aber eben auch fast immer nur die. «Weiterführendes» erinnere ich nicht. Dafür gab es den elterlichen Bücherschrank, der aber außer mit Volksausgaben der gängigen Klassiker und einigen nordischen Buchgemeinschaftsromanen nicht eben üppig ausgestattet war. Doch für den Anfang genügte er vollauf, zumal ich in der Auswahl meiner Bücher keinerlei Restriktionen unterworfen war. Irgendwann entdeckte ich die sophokleischen Dramen. Und ich sehe mich auch noch mit angehaltenem Atem die «Orestie» lesen. Mehr «aus Ver-

18

sehen» denn vorsätzlich. Ich wusste nicht, was mir da in die Hand gefallen war. Ich weiß nur noch, dass mein Tagesplan in Unordnung geriet, weil ich erst viel zu spät merkte, dass ich ja eigentlich hätte Schularbeiten machen sollen, vielleicht sogar wollen. Wenn es nicht gerade ums Vokabellernen ging, hatte ich im Allgemeinen nichts gegen Schularbeiten.

Ich saß – auch das weiß ich noch –, den Kopf zwischen meinen auf die herausklappbare Platte gestützten Armen, an meinem eigenen verschließbaren Schreibtisch, den ich 1937 zu Weihnachten bekommen hatte. Es war wie ein Ritterschlag gewesen. Er besaß oben zwei Bücherborde hinter Schiebescheiben, dann den verschließbaren Schreibbereich und unten zwei oder drei Borde für Schulsachen, Atlanten, vielleicht auch weitere Bücher. Ich habe diesen Schreibtisch später in unsere erste gemeinsame «Wohnung» in Tübingen auf dem Schlossberg mitgenommen und unter anderem meine Doktorarbeit an ihm geschrieben. Er hatte eine Innenbeleuchtung und konnte so in der etwas dunkleren Ecke des Zimmers stehen. Wenn ich mich recht erinnere, hat er sogar den Umzug in unsere erste richtige Wohnung mitgemacht.

Den Schreibtisch bekam ich, weil «die Großen» – also Renate und ich – im neuen Haus in der Wandsbeker Marienstraße, das meine Eltern kurz zuvor gekauft hatten, jede ein eigenes Zimmer bekamen. In der alten Wohnung – gleichfalls in Wandsbek –, in der wir zur Miete gewohnt hatten, teilten wir ein mittelgroßes Schlafzimmer unterm Dach. Das Leben am Tage spielte sich einen Stock tiefer im Kinderzimmer ab, wo wir auch unsere Schularbeiten erledigten, Ostereier färbten oder mit viel Hingabe die obligatorischen Weihnachtsgeschenke bastelten. Das Wohnzimmer war tabu. Dort empfing meine Mutter «Besuch» (was auch für die Kinder meistens aufregend, da etwas nicht Alltägliches war). Dort stand aber auch der Weihnachtsbaum. Diese Lebensraum-Einteilung blieb im eigenen Haus erhalten. Aber dort gab es zwei Etagen und ein Dachzimmer, das Renate bewohnte. Ich lebte einen Stock tiefer, direkt unter ihr, im einzigen Zimmer, das einen kleinen Balkon hatte. Ich war sehr stolz. Die beiden «Kleinen», Carsten und Gesa, wohnten und schliefen in dem sehr großen, hellen Zimmer neben mir, das tagsüber für uns alle – bei Bedarf also auch für Renate und mich – als Kinderzimmer diente.

Beide Wandsbeker Wohnungen, die Villenetage in der Claudiusstraße und das eigene Haus zwischen Marienanlage und dem Bahnhof an der Strecke nach Lübeck, verfügten über einen großen Garten, dem sich mein Vater mit Leidenschaft widmete. Die Weitläufigkeit der Areale hat mit Sicherheit dazu beigetragen, dass immer für alle Platz war und die Interessen niemals kollidieren mussten. Zudem boten die zentralen Rasenflächen eine wunderbare Plattform für Kreis- und Schulspiele oder gar schauspielerische Darbietungen, von der Möglichkeit, von hier aus auch «Kriegen» (schwäbisch: «Fangeles») oder «Versteck» zu spielen, mal ganz zu schweigen. In beiden Gärten gab es viele Bäume, aber auch Nischen, in die man sich allein oder zu mehreren – Nachbarskinder oder Schulfreunde waren stets willkommen – zurückziehen konnte.

Von heute aus gesehen habe ich den Eindruck, dass die Verschiedenartigkeit von uns vieren für meine Eltern kein Problem gewesen ist. Es fiel ihnen offensichtlich nicht besonders schwer, jedem von uns seine eigene «Rolle» zuzugestehen und die Unterschiedlichkeit der Begabungen als etwas Natürliches und Nützliches zu akzentuieren: Inge ist so, Renate so, Carsten nochmal anders, und jeder hat seine Stärken und Schwächen. Es gab allerdings auch klar formulierte moralische Gebote und Standards, die wir – als Voraussetzungen für diese Großzügigkeiten und Freiheiten – lernen mussten zu respektieren. Aber dann konnte jedes Kind innerhalb der Familienhierarchie seine eigene, von den anderen ganz selbstverständlich akzeptierte und in das Ganze integrierte «Rolle» leben.

Ich war für meinen Vater offenbar von Anfang an ein Junge gewesen – «Ersatz» für den sehnlich gewünschten Stammhalter. Ebenso offensichtlich bin ich auch von früh an mit einer Form sozialer Verantwortung betraut worden, von der meine Geschwister vermittelt bekamen, dass sie durchaus nicht immer Privileg, sondern auch lästig sein konnte. Ich kann nicht erinnern, dass ich die «Jungen»-Rolle je als belastend empfunden hätte. Und auch die mir zwar maßvoll, aber doch relativ früh auferlegten Verpflichtungen «drückten» mich nicht. Ich war zufrieden mit meiner Stellung, ja, empfand sie als durchaus angemessen und fühlte mich ihr in jeder Weise gewachsen. Ich tat lieber selbst etwas, als dass ich mir helfen ließ, und hatte genügend Ehrgeiz, um mir gelegentliche Angstgefühle nicht anmerken zu lassen.

Demgegenüber beherrschte meine Schwester Renate eine Rolle, der ich niemals hätte gerecht werden können: Sie war stolz auf ihre Identität als Mädchen und stellte gelegentlich mühelos entsprechende Forderungen. Die Familie kolportiert bis heute ihre offenbar gern benutzte Aufforderung an die Umwelt: «Helft mir, ich bin ein Mädchen!» Sie sammelte Bilder von Filmstars und hatte eine Zeitlang den großen Wunsch, Schauspielerin zu werden. Ihr Vorbild war der amerikanische Kinderstar Shirley Temple, ihr Traum, mit dieser Tätigkeit viel Geld zu verdienen und «die Familie hochzubringen». Hätte man sie damals gefragt, was das heißen sollte, hätte sie vermutlich etwas mehr häuslichen Luxus eingeklagt.

Wenn es erlaubt ist, von Aggressionen, auch wenn sie – zumindest in der Erinnerung – recht harmlos waren, auf Rivalitäten zu schließen, hatte ich eher Schwierigkeiten mit meinem um fünf Jahre jüngeren Bruder Carsten. Doch auch hier zögere ich, einem einzigen Gedächtnisbild tiefer reichende Bedeutung zuzuerkennen. Aber immerhin: Ich sehe uns recht konkret auf dem Teppich unseres Wohnungsflurs in einer Mischung aus Wut und Lust aufeinander einhauen. Warum? Ich weiß es nicht. Machte er mir beim Vater meine Jungenrolle streitig? Das halte ich für nahezu unmöglich. Außer den sich offenbar von Zeit zu Zeit wiederholenden Ringkämpfen sind mir auch keinerlei «feindliche» Handlungen oder gar Rivalitätsgefühle in Erinnerung geblieben. Im Gegenteil, eigentlich vertrug ich mich recht gut mit meinem Bruder. Später, nach dem Krieg, schliefen wir überdies jahrelang gemeinsam in einem sehr kleinen Raum. Wir nannten ihn D-Zug, weil er gerade zwei übereinander angeordnete Betten, einen sehr engen Spind und einen Miniatur-Waschtisch fasste. Dort hörten wir unter unseren ziegelsteingewärmten Decken mit Hilfe von auf Zigarrenkästen montierten Detektoren Radio: Hörspiele, Musik etc. – so lange, wie jeder wollte. Mit Detektorradios kann man sich nicht stören.

Bei Gesa lagen die Dinge von vornherein anders. Sie war noch zu klein. Niemand missgönnte ihr die Rolle des Nesthäkchens. Als sie geboren wurde, war ich neun Jahre alt. Ich erinnere mich noch genau. Meine Mutter hatte uns rechtzeitig über den zu erwartenden Familienzuwachs aufgeklärt. Da sie während ihrer Schwangerschaften immer mit großer Morgenübelkeit zu kämpfen hatte, war unser Tagesablauf in dieser Zeit manchmal anders gewesen. Das «Mädchen» – vermutlich eine der Haustöchter aus Dithmarschen – hatte uns geweckt und beim Frühstück Gesellschaft geleistet. Meine Mutter hatte uns auch Bescheid gesagt, als sie zur Entbindung in die Klinik fuhr, und sobald sie heimkam, warteten wir entsprechend aufgeregt auf den Familienzuwachs, den wir im Krankenhaus bereits durch eine Glasscheibe hindurch hatten bewundern dürfen.

Dennoch dominiert in meinen Erinnerungen an diese Zeit der Alltag, und der war für mich zu großen Teilen bestimmt durch die Welt meiner Schule: zunächst die der «Volksschule Rennbahnstraße», dann, ab Ostern 1937, der «Oberschule für Mädchen Hamburg-Wandsbek». Das «Wandsbeker Gymnasium», das nach dem neben unserer Kirche beerdigten Dichter «Matthias-Claudius-Gymnasium» hieß und auf dem man, wenn ich nicht irre, auch 1937 noch Latein und Griechisch lernen konnte, war den Jungen vorbehalten.

Die Erinnerung an meine ersten Schuljahre ist vage. Es war eine eher undramatische Zeit. Ich lernte leicht und gern und hatte auch in der Klasse keine nennenswerten Schwierigkeiten. Der Nationalsozialismus wird für mich nur in der Erinnerung an eine weitgehend uniformierte Umwelt fassbar. Er bildete sozusagen die unproblematisierte Realität meines Alltags – eine Erfahrung, die, wie ich heute weiß, natürlich durch die Einstellung des Elternhauses mitbedingt gewesen ist. Man war – das erinnere ich deutlich, weil es mich erschreckte – in nicht wenigen Einzelfällen durchaus kritisch (die individuelle Moral war rigide, Worte wie «Anstand» und «Verantwortung» hatten im elitär geprägten Normenkanon einen hohen Stellenwert), generell jedoch ohne grundsätzliche Ablehnung; vielleicht könnte man «zurückhaltend angepasst» sagen.

Mein Vater war um 1930 nachts, aus der Fabrik heimradelnd, von Kommunisten überfallen und niedergestochen worden. Er lag lange im Krankenhaus. Ob – nach solchen Erfahrungen – die versprochene Sicherheit der Straßen für die grundsätzliche Akzeptanz des NS-Regimes eine Rolle spielte, weiß ich nicht, bezweifle es jedoch. Eher würde ich ein Konglomerat ungeprüfter und undiskutiert tradierter, vager Wertvorstellungen für diese Haltung verantwortlich machen, die sich leicht unter die Leitbegriffe «national» und «sozial» subsumieren ließen.

Nach dem Kriege – als mein Vater von den Amerikanern interniert und in ein Gefangenenlager abtransportiert worden war – erfuhr ich von mir fremden Menschen, die sich als Regimegegner, meist aus dem Kreis der Jugendbewegung, erwiesen, dass er mit großer Courage und nicht selten sogar mit Erfolg bei den Prozessen für sie ausgesagt habe, denen sie in den dreißiger Jahren wegen ihrer von der herrschenden Doktrin abweichenden Haltung ausgesetzt gewesen waren. Auch später, während ihrer Haft, habe er sich noch für sie eingesetzt. Das zwingt mich im Nachhinein zu der Erkenntnis, dass meine Eltern die wahren Zustände gekannt und von der Existenz sicherlich nicht von Vernichtungslagern, aber doch von Internierungscamps und politisch motivierter Haft gewusst haben müssen. Aber wir Kinder erfuhren nichts. Uns gegenüber galt – und zwar sehr lange und erfolgreich – das abgewandelte *attention les servants*.

Ich muss also bekennen, dass das Jahr 1933 – sieht man von der Tatsache des Schulbeginns ab – in meiner Biographie keinen Einschnitt markiert; auch das Jahr 1937 nicht, als ich – wie alle Zehnjährigen – in die unterste der Hitlerjugendorganisationen, zu den Jungmädeln (JM), kam. Auch hier habe ich nur noch dunkle und sehr allgemeine, im Ganzen aber eher positiv als negativ akzentuierte Erinnerungen. Meine Gruppe bestand fast ausschließlich aus Klassenkameradinnen, die wenigen anderen – meistens Mädchen, die nicht auf die höhere Schule gewechselt hatten – wurden ohne mir erinnerliche Probleme integriert. Ich weiß noch, dass – obwohl wir zu Hause bei Gott nicht «standesbewusst», sondern eher im Sinne der Jugendbewegung erzogen wurden – ich mich wunderte, wie «normal» und kooperabel diese «anderen» waren, obwohl sie doch nicht auf «unsere» Schule gingen. Natürlich lernten wir an unseren «Heimabenden» auch alles für wichtig Gehaltene über das Leben des «Führers» und die seine Persönlichkeit prägenden Erlebnisse im Weltkrieg. Das zu wissen gehörte damals sozusagen zur Allgemeinbildung. Aber dennoch habe ich bis heute nicht das Gefühl, nachhaltig «indoktriniert» worden zu sein.

Auch zu Hause waren wir keiner Belehrung über die Segnungen des Regimes ausgesetzt. In meiner Erinnerung will es mir eher scheinen, als wäre über «Politik» überhaupt nicht gesprochen worden. Doch das kann nicht angehen in einer Zeit, da auch unser privates Leben jedenfalls gelegentlich durch Pflichten innerhalb der politischen Organisationen tangiert wurde. Zumindest «Dienstpläne» mussten koordiniert und mit häuslichen Aufgaben, auf deren Erfüllung meine Mutter recht energisch bestand, in Einklang gebracht werden. Sie gehörte keiner NS-Organisation an, und die «Verleihung» des «Mutterkreuzes in Bronze», um die sie wegen ihrer vier Kinder nicht herumgekommen war, blieb ihr peinlich. Sie trug diesen «Orden der Nacht» (wie die «Auszeichnung» in der damaligen Männergesellschaft eher zur Demonstration maskuliner Potenz denn in regimekritischer Absicht genannt wurde) in meiner Erinnerung auch nur, wenn wir zur Weihnachtsfeier in die großen und schönen Räume der SS-Zentrale Feldbrunnenstraße gingen. Aber auch dieses sich jährlich wiederholende Ereignis gehörte für uns Kinder zur unreflektiert gelebten Realität. Ich jedenfalls habe es niemals als problematisch oder gar unangemessen empfunden – auch später nicht, als ich bereits Konfirmandenunterricht hatte.

Eine derartige Behauptung mag heute als Ausflucht, Beschönigung oder gar Unwahrheit gelten. Und sie erscheint noch unglaubwürdiger, wenn ich hinzufüge, dass mein Vater Sturmführer der SS war: Mitglied einer Nachrichtenabteilung – nicht der Waffen-SS oder der Totenkopfverbände, aber dennoch … kenntlich gemacht durch den in einer Pfeil- oder Speerspitze endenden SS-förmigen Blitz auf dem Kragenspiegel. Wenn er «zum Dienst» ging, trug er die schwarze Uniform. Soweit ich es zu beurteilen vermag und sofern mich meine Erinnerung nicht trügt, ohne demonstrativen Gestus, aber auch, ohne darunter zu leiden.

Heute bin ich der Meinung, dass er weder Mitglied der SA noch Gefolgsmann irgendeiner anderen Parteiorganisation geworden wäre. Aber «SS-Mann»: Das war etwas anderes. Die SS galt offenbar auch in seinen Augen als Elite-Einheit, deren Maximen – Disziplin, Kameradschaft, Einsatzbereitschaft und Treue zum Vaterland – seinen in der Jugendbewegung erlebten Idealen entsprachen und deren Anspruch auf «Vorbildlichkeit» mit den Anforderungen übereinstimmte, die er nicht nur «im Dienst», sondern auch im Privatleben an sich selbst stellte. Er musste nichts «ablegen», wenn er heimkam. Es gab – wenn meine Erinnerung mich nicht trügt – keinen Bruch zwischen «innen» und «außen», zwischen Familienleben und «Dienst». Die sittlich-moralischen Normen, denen er nachlebte, galten für ihn unterschiedslos in beiden Bereichen, die folglich auch für uns Kinder Varianten der gleichen Realität bildeten.

Ja, wir hatten eine unbeschwerte, durch keine uns in Konflikte stürzenden Anforderungen getrübte Kindheit, in der Erlebnisse wie eine persönliche Begegnung mit Hitler und höchst bürgerliche Kindergeburtstagsfeiern, HJ-Dienst und häusliche Pflichten, Familienreisen an die Ostsee und JM-«Fahrten», später dann «Heimabende» und Konfirmandenunterricht problemlos nebeneinanderher liefen – und zwar ohne dass wir das Gefühl hatten, uns jeweils «anders» verhalten zu müssen.

Ich weiß, von heute aus gesehen wirkt eine solche Einschätzung bestenfalls subjektiv ehrlich. Und auch ich kann die Frage, wie denn so etwas überhaupt möglich war, immer noch nicht schlüssig beantworten. Gab es denn wirklich keine Hinweise darauf, wie brüchig diese uniformierte «Normalität» auch damals schon war? Gab es – in der Zeit, da meine Schwester und ich uns mit Wissen und Billigung meiner Eltern aufmachten, um Hitler anlässlich eines Hamburg-Besuchs persönlich zu begrüßen – keine Nachbarn, die plötzlich «verreisen», keine Klassenkameradinnen, die unversehens «umziehen» mussten, weil ihre Väter vorgeblich in einer weit entfernten Stadt eine offenbar interessantere Arbeit gefunden hatten? Und standen in der Marienanlage, wo wir winters rodelten, auch nach 1938 keine Bänke, deren auf die Rückenlehnen montierte kleine Schilder es Juden verboten, sich auf ihnen auszuruhen?

Es muss sie gegeben haben! Zumindest die Schilder. Und vielleicht haben wir sie sogar gelesen. Aber wir verstanden sie nicht. Das Geschriebene war durch keine reale Erfahrung gedeckt. Wer waren die, die sich nicht auf diese Bänke setzen durften? Es interessierte uns nicht. Der Ausdruck «Jude», den ich doch mit Sicherheit gehört haben muss, bleibt in den Erinnerungen an meine Kinder- und Jugendjahre ein bloßes Wort, eine Vokabel ohne Kontext. Ich suche immer noch nach Konstellationen, die mir das eigentlich Unmögliche plausibel machen könnten, denn heute weiß ich, dass Wandsbek eine eigene, wenn auch seit dem Ende des 19. Jahrhunderts zunehmend bedeutungslose jüdische Gemeinde und zwei jüdische Friedhöfe hatte, von denen der in der Jenfelder Straße bis 1942 belegt wurde. Jenfelder Straße ... die war sehr nah. Warum habe ich das Areal mit seinen zum Teil doch sehr anderen Grabsteinen niemals wahrgenommen?

Als ich Hitler die Hand gab

Ich schlafe schon. So halb im Schlaf höre ich noch wie
Mami zu mir sagt: «Inge, wenn du morgen früh aufwachst, so komme gleich runter. Sag es bitte Renate auch.
Ihr sollt zu Papi kommen, der hat in der Empfangshalle
zu tun. Da könnt ihr Hitler sehen.» Ja, sagte ich, aber du
mußt mit, alleine hab ich Angst. Ich kann nicht mit,
sagte Mami, sonst kommt ihr überhaupt nicht durch. Ist
gut sagte ich, und schlief wieder. Am Morgen wachten
wir um 7 Uhr auf. Renate steh schnell auf, sagte ich. Wir
müssen zum Dammtorbahnhof, und in die Empfangshalle. Da kommt Hitler an. Husch waren wir aus den Betten, und ebenso schnell angezogen. Jetzt wurde schnell
gefrühstückt, und dann ging's los. Wir fuhren mit der
Vorortbahn bis Dammtor und dann gingen wir der SS
nach. Das war aber falsch, denn die sperrten ab. So kamen
wir immer weiter zurück. Schließlich fragten wir einen
SS-Mann. Den fragten wir wo der Leiter der Fernsprech-
Dienststelle wäre. Der ist drüben in der Empfangshalle,
sagte er. «Ja, aber wie kommt [man] denn da rüber?»
fragte ich. Das weiß ich auch nicht, aber wie heißt ihr
denn. «Puttfarcken» sagten wir. Ach, ihr seid die Putt-
farckens! Seid ihr aber gewachsen. Als ich euch zuletzt
gesehen habe, ward ihr noch ganz klein. Aber wartet ich
werde den Papi anrufen, dass ein SS Mann kommt und
euch holt. Nach einer Weile kam er wieder. Papi meint
die Absperrung ist zu scharf. Aber ich werde meine Frau
bitten, dass sie mit auf euch aufpasst. Er brachte uns hin.
Wir konnten aber da nicht sehen. Darum gingen wir mit
Wolfgang, dem Sohn von Herrn Knoll auf die Treppe der

Esplanade. Nach einer halben Stunde kam ein SS Mann, der uns und Wolfgang in die Empfangshalle holte. Da war alles festlich geschmückt. Die Tochter vom Standartenführer, Renate Stohp war auch da. Nun warteten wir da, ¾ Stunde. Die Zeit verging uns wie im Flug, soviel gab es da zu sehen. Jetzt lief der Zug des Führers ein. Ein Heilrufen von der Straße umringte ihn. Wir standen erwartungsvoll und guckten die Treppe hinauf. Endlich kam er die Treppe hinunter. Wir zitterten vor Aufregung. Er sah uns nicht, aber wir sahen ihn. Er ging ganz nah an uns vorbei. Dann ging er in ein Zimmer. Ley, Himmler und Brückner, Raeder u. Kaufmann haben wir auch gesehen. Als Hitler aus dem Zimmer ging, und ein bißchen auf dem Flur spazieren ging, sah er uns. Brückner winkte uns, und wir gingen strahlend hin. Er gab uns allen die Hand und fragte uns: Wie alt wir wären, wo wir wohnten, u. ob Renate und ich Geschwister wären, und wie wir in die Empfangshalle kämen. Dies beantworteten wir ihm. Dann mußten wir wieder weg. Wir strahlten alle. Hinterher haben wir ihn noch rausgehen sehen. Wir durften auch mit im Zug gehen, der Hitler hinausbrachte. Nachher fuhren wir seelig nach Hause, und waren sehr, sehr stolz.
(Ley – Führer der Arbeitsfront
Himmler – Führer der SS
Brückner – Hitlers Adjudant
Raeder – Admiral)

Diesen Aufsatz schrieb ich auf Vorschlag meiner Mutter am 5. Mai 1937. Auch die Erläuterungen der Namen stammen von der damals Zehnjährigen.

31

Inzwischen weiß ich auch, dass man aus unserem 1937 nach Hamburg eingemeindeten Stadtteil von 1941 bis 1943 – in einer Zeit also, da ich zwischen vierzehn und sechzehn Jahre alt war – rund fünfzig Juden deportierte. Zwei von ihnen wohnten, wie wir, in Marienthal. Warum bemerkten wir es nicht? Auch in der Schule wurde kein Wort darüber verloren. Hatte es unter den Deportierten keine schulpflichtigen Kinder gegeben? Waren die um diese Zeit einsetzenden Bombenangriffe auf unsere Stadt schuld, die viele zum Ortswechsel zwangen? Oder hatten sich meine Eltern entschlossen, uns so lang wie irgend möglich in Unkenntnis über Vorkommnisse zu halten, die sie vielleicht sogar selbst nicht wahrhaben wollten? Ich weiß es nicht, und ich muss mich fragen lassen, warum ich auch nach dem Krieg nie mit ihnen über das Thema gesprochen habe.

Später, das erinnere ich wiederum recht genau, sah ich dann den Veit-Harlan-Film «Jud Süß» – nicht aus freien Stücken und auch nicht auf Veranlassung meiner Eltern, die den Streifen nicht mochten, sondern als Teil meines JM-«Dienstes». Es gab von Zeit zu Zeit die Verpflichtung zum kollektiven Besuch von Filmen, die von «denen da oben» (was immer das heißen mochte) offensichtlich zur Festigung des «richtigen» Bewusstseins ausgewählt wurden. Ich habe ihn damals, das weiß ich noch genau, als «schrecklichen Historienfilm» gesehen – eine Ansicht, der meine Eltern nicht widersprachen. In diesem einen Fall erinnere ich mich sogar an Gespräche über das Gesehene, das meine Mutter auf den einmaligen historischen Vorfall zu reduzieren trachtete. Juden als «Zeitgenossen» oder gar der gegenwärtige Umgang mit ihnen kamen nicht zur Sprache.

Und dennoch: «Prägend» oder gar «indoktrinierend» hat weder «Jud Süß» noch die schwarze Uniform meines Vaters auf mich gewirkt. Das jedenfalls weiß ich so sicher, wie ich weiß, dass diese Feststellung nichts entschuldigt oder auch nur erklärt.

Das erste wirklich einschneidende – also nachhaltig wirksame – Datum in meinem Leben war der 1. September 1939. «Von heute an wird zurückgeschossen»: Das tödliche Entsetzen, das diese Hitlerworte hinterließen, habe ich bis heute nicht vergessen. Vielleicht waren die – äußerst kargen – Erzählungen meines Vaters schuld, der im Ersten Weltkrieg schwer verwundet worden war und zeitlebens an einer nie endgültig heilenden Beinverletzung litt, die jeden Morgen neu verbunden werden musste, vielleicht auch die Erzählungen meiner Mutter, die in ihrer Heimatstadt Köln als Kind im Ersten Weltkrieg Fliegerangriffe erlebt hatte und uns nun – seit der entscheidenden Rede waren noch keine zwei Stunden vergangen – anwies, den Keller als Luftschutzraum herzurichten, vor die Fenster Holzscheite als Splitterschutz zu stapeln und das Innere so auszustatten, dass die Familie dort nächtigen konnte.

Dennoch, vermutlich vor allem dank der Tatsache, dass mein Vater als Chemiker eines «kriegswichtigen Betriebs» nicht eingezogen wurde, vollzog sich das tägliche Leben zunächst in den hergebrachten Formen. Auch die

äußeren Veränderungen – Verdunkelung, Lebensmittel-
karten, Lehrer in grauer Uniform und eifrig geprobte
Spielscharkonzerte vor den ersten Verwundeten – wirk-
ten zunächst mehr interessant und aufregend, als dass sie
Ängste provozierten; und selbst die zunehmenden nächtlichen Fliegeralarme nebst Verlagerung der Schlafstätten
in den Keller waren für die Zwölfjährige relativ leicht zu
verkraften. Gelegentliche Bomben in angemessener Entfernung verursachten noch keine Todesangst, sondern
kreierten den «Sport» des Granatsplittersammelns. Zudem überwog die naive Freude, durch alarmbedingten
Ausfall der für Klassenarbeiten vorgesehenen Schulstun-
den eine eventuelle 5 in Mathe oder Latein vermeiden zu
können, die Schrecken des nächtlichen Sirenengeheuls
bei weitem. Kurzum: Wir führten ein Leben während
der ersten beiden Kriegsjahre, dessen Perversion gerade
darin bestand, dass – im Großen und im Kleinen –
die Anormalität zur Selbstverständlichkeit geworden
war.

Das nahm ein Ende, als 1942 / 43 die wirklich vernich-
tenden Luftangriffe auf Hamburg begannen. Ich war
fünfzehn, später sechzehn Jahre alt und wurde, wie die
meisten Jugendlichen in unserer Region, nach schweren
Angriffen zu Hilfsdiensten herangezogen: Wir schaufel-
ten Kellereingänge frei, besorgten Verpflegung und
machten Bahnhofsdienst, wenn die Züge für Flüchtlinge
aus den am härtesten betroffenen Distrikten zusammen-
gestellt wurden, um die Überlebenden – manchmal auch
die Toten – aus der Stadt zu bringen. Noch heute verfolgt

mich das Bild jener Frau, der ich helfen wollte, ein schweres Bündel zum Zug zu tragen. Sie fuhr mich an: «Lass mein Kind!» Sie trug es, in ein Leintuch gehüllt, wie einen Sack über der Schulter. Es war tot.

Das war im Sommer 1943. Ich war mit meiner Spielschar auf einer «Einsatzfahrt» in Lothringen gewesen, wo wir vierzehn Tage lang in Lazaretten musiziert hatten. Ein freundliches Erlebnis, wenngleich nicht ohne Strapazen. Oft mussten wir zwischen 3 und 5 Uhr nachts aufbrechen, um unser nächstes Ziel zu erreichen. Ich weiß noch, dass ich mir als Cellospielerin immer besonders bedauernswert vorkam. Geigenkästen sind um so vieles kleiner und besser zu tragen. Dennoch habe ich die vierzehn Tage in guter Erinnerung: Die Soldaten freuten sich über die Abwechslung, und wir hatten das erhebende Gefühl, das eine als sinnvoll empfundene Betätigung nun einmal mit sich bringt.

Auf der Rückreise wurden wir in Harburg – dem südlich der Elbe gelegenen Stadtteil Hamburgs – angehalten. Die Brücken waren gesperrt: Weiterfahrt verboten. In der Nacht hatten englische Luftangriffe ganze Distrikte der Stadt mittels Phosphorbomben in Schutt und Asche gelegt. Jetzt brachte man die Überlebenden aus den zerstörten Wohnvierteln heraus. Wir erhielten Weisung, ihnen zu helfen. Dabei traf ich auf jene Frau, deren Namen ich niemals erfahren werde, deren Anblick mich indes unumkehrbar lehrte, was Krieg heißt.

Als es Abend wurde, schickte man mich nach Hause. Die Brücken waren für den Regionalverkehr wieder freigegeben. Wandsbek sei, so hieß es, unzerstört. Ich könne darauf rechnen, meine Angehörigen in der gewohnten Umgebung wiederzufinden.

Nun, zunächst stellte ich fest, dass die Verkehrsmittel dorthin nicht mehr fuhren. Aber die U-Bahn-Verbindung Richtung Walddörfer war noch intakt. Der Zug hielt in Wandsbek-Gartenstadt, 5 bis 6 Kilometer von unserem Haus entfernt. Ich holte Cello und Tornister und machte mich auf den Weg. In einer durch Staub grauen Atmosphäre und unter einem rauchverhangenen Himmel, den die untergehende Sonne in gespenstisches Rot getaucht hatte, marschierte ich heimwärts. Der Geruch verkohlter Balken und ätzender, undefinierbarer Ingredienzien begleitete mich. Nach gut zwei Stunden hatte ich mein Ziel fast erreicht. Der Bahnhof, circa 300 Meter von meinem Elternhaus entfernt, in dem die Züge nach und aus Lübeck hielten, stand und machte sogar einen fast unversehrten Eindruck. Nur noch durch die Unterführung, rechts den Hügel rauf, dann ein Blick nach links – und ich würde sehen, ob es unser Haus noch gab. Ich hatte Angst. Die letzte halbe Stunde war ich nur noch durch kaum passierbare Straßen und rauchende Trümmer gelaufen. Einmal hatte ich einer einstürzenden Fassade gerade noch ausweichen können.

Auf der Höhe der Treppe, die zum Bahnsteig führte, verstellte mir ein verstörter Mann den Weg und redete wild gestikulierend auf mich ein: Das sei die Rache Gottes für die frevelhafte Missachtung Seiner Gebote; die gerechte Strafe für die schrecklichen Sünden, die dieses Volk auf sich geladen habe. «Es steht alles schon da! Die Apokalypse: Da ist alles vorausgesagt. Es ist genau so geworden, wie's da steht! Lies es!!»

Ich weiß nicht mehr, wie ich von dem ganz offensichtlich unter Schock stehenden Mann wegkam. Aber seine Rede hatte mich betroffen gemacht. Die Deutung des Schreckens mit Hilfe des Hinweises auf eine durch «unser» frevelhaftes Verhalten gestörte göttliche Weltordnung gab mir zu denken. Auch meine Angst war geringer geworden. Die letzten Meter vor der Ecke, von der aus ich sehen konnte, ob mein Elternhaus noch stand, dachte ich darüber nach, wo ich denn wohl möglichst schnell eine Bibel finden könnte. Erst als ich unser Dach entdeckte, das zumindest nicht ausgebrannt aussah, war ich wieder ganz in der Gegenwart angekommen.

Aber die präsentierte sich anders, als ich es mir gedacht hatte. Das Haus war leer. Ich hatte keine Mühe, durch eines der geborstenen Fenster hineinzugelangen, schnitt mich dann allerdings doch und musste die heftig blutende Wunde zunächst einmal mittels des Handtuchs vom Garderoben-Waschtisch versorgen. Dann ging ich langsam durch die Räume. Überall dicker grau-weißer Staub. Der Stuck rieselte immer noch von den Decken, und auch die Wände schienen Risse zu haben. Doch die Treppen waren begehbar. Ich stieg in den ersten Stock. Auch hier: niemand. Ich rief, aber keiner antwortete. Alles hatte ich erwartet, nur nicht dies: mutterseelenallein zu sein in einem ziemlich lädierten Haus.

Was jetzt? Ich ging in den Garten. Auch hier die gleiche lähmende graue Stille. Kein Blumenduft, nur Rauch und Brandgeruch, aber immerhin keine Bombenkrater, wie ich sie auf meinem Marsch wahrzunehmen reichlich Gelegenheit hatte. Ich ging in den Vordergarten und dann auf die Straße. Die Nachbarhäuser rechts und links standen, die zwei Villen gegenüber waren ausgebrannt. Aus den Fensterhöhlen der Erdgeschosse ragten schwarzverkohlte Balken. Die zerstörten Mauern strahlten noch Wärme ab, und über allem lag jener typische Geruch von glimmendem Holz, gebranntem Mörtel und heißen Steinen, der mich begleitete, seit ich die U-Bahn verlassen hatte. Ansonsten auch hier: kein Mensch, kein Tier, einfach nichts und niemand.

Doch! Aus einer der arg lädierten großen Villen auf der anderen Straßenseite kam ein Mann auf mich zu: «Ja, mein Gott, Inge, was machst du denn hier? Komm!» Herr Weser, der «Nachbar von gegenüber», ging voran. Auch in seinem Haus das mir nun schon vertraute Bild. Dennoch: Ich fühlte mich geborgen. Herr Weser führte mich über seine Terrasse in den Garten, wo in der Sitzecke drei Frauen saßen: Frau Weser, Lene Krafft, die dritte weiß ich nicht mehr. «Komm, setz dich.» Nach und nach erfuhr ich, was in der letzten Nacht geschehen war. Das Krafft'sche Haus gegenüber dem unseren war ausgebrannt. Das hatte ich bereits gesehen. Die Eltern waren irgendwohin zu Verwandten gereist. Lene, die dreißigjährige Tochter, war bei Nachbar Weser untergekommen. Mein Vater, auch das erfuhr ich nun endlich, sei gegen Mittag aufgebrochen, um meine Mutter und die Geschwister zu den Eltern ihrer engsten Freunde zu bringen, die ein großes Gut in Mecklenburg besaßen und sich bereit erklärt hatten, die Familie aufzunehmen. Er würde abends noch heimkommen, schon wegen der Fabrik. Und wenn nicht, dann schliefe ich eben bei Lene im Weser'schen Haus.

Es war plötzlich alles ganz unkompliziert. Die in der Vergangenheit nur aus einer etwas ehrfürchtigen Ferne heraus betrachteten, höflich gegrüßten, aber im Grunde doch fremden «Nachbarn von gegenüber» erwiesen sich als einfallsreiche Überlebenskünstler. Ganz so selbstverständlich-üppig war es in meinem an Gastfreundlichkeit und Unternehmungsgeist gewiss nicht armen, aber doch im Ganzen etwas spartanisch ausgerichteten Elternhaus nicht zugegangen. Es roch plötzlich gut aus dem Küchenfenster: Einige der Hühner, die damals fast alle Gartenbesitzer hielten, hatten die Hitze der Nacht nicht überlebt und mussten nun eben verzehrt werden. Ich solle ja wiederkommen, wenn es so weit sei, und nach Möglichkeit meinen Vater mitbringen.

Als ich durchs Fenster wieder in unser Haus steigen wollte, kam mein Vater zurück. Entgegen allen Erwartungen freute er sich keineswegs, mich hier zu sehen – im Gegenteil: Ich glaube, ich bin in meinem ganzen Leben nie wieder derart entsetzt begrüßt worden: «Wo kommst du denn her? Musste das sein? Siehst du denn nicht ...?» Ich starrte ihn fassungslos an. Aber dann begriff ich: Eben war er heimgekehrt – mehr aus Pflichtbewusstsein denn aus Neigung, nehme ich an, aber doch in dem angenehmen Bewusstsein, seine Familie in Sicherheit gebracht zu haben. Und nun stand schon wieder jemand da, den er lieber weit weg denn inmitten all dieses Jammers und der zu erwartenden neuen Angriffe gesehen hätte. Doch nun war es zu spät. Außerdem war ich mir schon sehr bald ziemlich sicher, dass ihn meine Anwesenheit nach dem ersten Schrecken nicht nur unglücklich stimmte.

Zunächst aber verbrachten wir einen wunderbaren Abend im Garten des Hauses Weser. Der Hausherr hatte einen seiner, wie er betonte, «besten» Weine aus dem Keller geholt, und die gebratenen Hühner waren vorzüglich. Es war warm draußen, und an den Geruch hatten wir uns gewöhnt. Man sprach, das weiß ich noch genau, obwohl ich sonst nur wenige Details erinnere, ausschließlich über freundliche Ereignisse, das schöne Gestern, vor dem das schreckliche Heute offenbar keinen Bestand hatte. Das trat erst wieder ins Bewusstsein, als man sich mit plötzlich großem Ernst eine «gute und hoffentlich ungestörte Nacht» wünschte.

Der Wunsch blieb unerfüllt. Der Angriff kurz nach Mitternacht schien kein Ende nehmen zu wollen. Unser Haus lag mitten in dem durch «Christbäume» – das hieß: durch Leuchtkugeln am Himmel – markierten Areal. Wenn es zwischen den Wellen des Bombardements einige ruhige Minuten gab, ging mein Vater durchs Haus, um nach Brandbomben zu suchen. Ich zitterte, bis er zurückkam, und ich zitterte während der immer neuen Detonationen. Flak und Bomben, Bomben und Flak: Jaulen, Zischen, Pfeifen, Bersten: Es hörte einfach nicht auf. Ich dachte, das Haus würde zusammenstürzen. Mein Vater hatte den Arm um mich gelegt. Wir sprachen kein Wort.

Irgendwann war es dann doch zu Ende. «Komm», sagte mein Vater, «wir müssen den Garten nach Blindgängern absuchen.» Ich konnte kaum gehen, schaffte es aber irgendwie, ihm zu folgen. Die frische Luft tat mir gut, obwohl sie alles andere als frisch war: Sie war stickig, es roch nach Brand, Explosionen und Erde. Der Himmel war rot und beißend gelb, dann wieder dick und schwarz. Es wehte, und gelegentlich sah man sogar für wenige Minuten den Mond. Unsere Taschenlampe hätten wir kaum gebraucht. Dennoch leuchtete mein Vater gewissenhaft unter jeden Busch. Jedoch fanden wir gottlob nur ausgebrannte Stäbe und keine Blindgänger.

Auch bei Wesers war man verschont geblieben. Da hatte, wie es später einmal ein Meister aus der Fabrik meines Vaters formulierte, der mit seiner Familie zu uns geflüchtet war, «der liebe Gott mal wieder seinen Daumen zwischengehalten».

Es war nicht der letzte Fliegerangriff, den ich erlebte, aber er hat – positiv und negativ – in meiner Erinnerung Stellvertretungscharakter angenommen. Ganz abgesehen davon, dass ich meinem Vater niemals wieder so nah war wie an jenem Abend und in jener Nacht. Darum habe ich so ausführlich davon berichtet.

Von dem, was dann folgte, weiß ich nur wenig. Die Chronologie gerät in der Erinnerung aus dem Takt. Irgendwann muss meine Mutter mit den Geschwistern zurückgekehrt sein, und irgendwann gingen wir auch wieder zur Schule. Zunächst ins Wandsbeker Gymnasium, wohlgemerkt: zu verschiedenen Zeiten, im Wechsel mit den Jungen – Koedukation schien, allen objektiv überzeugenden Gründen zum Trotz, immer noch undenkbar. Später dann, als es auch diese Möglichkeit nicht mehr gab, weil die intakten großen Gebäude zu anderen Zwecken beschlagnahmt wurden, kamen wir in eine HJ-Führer-Schule nach Eppendorf, unweit des großen Klinikums.

Wir: Das waren zunächst einmal meine Schwester Renate und ich, dann einige Mitschülerinnen aus anderen Klassen, die, wie wir, nach Wandsbek zurückgekehrt oder dort nicht ausgebombt und deswegen geblieben waren. Natürlich kannten wir uns längst, aber so eine richtige Clique wurden wir erst jetzt. Allein schon der weite Schulweg quer durch Hamburg, der wegen häufiger Fliegeralarme oder durch nächtliche Angriffe zerstörter U- und S-Bahn-Gleise nicht immer einfach zu bewältigen und gelegentlich wirklich beschwerlich war, schuf neuartige Verbindungen, die zumindest in zwei Fällen bis heute gehalten haben. Nicht kontinuierlich im Sinne andauernder Freundschaften, in denen die eine die andere durch alle Stationen des Lebens hindurch begleitet – aber doch so, dass es auch nach jahrelangem Sich-aus-den-Augen-Verlieren nicht schwer ist, miteinander zu reden, auch ohne nostalgische Präliminarien oder allgemeine Altersweisheiten bemühen zu müssen. Vielleicht ist eine solche Form des Umgangs mit Menschen, die mich ein

Stück meines Weges begleitet haben, überhaupt die mir gemäße Variante von Freundschaft. Ich neige sicherlich nicht zu Überschwänglichkeiten, aber eine Einzelgängerin war ich auch nicht. Ich brauchte schon als Kind jemanden, mit dem ich «reden» konnte.

Durch das Aufgehobensein in unserer Clique war auch der lange Schulweg, wenn er «normal», also ohne Fliegeralarm verlief, nichts, was wir als besonders lästig empfanden, und zumindest ich habe die kurze Zeit, die ich in der Eppendorfer Schule zubrachte, in guter Erinnerung: ein konsequenter, durchweg interessanter Unterricht durch Lehrer, an die ich gern zurückdenke, vernünftige Anforderungen, große Lektürepensen. Auch Hausaufgaben bekamen wir, die abgeprüft wurden – ohne Rücksicht auf alarmbedingte Schwierigkeiten, die als Entschuldigung zu akzeptieren damals eigentlich üblich war. In meiner Erinnerung gab es weder Drill noch Versuche, uns zu guten Nationalsozialisten zu machen. Im Gegenteil: Mein Schulleiter, ein verwundeter höherer HJ-Führer, ließ mich eines Tages zu sich kommen, um mit mir über meine Berufspläne zu sprechen. Ich hatte wohl irgendwann geäußert, ich könne mir eine Karriere als JM-Führerin durchaus vorstellen. Er versuchte nicht, mir diesen Plan auszureden, aber er verwies ihn in eine weite Zukunft. Ich sei begabt und ich hätte zunächst einmal zu studieren. Wenn ich mich – in welchem Fachgebiet auch immer – ausgewiesen und Examen gemacht hätte, könne man weitersehen. Ich weiß noch, dass mich diese Unterhaltung sehr nachdenklich stimmte.

Neben der Schule liefen die sogenannten Einsätze natürlich weiter. Nach jedem Angriff meldeten wir uns am vereinbarten Ort und wurden dorthin geschickt, wo man Hilfe brauchte, manchmal auch in die Vermisstenstellen, wo wir – sechzehnjährig – dann den Soldaten, die damals noch Sonderurlaub bekamen, wenn ihre Heimatstädte besonders schwer getroffen waren, helfen sollten, ihre – wie es hieß – «ausgebombten Angehörigen» wiederzufinden, indem wir Maueraufschriften wie «Sind bei Onkel Paul in Parchim» sammelten und Suchanzeigen registrierten. Eine traurige Tätigkeit, die man vermutlich nur als halbes Kind ausüben kann, wenn man noch in der Lage ist, auf die verzweifelte Forderung: «Fräulein, ich gehe hier nicht eher weg, als bis Sie mir gesagt haben, wo meine Familie ist», irgendetwas zu entgegnen.

Ich möchte nicht missverstanden werden. Ich habe nichts erlebt, was über einen sogenannten normalen Kriegsalltag hinausging: Ich bin weder verwundet noch verschüttet worden, habe keine Angehörigen verloren, ich wurde noch nicht einmal völlig ausgebombt. Ich habe nur erfahren, was Angst ist, panische Angst. Trotzdem wurde der Krieg zur bis heute entscheidenden Erfahrung meines Lebens: Krieg als die Summierung aller Ängste, der Inbegriff des Schreckens und des sinnlosen Leidens. Mein späteres Engagement in der Friedensbewegung hat seinen Ursprung in dieser Erfahrung der Heranwachsenden. Ich kann und *will* sie nicht vergessen und, soweit es in meinen Kräften steht, dafür sorgen, dass meinen Kindern und Enkeln dergleichen erspart bleibt.

Damals gab es indes nur eine einzige Möglichkeit, mit dem Schrecken zu leben: die Ablenkung durchs Helfen. Das Angewiesensein anderer auf die eigene Standfestigkeit: kleiner Kinder, alter Leute, hilfloser und verletzter Menschen, lehrte mich neue Überlebensstrategien, und ich erfuhr die Fähigkeit, Hilfe zu leisten, als das einzig Sinnvolle inmitten der Sinnlosigkeit. Ich habe mich später oft gefragt, ob hier die Ursache für meinen ernsthaften Wunsch lag, Medizin zu studieren. Aber vermutlich bestand er schon früher – der Lysolgeruch, wenn ich ein Krankenhaus betrat, faszinierte mich bereits als Kind – und wurde durch die Kriegszeit nur verstärkt.

Zum festen Vorsatz wurde er mit Hilfe des Zufalls, nachdem ich im Spätherbst 1944 mit einem Gelenkbänderriss und einer Einberufung als Luftwaffenhelferin nach Oberschlesien aus der KLV entlassen worden war. KLV: Die Buchstaben stehen für «Kinderlandverschickung», eine Aktion, in deren Verlauf ganze Schulen mitsamt den Lehrern aus luftkriegsgefährdeten Landstrichen in weniger bedrohte Regionen, meistens die inzwischen besetzten polnischen und tschechoslowakischen Gebiete, verlagert wurden. Ich hatte vier Monate als sogenannte Lagermannschaftsführerin mit einer kompletten Mädchenoberschule aus Hamburg-Harburg im mährischen Teplitz an der Betschwa zugebracht, unter recht angenehmen Verhältnissen in einem – wie ich heute vermute, von uns Deutschen requirierten – hotelartigen Gebäude mit großen, zu Schlafsälen umgestalteten Räumen. Ich kann mich nicht erinnern, dass diese

Art der Unterbringung die Kinder bedrückte. Zumindest die heimwehgeplagten «Kleinen» (Zehnjährigen) rückten gern zusammen. Ihre Tränen jedoch und, vor allem, die Schreckensnachrichten von sich steigernden Fliegerangriffen auf Hamburg, zerbombten Wohnungen, verwundeten oder gar umgekommenen Angehörigen machten mir zu schaffen und forderten mich und die anderen «Großen» in gleicher Weise wie die Lehrer. Einmal mehr erfuhr ich den Segen des Gebrauchtwerdens. Ich wäre gern länger geblieben – obwohl die Tschechen nach dem gescheiterten Attentat auf Hitler im Juli 1944 unser Lager gelegentlich mit Steinen bewarfen.

Indes: Man konnte schon lange nicht mehr wählen. Ich hatte meine Einberufung zur Flak und musste fort. In der niedersächsischen Kleinstadt, in die mein Vater inzwischen samt seiner in Hamburg ausgebombten Fabrik versetzt worden war und wo meine Familie lebte, in Holzminden an der Weser, ging ich ins Krankenhaus, um einen Bänderriss behandeln zu lassen. Der Arzt – ein weit über sechzigjähriger berühmter Chirurg aus Berlin, den der Krieg in diese Klinik verschlagen hatte – schaute mehr mich als mein Bein an, rief nach einer Schwester und gipste mich bis in die Leistenbeuge ein. Dann ließ er sich meinen Einberufungsbefehl geben, schaute aufs Datum, sagte kurz: «Daraus wird nichts», und schickte mich heim mit der Weisung, in drei Wochen wiederzukommen. Ich kam pünktlich, er nahm den Gips ab und sagte: «So, morgen früh um sieben fangen Sie hier an.» Das war mehr, als ich je erhofft hatte. Erst viel später

46

habe ich begriffen, dass ich diesem Mann – sein Name: Otto Nordmann – vermutlich mein Leben verdanke.

Einstweilen wickelte ich jeden Morgen zunächst drei Stunden die kostbaren, frischgewaschenen und nahezu hoffnungslos verhedderten Mullbinden zu den vorgeschriebenen Rollen auf, dann half ich dort, wo man mich brauchte: im OP, im Kreißsaal, beim Verbandswechsel, nachmittags auf der Station. Wir bekamen viele Fliegerverletzte aus dem Rheinland. Unter ihnen auch Willi – fünfzehn Jahre alt. Ich reichte Skalpell, Säge und Tupfer, als man ihm das Bein aus der Hüfte amputierte. Später half ich, seine Verbände zu wechseln, und blieb manchmal bei ihm. Er redete mit mir, weil wir fast gleichaltrig waren. Er hatte Jockey werden wollen.

Während der ersten Operationen, zumal, wenn sie etwas blutiger verliefen, schaute Otto Nordmann gelegentlich prüfend zu mir herüber und stellte mit zwei, drei Worten die Notwendigkeit dessen, was er tat, klar: «Wenn wir keinen Kaiserschnitt machen könnten, müssten Mutter und Kind sterben.» – Aber ich wäre ohnehin nicht umgefallen: Mein Berufsziel stand fest. Nach dem Krieg würde ich Medizin studieren.

Kapitel 2

NACH DEM KRIEG

Nach dem Krieg: eine zu Beginn des Jahres 1945 sich realistisch abzeichnende Zeitvorstellung. Die Front rückte näher. Der Geschützdonner war tagsüber im Krankenhaus und nachts in den vor der Stadt ausgehobenen Schützengräben immer deutlicher hörbar. Zeitungen gab es schon lange nicht mehr, auf Radiomeldungen war wenig Verlass. Man konnte nur warten.

Eines Morgens rollten dann die US-Panzer durch die Straßen. Ich hatte mich vom Keller – wo wir, gemeinsam mit den übrigen Bewohnern unserer Notunterkunft, die letzten Tage verbracht hatten – in die Wohnung geschlichen, stand wie in einem schlechten Film hinter der Gardine, sah ziemlich ratlos den durchrollenden Fahrzeugen nach und versuchte meine Gefühle zu analysieren. Eine Empfindung von Niederlage, Ende, Schmach und Verzweiflung, so, wie ich es gelesen hatte, dass man sie haben müsste in einem solchen Moment, wollte sich nicht einstellen. Im Gegenteil, ganz commentwidrig überkam mich – das weiß ich noch genau – ein ungeheures Gefühl der Befreiung und des Glücks: «Mein Gott, es ist vorbei. Jetzt wird alles anders werden.»

Nun, es wurde anders – aber zunächst doch sehr anders, als ich es mir vorgestellt hatte. Ich musste lernen – und auch das anders als gedacht. Aus der ersten Nachkriegszeit – sie liegt immerhin über sechzig Jahre zurück – sind mir nur Bildfetzen und einzelne Eindrücke haftengeblieben, die im Rückblick jedoch exemplarische Bedeutung gewonnen haben.

Da war zunächst die Geschichte mit dem Rad, auf dem mein Vater zur amerikanischen Kommandantur gefahren war. Er kam nicht wieder. Ich ging ihn suchen. Ein freundlicher Offizier erklärte mir, man habe ihn als Kriegsverbrecher – er war ja Chemiker – interniert. Vermutlich sei er in einer der Baracken des ehemaligen Truppenübungsplatzes Sennelager bei Osnabrück. Ich fragte nach seinem Fahrrad. Man gab es mir bereitwillig heraus. Aber es war abgeschlossen, und ich hatte keinen Schlüssel. Kurzes Palaver der Offiziere. Dann ließen sie einen Jeep kommen und fuhren mich mitsamt dem blockierten Rad nach Hause. Diese Handlungsweise gab mir zu denken. Sie wollte nicht recht in das mir bisher so selbstverständliche Freund-Feind-Schema passen. Auch das, was ich dann bei dem Versuch erlebte, meinen Vater im Sennelager ausfindig zu machen und ihm nächtens einige Briefe und Lebensmittel zukommen zu lassen, war eine neue Erfahrung: Die Wachposten sahen nämlich auch dann noch weg, als ich ihnen ihre kurz zuvor zwar recht freundlich vorgetragenen, aber doch eindeutigen Wünsche abgeschlagen hatte. Ich war dankbar für solche Zeichen von Sieger-Generosität – doppelt dankbar angesichts einer Realität, auf die ohnehin keine erlernte Norm mehr passen wollte.

Langsam gab es auch wieder Zeitungen, vierseitige Nachrichten- und Informationsblättchen, sowie Rundfunksendungen, deren Inhalte mich gelegentlich in panikartige Ängste stürzten. Was ich dort an widersprüchlichen Meinungen und gegensätzlichen Einschätzungen las und hörte, konnte ich mir nur als Vorbereitung auf eine neue kriegerische Auseinandersetzung deuten. Die Möglichkeit eines friedlichen Austragens – zum Beispiel in Form ziviler Diskurse – lag außerhalb meiner Erfahrung: erste spürbare Nachwirkung des rüden, autoritätsfixierten Schwarzweiß-Denkens, in dem ich *in politicis* zwölf Jahre lang erzogen worden war.

Schrecklicher als alles Bisherige aber waren die Nachrichten und Bilder von den KZs. Das konnte, das durfte nicht sein; das war Propaganda der Sieger. Und dann doch: das Erkennen-Müssen, die vorsichtige Nachfrage, das Entsetzen, die Ratlosigkeit und die Angst vor den Konsequenzen der Wahrheit ... und alles immer wieder verdrängt, überwuchert durch die Anforderungen des praktischen Lebens.

Wir wohnten, nach mehreren Teilausbombungen, mit zwölf Personen im Alter von zwei bis siebzig Jahren in einer Zwei-Zimmer-Werkswohnung der Holzmindener Fabrik. Zu unserer sechsköpfigen Familie hatte sich zunächst meine in Bonn obdachlos gewordene Großmutter, dann, wenige Wochen vor Kriegsende, auch die verwitwete Schwester meiner Mutter nebst drei kleinen

Kindern gesellt, die nach dem verheerenden Angriff aus Dresden geflohen waren. Für alle – mit Ausnahme meines Vaters, der, ehe er interniert worden war, als einziger Mann in den zweiten, als Ess-wohn-Areal genutzten Raum verbannt wurde – gab es für die Nacht ein Zimmer, in dem die Schlafgelegenheiten so angeordnet waren, dass man wie die Sardinen: Kopf/Fuß, Fuß/Kopf, liegen konnte. In den Waschschüsseln – ein Bad gab es nicht, der einzige Wasserhahn befand sich in der Küche – mussten auch Kartoffeln und Rüben präpariert werden. Das konnte auf die Dauer nicht so weitergehen, zumal es in Hamburg ein Haus gab, das, wenn es denn noch stand, Platz zumindest für eine Familie bieten würde.

Mein nächstes Bild: auf dem Kohlenzug nach Hamburg. Kohlenzüge waren damals das einzige Transportmittel, auf das einigermaßen Verlass war. Die Besatzungssoldaten drückten angesichts der zigtausend vagabundierenden Menschen ein Auge zu. Die Fahrt von Holzminden nach Hamburg dauerte sechsunddreißig Stunden. Als ich schließlich bei einer Tante ankam, erkannte sie das schwarze Wesen zunächst nicht. Aber, was wichtiger war, das Hamburger Haus stand im Wesentlichen, und nach etlichen Lau fereien um Dokumente, die den Wechsel von der amerikanischen in die englische Besatzungszone erlaubten, erhielt ich die Rückkehrbewilligung für meine Mutter und die Geschwister, sodass die Familie gegen Ende des Jahres 1945 wieder ein Zuhause hatte.

Ich versuchte, die Studienzulassung zu erhalten, ein

Unterfangen, das sich zu diesem Zeitpunkt für eine achtzehnjährige Frau als in jeder Weise hoffnungslos erwies. Also: ein halbes Jahr Schnellkurs Handelsschule, mit Englisch, Stenographie und Schreibmaschineschreiben. Das konnte nichts schaden. Neben der Schule verschaffte ich mir Taschengeld durch Gelegenheitsjobs – was mich, wie ich erstaunt feststellte, in den Augen meiner aus den sogenannten ersten Hamburger Kreisen stammenden Mitschüler sozial ziemlich unmöglich machte. Nun, ich suchte mir andere Freunde und war um eine interessante Erfahrung reicher.

Im Frühjahr 1946 dann die erste durchs Arbeitsamt vermittelte Stelle als Sekretärin beim NWDR – beim Nordwestdeutschen Rundfunk an der Rothenbaumchaussee. Nicht ohne Herzklopfen machte ich mich auf den Weg. Ich wurde freundlich empfangen und von einer der auffallend gut aufgemachten und in enganliegende rote Rollkragenpullover über grauen Hosen ansprechend gekleideten weiblichen Angestellten zu zwei uniformierten Herren mittleren Alters geleitet, deren Namen mir etwas sagten. Trotzdem dürfte meine Erinnerung, dass ich Hugh Carleton Greene, dem damals sehr bekannten und für den Wiederaufbau eines deutschen demokratischen Rundfunks zuständigen langjährigen Deutschlandkommentator der BBC, gegenübergesessen hätte, falsch sein. Es ging schließlich um die Besetzung einer Sekretärinnenstelle.

Doch wie auch immer: Ich verließ das Funkhaus mit dem Gefühl, einen guten Eindruck gemacht zu haben.

Der ablehnende Bescheid ein paar Tage später verunsicherte mich nachhaltig – vor allem wegen seiner Begründung: Als ehemalige HJ-Führerin sei ich ungeeignet für die Arbeit in einer sich der deutschen Reeducation widmenden Institution. Das traf mich, obwohl an der Richtigkeit des angegebenen Grundes ja kein Zweifel bestand. Es muss die unerwartete Konfrontation mit den Konsequenzen meiner Tätigkeit gewesen sein, die mich irritierte.

Bis zu diesem Moment hatte ich mich als Individuum nicht «schuldig» gefühlt und trotz allen Erschreckens angesichts der Offenbarung deutscher Gräueltaten nie daran gedacht, dass man mich sozusagen persönlich haftbar machen würde für Verbrechen, die ich nicht begangen, ja, von denen ich nicht einmal etwas gewusst hatte. Das Problem der Kollektivschuld, über das wir wenig später leidenschaftlich diskutierten, war zu diesem Zeitpunkt noch nicht einmal ansatzweise in mein Bewusstsein gedrungen. Die Ablehnung des NWDR wirkte als eine unerwartete Kränkung meines Selbstgefühls recht lange weiter und war später – wie ich heute glaube – zumindest mitbestimmend für mein durch die Arbeit an Thomas Manns Tagebüchern neuerlich gewecktes Interesse an Problemen, die mit dem Eingestehen von Schuld zu tun hatten: von der problematischen Verpflichtung aller erwachsenen Deutschen, den berüchtigten Fragebogen zur eigenen Vergangenheit auszufüllen, bis zu der Hoffnung der Emigranten auf umfassende Einsicht und ein klares Geständnis.

Damals, 1946, blieb mir indes nichts anderes übrig, als mein Glück entweder bei Privatfirmen oder aber bei den Behörden und Einrichtungen der englischen Besatzungsmacht zu versuchen. Man schickte mich auf ein sogenanntes Interzonenpass-Amt, wo ich von morgens neun bis nachmittags vier Uhr – unterbrochen durch eine einstündige Mittagspause – die Namen der antragstellenden Personen sowie deren jeweilige Reiseziele in vorgedruckte Formulare tippte: «... is allowed to enter the French occupied Zone of Germany and to proceed to ...» Nach vier Wochen hielt ich es nicht mehr aus. Aber die Erkenntnis, was eine solche Arbeit mit einem Menschen machen kann, ist mir geblieben.

Ich fand einen neuen Job als Dolmetscherin in einer englischen Transporteinheit und hatte das Glück, in meinem vorgesetzten Sergeant einen Mann zu treffen, der wie ich davon träumte, einmal studieren zu dürfen. Er bestand darauf, dass ich – obwohl Nichtraucherin – die Zigaretten annähme, die er mir anbot. Sie reichten aus, um mein Studium bis zur Währungsreform zu finanzieren.

Aber so weit war es zunächst noch nicht. Immerhin erhielt ich im Herbst 1946 die Zulassung zu einem sogenannten Vorkurs, in dem uns im Eilverfahren jene Minimalkenntnisse, vor allem in Latein und Mathematik, beigebracht wurden, die zum Erhalt einer Studienzulassung nachgewiesen werden mussten. Ein hartes halbes Jahr – aber im Frühjahr 1947 hatte ich das Abitur in der Tasche. Doch was hieß das schon? Die Versuche, mich in der medizinischen Fakultät zu immatrikulieren, erwiesen sich als aussichtslos; Vorrang hatten die aus dem Krieg zurückkehrenden Soldaten. Mein Freund Werner überredete mich zur Bewerbung an der philosophischen Fakultät. In Erinnerung an meine Passbehörden-Zeit willigte ich ein. Ich konnte mich auch als Lehrerin denken. Besser als Büroarbeit war jedenfalls alles.

Es war ein folgenreicher Kompromiss, auf den ich mich einließ; und wenn ich auch zunächst noch in der Hoffnung lebte, eines besseren Tages wieder zur Medizin zurückkehren zu können, so erlag ich, trotz meines anfänglich recht wahllosen Lesens und Studierens, doch zunehmend der Faszination, die nun einmal mit dem Sichauftun neuer Welten verbunden ist. Im Nacharbeiten der literarhistorischen Kollegs und, vor allem, von Wilhelm Flitners Vorlesungen über die Geschichte der abendländischen Bildung erlebte ich zum ersten Mal die Vielfalt menschlicher Denk- und Lebensmöglichkeiten und hatte Vergnügen an dem Versuch, anderes, teilweise auch Fremdes, zu verstehen und in die eigenen Überlegungen einzubeziehen.

Dazu kamen völlig neue Kontakte im sozialen Raum. In der Studentengemeinde hörte ich zum ersten Mal Namen wie Martin Niemöller, Gustav Heinemann, Eugen Kogon oder Walter Dirks und lernte unter meinen – meist älteren – Kommilitonen Menschen kennen, für die die NS-Zeit nicht ausschließlich Krieg, sondern auch Faschismus mit allen Schrecken und Repressionen bedeutet hatte, die schikaniert und verfolgt worden waren und sich Widerstandsgruppen angeschlossen hatten.

Die Begegnung mit diesen für mich zunächst so «anderen» Studierenden verdankte ich in erster Linie meinem Freund Werner, der mich schon vor meiner Studienzeit zu den wöchentlichen Zusammenkünften mitgenommen hatte. Er wohnte auch in Wandsbek, brachte mich abends wieder nach Hause und war überhaupt einfallsreich, einfühlsam und hilfreich um mich bemüht. Er studierte Indogermanistik und forschte über irgendwelche amerikanischen und indianischen Stammessprachen, entwarf Grammatiken und war eine Koryphäe auf dem Gebiet der Linguistik. Später lehrte er in den USA, schließlich in Kiel und Hamburg. Wir blieben in loser Verbindung und wechseln noch heute von Zeit zu Zeit einen Brief. Seine Frau starb vor einigen Jahren. Ich verdanke ihm viel, unter anderem auch Hilfe bei der Immatrikulation, die ich ohne ihn vermutlich nicht geschafft hätte.

Etwas später, als ich bereits ordentlich studierte, traf ich dann auch den Juristen Hans. Er «warb» mich für einen Diskussionskreis im Hause des Hamburger CDU-Politikers Erik Blumenfeld, der in einer schönen Villa am Rondeel wohnte (eine Adresse, die mir *per se* Respekt einflößte). Man traf sich vierzehntägig oder dreiwöchentlich, ich weiß es nicht mehr, und redete über den wirtschaftlichen Wiederaufbau Deutschlands, «Trizonesien», die «SBZ», den Marshall-Plan, die Berlin-Blockade oder die Vorbereitungen für das Grundgesetz. Die Art der Diskussion bei diesen Veranstaltungen gefiel mir. Ich hörte vorwiegend zu, las aber fortan die Zeitung mit etwas weiter reichendem Interesse und wesentlich mehr Aufmerksamkeit. Den Ehrgeiz, den Diskussionen mit Gewinn folgen zu können, hatte ich allemal.

Und schließlich war da auch noch FW. Er studierte Literaturwissenschaft wie ich, gehörte, als ich ihn kennenlernte, aber bereits zum Seminar-«Establishment», arbeitete als studentische Hilfskraft und kannte sich aus. Er hatte mich offenbar ein paar Mal gesehen, als ich mit meinem Cello unterwegs war. Das hatte ihn interessiert, weil er das gleiche Instrument spielte, es allerdings, wie sich bald herausstellte, wesentlich besser beherrschte als ich. Er musizierte gelegentlich mit seinem Vater, einem emeritierten Professor für Orthopädie, wenn ich mich recht erinnere. Wenn man Quartett, Trio oder gar Quintett spielte, war ich gelegentlich dabei. Was ich sah und hörte, machte mir Eindruck. Es war eine völlig andere Welt.

Mit FW ging ich auch zu Vorträgen und Lesungen zeitgenössischer Autoren, die von Zeit zu Zeit im unweit der Uni gelegenen Sendesaal des Nordwestdeutschen Rundfunks stattfanden. Ich erzählte ihm von meiner Niederlage als Bewerberin um eine Anstellung in diesem Haus. Er versuchte, sie mir plausibel zu machen, indem er mir sozusagen meine Vergangenheit erklärte und Kategorien zur Beurteilung dessen anbot, was da zwölf Jahre lang in unserem Land passiert war und warum es geschah. Er kannte die «andere Seite» gut und stand ihr nahe, ohne selbst dem Widerstand angehört zu haben. Er lehrte mich, etwas grundsätzlicher nachzudenken und insistierender zu analysieren. Und er wies mich nachdrücklich auf ein schwarzes Brett mit Aufrufen hin, die das Emblem des zerbrochenen Gewehrs, das Zeichen der Kriegsdienstverweigerer, trugen.

Kriegsdienstverweigerung als Friedensdienst: Das erschien mir zunächst ungeheuerlich, und das Umdenken, Neudenken, ja, in diesem Punkt erstmals wirkliche Denken außerhalb der hergebrachten Bahnen war schwer und brauchte Zeit. Aber er gab sie mir. Später hörten wir das eine oder andere Konzert miteinander und gingen gelegentlich – etwas völlig Neues in meinem Leben – zusammen in ein Café und aßen Kuchen.

Was das häusliche Leben anging, so war mein Vater nach gut zwei Jahren aus der Internierung zurückgekehrt. Die Freude, ihn wiederzuhaben, war ehrlich. Und doch veränderte seine Anwesenheit die Binnenstrukturen der Familie nicht unwesentlich. Es gab plötzlich wieder ein Familienoberhaupt, das – ohne sich auch nur im Geringsten autoritär oder gar rechthaberisch zu gebärden – doch ganz selbstverständlich die innerfamiliäre Verantwortung und Entscheidungskompetenz für sich in Anspruch nahm. Das bedeutete für uns alle, in erster Linie aber natürlich für meine Mutter, eine recht einschneidende Umstellung, zumal sie sich gerade – aus welchen Gründen, vermag ich nicht mehr zu sagen – dazu durchgerungen hatte, eine bezahlte Tätigkeit zu ergreifen und ein konkretes Angebot des besagten «Nachbarn von gegenüber», des in Hamburg gut bekannten Optikers Weser, anzunehmen. Ich hatte das Gefühl, die Neugier auf eine derartige neue Erfahrung überwog ihre Ängste vor einem Dasein, das sie während ihrer nahezu fünfundzwanzigjährigen Ehe noch niemals ausprobiert hatte. Nach der Rückkehr meines Vaters jedoch war von einer solchen Tätigkeit nicht mehr die Rede.

Ob meine Mutter ihre Pläne freiwillig aufgegeben hatte, etwa, weil sie nicht mehr gezwungen war, Geld zu verdienen, oder ob es mein Vater von ihr verlangt hatte, weil er glaubte, es nicht zulassen zu dürfen, dass seine Frau «arbeiten ging», vermag ich nicht zu sagen. Ich fürchte, es war Letzteres – zumal er selbst es nicht leicht hatte, eine ihn befriedigende Arbeit zu finden. In seine alte Fabrik konnte er wegen seiner zumindest formalen NS-Belastung zunächst nicht zurück. Und auch wenn er sehr bald eine ihm zusagende Anstellung im Bereich der Herstellung von Gefrierkaffee fand, hatte er zu kämpfen mit Ressentiments und dem Gefühl, zu Unrecht gedemütigt worden zu sein. Aber, wie gesagt, über all das wurde mit den Kindern – oder auch nur in ihrer Gegenwart – nicht gesprochen. Erst viel später hat meine Mutter mir gegenüber mal eine Bemerkung gemacht, die darauf hindeutete, dass es für sie damals keine Alternative gegeben hatte.

Für mich hieß die Heimkehr des Vaters Entlastung von den Verpflichtungen, die mir als ältestem der Kinder ganz selbstverständlich zugefallen waren. Ich konnte daran denken, den Studienort zu wechseln. Mein Vater hatte in Tübingen studiert. Also versuchte auch ich es mit Tübingen. Dass ich mit dieser Entscheidung meinen Medizinertraum endgültig begrub, war mir, glaube ich,

nicht bewusst. Das Problem war in den Hintergrund ge-
treten. Im Augenblick studierte ich Literaturwissenschaf-
ten und Bildungsgeschichte: nicht sehr orthodox, aber
mit Spaß.

Der Zugang zur Tübinger Uni erwies sich als schwierig. Man war streng in der französischen Zone. Ich erhielt die Aufforderung zu einem «Vorstellungsgespräch».
Das hieß: 36 Stunden Bahnfahrt hin, 36 Stunden zurück.
Zwischendrin Rede und Antwort stehen vor der Zulas-
sungs-Kommission.

Es war zu Beginn des Jahres 1949, ich war gerade 22
Jahre alt geworden. Drei Semester in Hamburg lagen
hinter mir, gute Zeugnisse hatte ich beibringen können,
die mir vermutlich überhaupt erst den Zutritt zu dem er-
lauchten Kreis ehrwürdiger Männer – es war, das weiß
ich genau, keine einzige Frau unter ihnen – ermöglich-
ten. Ein kurzes Kreuzverhör über bisher Studiertes, generell freundliche Mienen. Doch dann interessierte man
sich – wenn die Erinnerung nicht trügt – mal wieder ausschließlich für meine politische Vergangenheit. Aber es
war, das tat mir wohl, keinerlei Vorverurteilung zu spüren, sondern man stellte nur recht konkrete Fragen: Ich
war, das konnte der Protokollführer meinen Unterlagen
entnehmen, BDM-Führerin gewesen und sollte nun sagen, warum ich das wurde und worin meine Tätigkeit
bestanden hatte.

Ich musste an das Gespräch mit meinem HJ-Schul-
leiter Wolfgang Jünemann denken: Ja, warum war ich
BDM- oder, genauer, Jungmädelführerin geworden? Ich

weiß nicht mehr, was ich damals antwortete, erinnere nur noch, dass mir die Frage nachging und ich nicht ohne Beschämung feststellte, dass ich zwar über die Folgen, nicht aber über die Gründe meines Engagements nachgedacht hatte. Ganz überzeugend kann ich sie auch heute noch nicht beantworten. Es war alles so selbstverständlich gewesen: Meiner ganzen Veranlagung nach war ich immer lieber «Partnerin» als «Untergebene». Geltungsdrang? Vielleicht. Aber auch ein starkes Bedürfnis, so zu werden wie meine «Führerinnen», jedenfalls wie die unter ihnen, die ich wegen ihrer Kompetenz und Sicherheit im Auftreten bewunderte. So wie mir in der Familie mit zunehmendem Alter und provoziert durch manches Unvorhergesehene fraglos Kompetenzen zugefallen waren, die ich gern akzeptiert und auch zur Geltung gebracht hatte, muss es auch bei den Jungmädeln gewesen sein. Die Hierarchie war vorgegeben, und ich war vermutlich nicht gleichgültig genug, um nicht den Wunsch zu spüren, innerhalb des Vorgegebenen so weit wie möglich Eigenes zur Geltung zu bringen.

Eines allerdings weiß ich sicher: Mit «Ideologie» oder NS-Indoktrination hatte meine «Karriere» allenfalls am Rand zu tun. Das sage ich nicht als Entschuldigung, sondern um zu erklären, dass meine Tätigkeit als Jungmädelführerin mein Bild von der mich umgebenden politischen Wirklichkeit so gut wie nicht tangierte. Ich gewann weder neue Einsichten, noch festigte sich mein Weltbild. Sehr wohl aber hatte ich Idole, Vorbilder, denen nachzueifern ich mich bemühte.

Was von diesen Überlegungen ich während des Verhörs damals zu Protokoll gab, weiß ich nicht einmal mehr in Umrissen. Vermutlich nichts, sie sind neueren Datums. Ich erinnere nur noch, dass man im unzerstörten Tübingen über Luftschutz- und KLV-Einsätze eigentlich nichts hören wollte, dafür aber von Spielscharfahrten, Kräuter- und Altmaterialsammlungen. Ein etwas zähes, ratloses Palaver – bis plötzlich ein kleiner Mann aufsprang, mich fragte, wie alt ich sei, und auf meine Antwort hin mit der Faust auf den Tisch schlug, dass nicht nur ich zusammenschrak: «Meine Herren, ich weigere mich, hier weiterhin Kinder zu verhören.» Sprach's, drehte sich um und ging. Die Sitzung war zu Ende. «Sie werden von uns hören.» – Nun, ich bekam die Zulassung. Der kleine Mann war, wie ich viel später erfuhr, Theologe und hieß Otto Bauernfeind. Noch später, bei den Recherchen für unsere Universitätsgeschichte, stellte ich fest, dass er einer der ganz wenigen aufrechten Regimegegner an der *alma mater Tubingensis* gewesen war.

Kapitel 3

AUFBRUCH IN DIE FREMDE — UND EIN HAUSGENOSSE AUS HAMBURG

Ab dem 5. Mai 1949 nun also Tübingen. Zum ersten Mal war ich wirklich frei, ohne Verpflichtung für Familie, Haus oder Garten, «beurlaubt» sozusagen für ein Semester, und in einer zugleich beglückenden und beklemmenden Weise allein. Das heißt: nicht ganz. Mein Vater hatte einen Studienfreund, der gerade zum Oberbürgermeister meines neuen Studienortes gewählt worden war: Wolfgang Mülberger. Er lud mich nicht nur ins Café Pfuderer – später dann zu Frau und Sohn in sein Haus in der Neckarhalde – ein, sondern half mir auch, ein Zimmer zu finden: eine «Bude» im «Jenseits» (jenseits der Bahnlinie, hinter den Kasernen), in der Breuningstraße 9 bei Frau Weber, die mir ihren Leiterwagen lieh, um meinen Koffer vom Bahnhof über die damals noch ungepflasterte, ländliche Friedrichstraße und eine schmale Blaue Brücke nach Hause zu karren. Eine befahrbare Unterführung gab es erst gut ein Vierteljahrhundert später.

Dann machte ich mich daran, meine neue Heimat zu

erkunden, und war ebenso entzückt wie befremdet von dem ländlichen Ambiente der Stadt. Vor den Häusern standen, fein säuberlich aufgeschichtet, die Holzbeugen, und vor der Jakobuskirche gab es einmal wöchentlich den Schweinemarkt, zu dem sich an jedem Freitag noch der Kleintiermarkt vor dem Rathaus gesellte. Die Straßen waren voll mit Leiterwägelchen ziehenden älteren Frauen und einer Unzahl radelnder junger Menschen. Die Universität bestand offenbar aus zwei Komplexen: der alten Aula mit Pfleghof und Kirche und dem neuen Ensemble an der Wilhelmstraße. Das Leben spielte sich zwischen diesen Fixpunkten ab. Es schien mir begrenzt – in jeder Weise. Geistige Bedeutung und verweisende Plastizität gewann der kleine Bezirk für mich erst 25 Jahre später, als ich begann, für das Universitätsjubiläum 1977 die Zeugnisse der vergangenen 500 Jahre dieser Gelehrtenrepublik zu lesen. Seither bin ich hier zu Hause.

Damals hingegen erfreute mich, dass es an der Uni zwar gut besuchte, aber nicht, wie in Hamburg, ständig überfüllte Vorlesungen gab, dazu kleine Seminare, in denen ich bald alle kannte, und Dozenten, die ihre Studenten beim Namen nannten. Tübingen hatte damals gerade den dreitausendsten *studiosus* immatrikuliert. Jeden Donnerstag war *dies academicus*: ein eintägiges Studium generale, an dem auch viele Bürger der Stadt teilnahmen. Das hatte es in Hamburg nicht gegeben. Ich hörte Jurisprudenz, evangelische so gut wie katholische Theologie und Geschichte. Das heißt, eigentlich hörte ich berühmte Namen, ziemlich wahllos, aber mit Spaß und

64

Gewinn: Zweigert, Eschenburg, Thielicke, Adam, Rückert, Guardini. In diesen *dies*-Vorlesungen gab es – zu meinem Glück, wie sich bald herausstellte – auch schon damals gelegentlich Überfüllung. Zu meinem Glück deswegen, weil das Freihalten von Plätzen für Damen der Tübinger Society mir mehrmals in der Woche Einladungen zu einem warmen Mittagessen bescherte, was sich angesichts der Qualität von Mensa-Essen und Hoover-Speisung, aber auch im Hinblick auf meinen sehr schmalen Geldbeutel als äußerst hilfreich erwies. Schwierigkeiten hatte ich eigentlich nur mit der Sprache. Wenn ich im Laden «Quark» oder «Wurzeln» haben wollte, empfahl es sich, den Wunsch gestisch zu präzisieren und sich die Korrektur: «Ach, Sie meinet Weichkäs und Mohrrübe», zu merken.

Der Zufall wollte es, dass in der Breuningstraße 9 ein zweiter Hamburger wohnte. Er war Lehrbeauftragter für Griechisch und Assistent am klassisch-philologischen Seminar. Die gemeinsame geographische Herkunft schuf erste Kontakte, außerdem hatte ich immer gern Griechisch lernen wollen. Geld besaß ich nicht, dafür aber gewisse Fähigkeiten, mit Öfen umzugehen. Wir kamen ins durchaus zeitgemäße und rollenkonforme Geschäft: Ofenheizen gegen Griechischunterricht, und gewannen auch jenseits der pädagogischen und sonstigen Hilfsdienste Interesse aneinander. Meine Versuche allerdings, ihn für meine Lieblings-Freizeitbeschäftigung zu gewinnen – also: per Rad die nähere und weitere Umgebung zu erkunden –, blieben weitgehend erfolglos. Der junge

Mann war, wie sich herausstellte, schwerer Asthmatiker und folglich für gewisse sportliche Betätigungen nicht sehr disponiert. Nun, wir gingen zu Fuß, machten – für meine Hamburger Vorstellungen «riesige» – «Märsche» auf die umliegenden Höhen und aßen abends in einem der damals noch recht handfeste schwäbische Kost verabreichenden Ausflugslokale ein Vesper. Hin und wieder lud er mich auch ein zu «Schnitzel Holstein» im «Betz zur Steinlach» am Anfang der Neckargasse: ein absoluter kulinarischer Höhepunkt, den wir uns angesichts des Preises von 2,50 DM denn auch nicht allzu oft leisten konnten.

Aber auch der universitäre Alltag bekam, dank meines Hausgenossen, einige neue Akzente. Er verfügte in seinem nicht sehr großen Dachzimmer über so viele recht übersichtlich und zugänglich aufgestellte Bücher, dass man fast von einer Bibliothek sprechen konnte. Und da er außerdem noch der Meinung war, der Mensch – und ein studierender insbesondere – könne gar nicht genug lesen, durfte ich vom ersten Augenblick unserer Bekanntschaft an diese Schätze benutzen, wann immer ich es wollte. Sehr bald schon ging er dazu über, mir Bücher zu empfehlen, ja, gelegentlich auch zu oktroyieren, von denen ich noch niemals gehört hatte, vor allem moderne amerikanische, französische oder italienische Romane: Hemingway, Faulkner, Mailer, Steinbeck, Wolfe, Sartre, Beauvoir, Pavese und Malaparte oder wie sonst sie alle hießen. Aber auch die exilierten Deutschen lernte ich durch ihn kennen: Carl Zuckmayer und Lion Feuchtwanger, Leonhard Frank oder Franz Werfel ... von Thomas Mann zu schweigen, dessen «Zauberberg» meinen Cicerone während des ganzen Krieges hautnah begleitet hatte – in des Wortes eigentlicher Bedeutung: Er trug den Roman stets bei sich.

Vor allem aber gab er mir ein Buch zu lesen, das in meinen Augen bis heute nichts von seiner verpflichtenden Moralität eingebüßt hat: Anna Seghers' «Das siebte Kreuz», die Geschichte des KZ-Ausbrechers Georg Heisler, der seine Flucht nur dadurch überlebt, dass er im richtigen Moment Menschen trifft, die ihm – ungeachtet der eigenen Gefährdung – Unterkunft gewähren und weiterhelfen. Bücher wie dieses vermittelten mir Leseerfahrungen, die – neben der Lektüre von historischen Analysen – wesentlich dazu beitrugen, die Geschichte, deren Zeugin ich, wenn auch sträflich unreflektiert, gewesen war, neu und anders zu begreifen. Anna Seghers' Roman sollte Jahre später noch einmal bedeutsam für mich werden, in einer Situation, die 1949 / 50 weit außerhalb meines Vorstellungsvermögens lag. Ich werde diese Geschichte später erzählen.

Damals ahnte ich nichts von konkreten Konsequenzen meiner Lektüre. Ich war vollauf beschäftigt, all die neuen Eindrücke in mich aufzunehmen und sie in mein Weltbild zu integrieren. Daneben genoss ich die übersichtlichen Verhältnisse an der Universität, radelte, fasziniert von dem durch Kirche und Römer geprägten Land, über die Barockkirchen in Zwiefalten, Obermarchtal, Schussenried und Steinhausen zur Birnau an den Bodensee und bestaunte die romanischen Fresken in Ober- und Niederzell auf der Reichenau. Ich fuhr durch den Schwarzwald nach Freiburg, besuchte katholische Gottesdienste und Fronleichnamszüge im benachbarten Rottenburg und erklomm die Wurmlinger Kapelle. Letzteres wieder in Begleitung meines hanseatischen Hausgenossen, mit dem gemeinsam das Leben zu meistern ich mir inzwischen durchaus vorstellen konnte, auch wenn ich mehr und mehr das Gefühl gewann, sich mit ihm zu verbinden hieße auch, sich auf eine neue, anregende und interessante, aber in vielem ganz andere Welt einzulassen.

Das war mir spätestens bei einem Besuch in Hamburg im Sommer 1950 anlässlich der silbernen Hochzeit meiner Eltern klar geworden, als ich auf Bitten meines neuen Freundes auch seinen Verleger besuchte, für den er gerade den Roman «Nein – Die Welt der Angeklagten» geschrieben hatte.

Ernst Rowohlt residierte damals in einer Etage des Eckhauses am Reesendamm 3, unweit des Rathauses also. Ich wurde freundlich empfangen und in ein Zimmer geführt, in dessen Mitte ein Tisch von etwa einem Meter Durchmesser stand, der sich beim Näherkommen als ein riesiger, von einem schmalen, dem Abstellen von Gläsern dienlichen Rand gesäumter Aschenbecher entpuppte. (Inzwischen weiß ich, dass es sich um einen kupferschaligen spanischen Holzkohlentisch handelte, der heute die Wohnung von Hannelore Marek ziert, der Witwe jenes Rowohlt-Lektors C. W. Ceram, der wenig später mit seinem aufgrund einer Wette zwischen dem Verleger und ihm verfassten Bestseller «Götter, Gräber und Gelehrte» dem Verlag zu einigem Wohlstand verhalf.)

Ernst Rowohlt freute sich über meine Bewunderung für das originelle Möbelstück, auf das er offenbar besonders stolz war. Ich weiß nicht mehr, worüber wir redeten, sondern nur noch, dass er mir vorschlug, den Verlag anzusehen und die Menschen kennenzulernen, mit denen gemeinsam Walter Jens in Zukunft seine Bücher machen würde. Wir gingen von Zimmer zu Zimmer, und überall wiederholte der Verleger die gleiche Vorstellung: «Dies ist die Braut von Walter Jens. Nicht das, was ihr denkt, sondern seine richtige.» Ich verabschiedete mich in der Gewissheit, dass ich in meinem neuen Leben noch einiges zu lernen haben würde.

Als wir dann ein Jahr später, im Februar 1951, heirateten, hätte Ernst Rowohlt gern als Trauzeuge fungiert. Die Sittenstrenge der Zeit machte einen Strich durch diese schöne Rechnung. Wir bekamen auf der Suche nach einer bezahlbaren Wohnung in Tübingen zwei wunderbare große Südzimmer mit Albblick auf dem Schlossberg angeboten. Etwas Besseres hätten wir kaum finden können. Aber die Sache hatte einen Haken: Die Räume waren lediglich durch einen Vorhang voneinander getrennt, also nur an ein ordnungsgemäß verheiratetes Paar zu vermieten – und das eben waren wir ja noch nicht. Das Problem ließ sich dank der Großzügigkeit meiner Eltern relativ unkompliziert lösen: Ein Telefonat genügte, um sie zu überzeugen, dass wir die standesamtliche Trauung zum frühestmöglichen Termin in Tübingen vornehmen lassen mussten, denn an eine Fahrt nach Hamburg während des Semesters war sowohl aus Zeit- als auch aus Kostengründen nicht zu denken.

Es wurde eine vergnügliche Hochzeitsfeier: Unsere Trauzeugen Peter Schneider und Walther Killy – zu der Zeit gemeinsam mit Walter Assistenten am Tübinger Leibnizkolleg – entledigten sich ihrer Aufgabe mit einem Anflug von charmanter Ironie, ansonsten aber großer Ernsthaftigkeit. Und Frau Riep, die Hausdame des Kollegs in der Brunnenstraße, zauberte ein mehrgängiges Essen, an dem auch die «Choreuten» teilnahmen, sprich: die in Bettlaken gehüllten Absolventen des Griechisch-Kurses, den Walter damals regelmäßig in jenem seinerzeit hochangesehenen Propädeutikum abhielt. Jetzt deklamierten die Studenten dem jungen Paar attische Braut- und Hochzeitslieder. Zum Schluss erhielten wir einen Aluminium-Kochtopf und ein Bild des Hauses.

Schade war nur, dass Ernst Rowohlt nicht dabei sein konnte. Dafür aber war er Gast der Feier, zu der meine Eltern im Anschluss an die kirchliche Trauung sechs Wochen später die beiderseitigen Verwandten und Hamburger Freunde in unser Wandsbeker Haus eingeladen hatten. Er hatte spontan und offenbar gern zugesagt und beanspruchte mit ebenso großer Höflichkeit wie Selbstverständlichkeit, die allererste Rede – noch vor meinem Vater – zu halten. Die Begründung: «Ich kenne den Laden am besten. Ich war viermal verheiratet.» Pause. Dann, mit erhobenem Zeigefinger: «Aber immer monogam.»

Ehe wir gegen 22 Uhr am Hauptbahnhof den Schlaf-
wagenzug nach Stuttgart bestiegen, nahm mich Ernst
Rowohlt noch einmal beiseite: «Hören Sie mir gut zu,
junge Frau. Sie haben einen Schriftsteller geheiratet, dessen Bücher man gelegentlich ‹verreißen› wird. Er wird
antworten wollen. Doch dann, meine Liebe, schlägt Ihre
Stunde: Nehmen Sie ihm den Bleistift aus der Hand!
Niemals antworten! Nie! Merken Sie sich: nie!»

Ich habe mich daran gehalten – ein langes Leben lang.
Und wir sind gut dabei gefahren. Noch nach 1989, als
Walter in seiner Eigenschaft als Präsident der Berliner
Akademie der Künste hart und nicht selten in einer ehrabschneidenden, verletzenden Weise ob des Versuchs an-
gegriffen wurde, die Vereinigung «seiner» – sprich: der
Westberliner – Institution mit jener der gerade untergegangenen DDR zu bewerkstelligen, hat uns das Ro-
wohlt-Diktum vor mancher vorschnellen Reaktion bewahrt. Wenn einer von uns beiden der Meinung war,
dass der letzte Angriff nun wirklich zu weit ginge und
richtiggestellt werden müsse, sagte der andere unter Ga-
rantie: «Lass es, denk an Rowohlt.» Der endliche Erfolg
der unendlichen Bemühungen hat ihm – Jahrzehnte
nach seinem Tod – recht gegeben.

Zurück in das Jahr 1951. Als Frau des Schriftstellers
Walter Jens erhielt nun auch ich eine Einladung zur Tagung der Gruppe 47, zu der grundsätzlich nur Ehefrauen
oder aber eigenständige Schriftstellerinnen wie Ilse Aichinger, Ingeborg Bachmann oder auch Marie-Luise
Kaschnitz, die uns allerdings nur als «Gast» besuchte, zu-

gelassen waren. In unserem Hochzeitsjahr wurde in einem Kinderheim in Bad Dürkheim / Pfalz getagt. Alle Waschtische, Klos, Tische etc. hatten Kindergröße. Wir saßen aus Mangel an passenden Stühlen auf unseren Matratzen und hörten den Lesungen zu. Das Ritual und der Umgangston überraschten mich; ich hatte bis zu diesem Moment keinen Schriftsteller persönlich gekannt und musste mein naives Bild vom Dichter nicht unerheblichen Korrekturen unterziehen.

Was mir in Erinnerung blieb, war die Begegnung mit Menschen, die in der Emigration gewesen waren oder im Widerstand überlebt hatten; Walter Kolbenhoff etwa oder Hans Werner Richter, die nach wenigen Wochen aus dem Exil zurückgekehrt waren, weil sie buchstäblich der Hunger wieder heimtrieb. Noch heute denke ich zuweilen an Kolbenhoffs Grachtengeschichte: «Und dann stand ich in Amsterdam auf so 'ner Brücke und dachte, wenn du hier reinfällst und morgen rausgefischt wirst, weiß kein Mensch, wer du bist; du bist einfach weg, verschollen – futsch.»

Ich hörte ihnen zu: Ilse Aichinger, die aus der «Größeren Hoffnung» las, ihrer eigenen Geschichte als halbjüdisches Kind im von den Nazis besetzten Wien; Wolfgang Hildesheimer, der in der Emigration Tischler geworden war, dann in Nürnberg bei den Prozessen gedolmetscht hatte und nun seine ersten «Lieblosen Legenden» vortrug; den Österreichern Milo Dor und Reinhard Federmann, die bei den jugoslawischen Partisanen gewesen waren; aber auch – ein ganz neuer Ton – Ingeborg Bach-

72

mann mit ihren Gedichten: «Die große Fracht des Sommers ist verladen»... ich höre ihre leise, eher schüchterne, dialektunterdrückende Stimme noch heute. Und dann, ein Jahr später, 1952 in Niendorf an der Ostsee, Paul Celan, der die «Todesfuge» so eigenwillig las, dass – ein einmaliger Vorgang in der Geschichte der Gruppe 47 – der Radiosprecher Walter Hilsbecher die Verse wiederholen musste, damit wir eine Ahnung von der Bedeutung des Textes bekamen.

Ich hörte auch Ernst Schnabel zu, dem Seemann, von dem man sich erzählte, er habe das Ritterkreuz für Menschenrettung erhalten. Er war gerade von einer Weltreise zurückgekommen, zu der ihn die amerikanische Fluglinie PANAM mit der Auflage eingeladen hatte, in dem Rundfunkfeature (eine Gattung, deren Namen ich zum ersten Mal hörte), das er über den Flug produzierte, ein- oder zweihundertmal die Worte PAN AMERICAN WORLD AIRWAYS zu verwenden. Er las das «Interview mit einem Stern», ohne uns von der Bedingung zu erzählen. Wir merkten nichts. Die Auflage war so geschickt erfüllt, dass sie den Eindruck von Märchenhaftigkeit, den der Bericht von einer Weltreise in der damaligen Zeit – jedenfalls für mich – vermittelte, eher noch verstärkte.

Das Gros der Lesungen bestand natürlich aus Soldatengeschichten: Die meisten der Autoren kamen aus dem Felde. Aber unter denen, die erzählten, war immerhin Heinrich Böll, der den Krieg als das gottlose Vertun der dem Menschen zugemessenen Zeit interpretierte, und unter ihnen waren diejenigen, die, wie Alfred Andersch, nicht ganz unfreiwillig in amerikanische Gefangenschaft geraten und in den USA in einem der heute legendären Umerziehungscamps gewesen waren, in denen das OWI – das *Office of War Information*, eine von 1942 bis 1945 tätige amerikanische Propaganda- und Kriegsinformationsbehörde – deutsche Antinazis zusammengefasst hatte, um sie mit Hilfe deutscher Emigranten auf ihre öffentlichen, sprich journalistischen Aufgaben in einem demokratischen deutschen Gemeinwesen vorzubereiten.

Nicht vertreten, da bewusst ausgeschlossen, waren Autoren, die sich irgendwann an Hitler- oder Stalinhymnen versucht hatten. Ansonsten war jeder zugelassen, der es mit dem Aufbau einer sozialen Demokratie ernst meinte.

Wovon ich hörte, auf diesen Tagungen, war deutsche Geschichte, so gut wie meine eigenen Erfahrungen es waren – aber erlebt unter völlig anderen politischen und gesellschaftlichen Voraussetzungen. Das prägte sich mir ein, gerade durch die unprätentiös-biographisch erzählende Form des Vorgelesenen. Ich merkte: Mich faszinierten die konkrete Anschauung, die Details der Realität vermittelnden Dokumente, die Zeugnisse gelebten Lebens – Briefe, Berichte, Tagebücher, Biographien, historisch korrekt erzählte Romane. Um Zusammenhänge zu sehen, brauchte ich kein geistiges System, das sich dann im Konkreten nachweisen ließ, sondern eher umgekehrt: eine Fülle signifikanter Details, die sich an einem Punkt zum Ganzen fügten. In erster Linie deswegen fuhr ich gern zu den jährlich stattfindenden Gruppentreffen. Ich erprobte auch die Brauchbarkeit der in den Seminaren erlernten Kriterien zur Beurteilung dessen, was ich hörte, und ich beschloss, um mein Studium abzuschließen, eine Dissertation zu schreiben. Vielleicht sogar über die Entwicklung der expressionistischen Novelle – ein Gebilde, das unter literarhistorischen Aspekten als *contradictio in adjecto* eigentlich gar nicht existent war, in meinen Augen aber dennoch eine für den Beginn des 20. Jahrhunderts bis in die zwanziger Jahre hinein wichtige moderne Gegenströmung zur konventionellen Literatur sichtbar machte.

Das Staatsexamen, das ich ursprünglich als berufsqualifizierenden Abschluss angestrebt hatte, erwies sich aufgrund der in Hamburg anders bewerteten Fächerkombination als schwierig. Natürlich wäre es, bei gutem Willen, möglich gewesen, die vorwiegend administrativen Probleme zu bewältigen, aber mein eigentliches Interesse – das wurde mir immer deutlicher – galt schon nicht mehr dem Berufsziel Lehrerin, sondern der Arbeit auf dem Grenzgebiet von Literatur und Geschichte. Und da glaubte ich, mit einer Arbeit über den Expressionismus neue Erkenntnis gewinnen zu können.

Den Ausschlag, diesen Entschluss in die Tat umzusetzen, gab, wie später noch so oft in meinem Leben, der Zufall. Ich weiß es noch genau: Es war ein Donnerstagnachmittag, ich glaube, im Jahre 1951, als Ernst Rowohlt zu erzählen begann. Der Verleger hatte auf seiner Reise von Hamburg in das von ihm regelmäßig besuchte Sanatorium «Der Westerhof» am Tegernsee in Tübingen Station gemacht. Er war schon recht krank damals und musste die lange Autofahrt mit seinem Fahrer Ulücke irgendwo unterbrechen. Tübingen lag günstig, und Ernst Rowohlt kam gern zu seinen Protegés, die sich zudem auch objektiv als nützlich erwiesen. Wir wohnten nämlich damals direkt neben dem Tropengenesungsheim, dessen Chefarzt, Werner Röllinghoff, unser Nachbar, sofort bereit war, den Verleger ein oder zwei Nächte in seinem Krankenhaus pausieren zu lassen. Unter Schwester Frieda Beningas resoluter Obhut würde er wirklich bestens aufgehoben sein. Auch die Schauspielerin Maria Pierenkämper, Rowohlts Frau, die wir – nebst Sohn Harry, der die Frage, wie er denn heiße, stereotyp mit «Harry Rowohlt Verlag» beantwortete – in Hamburg kennengelernt hatten, wusste ihren Mann gern bei uns. Sie konnte sicher sein, dass wir ihn *in puncto* Alkohol nicht in Versuchung führen würden.

An jenem Donnerstag also – während Walter seine Seminare hielt – lag Ernst Rowohlt auf einer unserer nachts in Betten umzuwandelnden Couchen. Ich hatte Tee gemacht und er die Zeit benutzt, um sich in den auf unserem Mehrzweck-Wohnzimmertisch liegenden dritten Band der reich bebilderten Soergel-Literaturgeschichte, «Im Banne des Expressionismus», zu vertiefen. «Wie kommen Sie zu diesem Buch?» – «Ich überlege, ob ich meine Doktorarbeit über expressionistische Literatur schreiben soll.» – «Kommen Sie denn überhaupt an die Texte?» – «Ich weiß noch nicht.» – «Schreiben Sie, ich hab sie alle. Auch alle ‹Silbergäule›, wenn Sie wollen.

Sind doch alles meine Autoren gewesen.» Er blätterte vergnügt in dem Buch: «Schauen Sie hier, der Frank; Leonhard, meine ich, nicht Bruno; oder hier, Max Krell, Klabund, Edschmid, Sternheim … ja, so hat man sie – gezeichnet, radiert oder in Holz und Linoleum geschnitten – festgehalten in den Heften des ‹Jüngsten Tags› bei Kurt Wolff. Und hier, sehen Sie: Heinrich Mann. Den habe ich zwar nie verlegt, aber doch gut gekannt. Kennen Sie die Geschichte von ihm und dem Keyserling? Nein? Dann merken Sie sich jedenfalls die Pointe, mit der sich der Graf nach einem offenbar kontroversen Disput von seinem Schriftstellerkollegen verabschiedete: ‹Ach wissen Sie, Heinrich Mann – vielleicht haben Sie sogar recht. Aber das Rechthaben erschien mir schon von jeher als ein Zeichen der Barbarei.›»

Es wurde ein unvergesslicher und folgenreicher Nachmittag, an dem es Ernst Rowohlt gelang, in seinen Geschichten die Objekte meiner Forschung, seine Autoren, die mir äonenfern gewesen waren, in Zeitgenossen zurückzuverwandeln: Georg Heym, der seine Gedichte «wie ein Metzgergeselle» herausgebrüllt habe, den schweigsamen Franz Kafka in Begleitung des für ihn sprechenden Max Brod oder «Meister Musil», der seinem Verleger nächtens aus dem «Mann ohne Eigenschaften» vortrug, um beim Morgengrauen zu bemerken, dass er die vierte statt der eigentlich zu diskutierenden fünften Fassung gelesen hatte.

Wenig später ging ich zu meinem Lehrer, Paul Kluckhohn, um ihn zu bitten, eine Doktorarbeit über expressionistische Prosa zu akzeptieren. Er hatte mich vor zwei oder drei Semestern in sein Oberseminar aufgenommen, wo ich mich mit einer Arbeit über Hofmannsthals «Chandos-Brief» profilieren konnte. Er war ein durch und durch nobler Mann, souverän genug, auch Meinungen zu akzeptieren, die nicht den seinen entsprachen, wenn es gelang, sie plausibel vorzutragen. «Sie wissen, der Expressionismus gehört nicht zu den von mir besonders geliebten Epochen. Ich habe nie eingehend über ihn geforscht. Sie werden mich mit Ihrer Arbeit überzeugen müssen. Aber ich werde Ihnen helfen, so gut ich es vermag. Nur: Warum gerade expressionistische Prosa? Lyrik – ja, auch Drama. Aber Prosa? Signalisiert nicht allein die Wahl der Gattung, dass der Autor kein absoluter Verfechter dieses Stils sein kann? Außerdem: Woher wollen Sie die Texte bekommen? In der hiesigen Unibibliothek werden Sie nichts finden.»

Ich erzählte – natürlich nicht ohne Stolz – von Ernst Rowohlts Angebot. Diese Chance überzeugte ihn. Er verstand, dass ich sie nutzen wollte, und akzeptierte meinen Plan, dessen Realisierung, wie er mehrfach betonte, für uns beide nicht ohne Risiko sein würde, auf der anderen Seite aber zumindest den Vorteil hätte, dass es so gut wie keine neueren Forschungen über diese unter dem Nationalsozialismus verfemte und totgeschwiegene Literatur gäbe.

Nun, ich schrieb die Arbeit, die mir als erste Analyse einer bis dahin weitgehend vergessenen Stilrichtung in Fachkreisen eine gewisse Reputation verschaffte und die vom Deutschen Seminar unserer Universität vierzig Jahre später, anlässlich meines siebzigsten Geburtstages, als schön gesetztes und gebundenes, bibliographierbares Buch erstmals gedruckt wurde. Ich absolvierte auch das vorgeschriebene Rigorosum mit einer Fächerkombination, die durch meine aktuellen Interessen eigentlich längst obsolet geworden war: Germanistik, Anglistik, Pädagogik, und ich schwor im Kreise von mir inzwischen größtenteils wohlbekannten (wiederum nur männlichen) Kollegen meines Mannes, von denen mir während der Zeremonie kein einziger freundlich-aufmunternd zunickte oder gar zulächelte, den akademischen Eid, den Wolfgang Schadewaldt als Dekan gerade eingeführt hatte.

Frisch promoviert arbeitete ich einige Zeit als Redakteurin an einer Literaturzeitschrift in Stuttgart. Hans Werner Richter hatte ein entsprechendes Angebot von der Deutschen Verlags-Anstalt erhalten und gern angenommen. Ein Chefredakteur war bereits gefunden. Hans Georg Brenner, einer der älteren Literaten innerhalb der Gruppe 47, hatte sein Handwerk noch im Berlin der zwanziger Jahre erlernt und hoffte ganz offensichtlich, mit seiner Zeitschrift an diese Tradition anknüpfen zu können. Wieso man auf mich als «Redaktionsassistentin» gekommen war, vermag ich nicht mehr zu sagen. Vermutlich, weil ich gerade «frei» war und Tübingen nah bei Stuttgart lag – jedenfalls wenn man die Entfernung mit der nach München vergleicht.

Ich war glücklich über die neue und interessante Ar-

beit und lernte eine ganze Menge nützlicher Sachen: von
der richtigen Art, Korrektur zu lesen und *monenda* anzu-
bringen, bis zur Herstellung eines druckfertigen Manuskripts. Zunächst aber lernte ich, wie schwierig es war,
ein stimmiges Konzept und ein ansprechendes Layout zu
entwickeln. Wer sollte die Zeitschrift lesen? Wessen Interessen galt es Rechnung zu tragen? Wo gab es poten-
zielle Mitarbeiter, wie brachte ich in Erfahrung, wer worüber kompetent berichten konnte? Hans Georg Brenner
gab sich viel Mühe mit mir, und ich war, denke ich, eine
gelehrige, schnell auffassende Schülerin. Zudem kam
Hans Werner Richter häufig nach Stuttgart. Dann gab es
Redaktionskonferenzen, an denen auch Verlagsangehö-
rige teilnahmen. Ganz frei waren wir offensichtlich nicht
in unseren Entscheidungen. Dennoch: Langweilig oder
gar bedrückend war es nie, und an interessanten Besu-
chern fehlte es im Allgemeinen auch nicht. Schriftsteller
erzählen gern und gut, meistens war es ein Vergnügen,
ihnen zuzuhören – besonders dann, wenn sie in der Emigration gewesen waren. Damals lernte ich zum Beispiel
Hans Sahl kennen, der später unser Tübinger Mitbürger
werden sollte. Ich wusste nur leider noch nicht, wer er
war, und konnte ihn deshalb auch nicht fragen, wie es
denn bei den komplizierten Einigungsbemühungen der
exilierten Schriftsteller damals in Paris wirklich zugegangen sei.

Die Stuttgarter Zeit blieb trotz meines Enthusiasmus
ein Intermezzo für mich. Unserer Zeitschrift – sie hieß
«DIE LITERATUR», Untertitel: «Blätter für Litera-

tur, Film, Funk und Bühne» – war kein langes Leben beschieden. Nach der fünfzehnten Nummer musste sie ihr Erscheinen einstellen.

Ich besann mich auf meine Rolle als Ehefrau, hatte mich aber durch diese erste Berufstätigkeit so weit «emanzipiert», dass ich mein selbstverdientes Geld nicht in den Haushalt steckte, sondern es zum Erwerb eines Führerscheins nutzte. Mein Mann hatte ein Hörspiel geschrieben, das unerwartet oft wiederholt und für unsere Verhältnisse erstaunlich gut bezahlt worden war. 2000 DM: Das reichte für den damals nahe Tübingen hergestellten Kleinstwagen «Champion», einen Zweisitzer mit Rückbank und aufklappbarem Segeltuchdach. Ein schier unfassbarer Luxus, der indes unseren Aktionsradius nicht unwesentlich erweiterte: über die Schwäbische Alb bis an die Donau nach Zwiefalten und Obermarchtal, über Steinhausens Rokokokirche bis ins Allgäu; oder nach Ulm, wo mein Mann in Inge Aicher-Scholls Volkshochschule Literaturvorlesungen hielt.

Die nächtlichen Heimfahrten im Mondschein auf den leeren Straßen der weiten Hochfläche sind mir im Gedächtnis geblieben: durch immer dunkler werdende Dörfer und schließlich in etlichen – dem Flachland-Sprössling nie ganz geheuren – Serpentinen abwärts, ins Ermstal nach Urach. Eine der letzten Kurven gibt den Blick auf den «Grünen Weg» frei, an dessen Ende sich der sogenannte Rote Winkel befindet: jene um 1920 von linken Intellektuellen aus Berlin, Leipzig und Weimar gegründete alternative Künstlerkolonie, an die heute noch drei Häuser erinnern. In der Frühzeit der Weimarer Republik lebte der sozialistische Schriftsteller und spätere Kulturminister der DDR, Johannes R. Becher, hier, zusammen mit Künstlern aus dem Kreis des Monte Verità. Die Fama erzählt, dass sich zwischen 1924 und 1931 gelegentlich auch die gesamte kommunistische Reichstagsfraktion dort aufgehalten und das ländliche Zusammenleben nach sozialistischem Muster erprobt habe. Ich hatte im Zusammenhang mit meiner Dissertation von dieser Gründung gelesen und seither bei jeder Fahrt über die Uracher Steige beschlossen, sie mir bei nächster Gelegenheit anzusehen. Realisiert habe ich diesen Vorsatz bis heute nicht.

Etwas später, im Tal, passierten wir dann noch die Residenz von Eberhard im Barte, dem von Uhland besungenen «geliebten Herrn» von Württemberg, die ich, allerdings erst Jahrzehnte später, anlässlich der von Hermann Prey ins Leben gerufenen Uracher Festwochen, auch von innen kennenlernen sollte. Damals atmete ich an dieser Stelle jedes Mal tief durch: erleichtert, keine Berge mehr vor mir zu haben. Dennoch: Ich habe sie in guter Erinnerung, unsere Nachtfahrten über die Schwäbische Alb, obwohl ich jedes Mal sehr froh und dankbar war, wenn ich kurz nach Mitternacht heil und gesund in mein Bett sinken konnte.

Selbstverständlich war unsere (damals als für so junge Leute, wie wir es waren, nicht ganz passend eingestufte) Anschaffung in Tübingen nicht unbemerkt geblieben. Auch die Tatsache, dass ich den Wagen steuerte und nicht – was noch allenfalls verständlich gewesen wäre – mein Mann, sorgte für Gesprächsstoff. Aber das erfuhren wir erst viele Jahre später. Das Gerede war dann offenbar auch schnell verstummt, weil sich endlich unser erstes Kind ankündigte – ein Ereignis, das man in Tübingen lange von mir erwartet hatte. Immerhin war ich inzwischen 27 Jahre alt geworden.

Kapitel 4

LEBENSDINGE UND DIE WELT
DER MANNS

Mein erstes Kind, ein Sohn. Die Geburt am Sonntag, dem 5. September 1954, war nicht leicht, aber die Tübinger Frauenklinik erlaubte – damals durchaus nicht selbstverständlich – die Anwesenheit der Väter, und ich war froh, meinen Mann dabeizuhaben. Doppelt froh, als sich herausstellte, dass ich mitnichten «dabei sein» würde, da das Kind mit der Zange geholt werden musste. Als ich aus meiner Narkose aufwachte, hörte ich als Erstes Walters Stimme, die mir mitteilte, dass «alles in Ordnung» und «es» ein Junge sei, der allerdings – leider – «ganz ungeistig» aussähe. Ich blickte derweil auf zwei Nasen, einen Doppelmund und etliche Augen und Ohren, die aus einem irgendwie auf mir liegenden Bündel herausschauten und sich langsam zu einem sehr kleinen und etwas runzligen, aber durchaus «normalen» Gesicht formten, vor dem sich zwei winzige Händchen bewegten.

Als ich nach drei Wochen Klinik heimdurfte, war wirklich alles wieder «in schönster Ordnung». Der Junge, Tilman, sah durchaus nicht mehr «ungeistig», sondern wach und vergnügt aus. Und auch der Vater hatte seinen ersten Eindruck schnell revidiert. Er widmete sich gern seinem neugierigen und zunehmend erzählfreudigen Sohn, der sich schon früh von allem fasziniert zeigte, was mit Lesen, Schreiben und Miteinander-Reden zusammenhing, und auf die väterliche Frage «Was wollen wir denn jetzt tun?» stereotyp mit «Unnerhalten» und einer Geste antwortete, die den Besucher unmissverständlich aufforderte, bei ihm im Laufstall auf seiner Matte – «Babi auffa Matte!» – Platz zu nehmen.

Ohne Bedauern gab ich meinen Beruf auf. Das Leben blieb interessant. Die Wohnung war klein. Lesen, gelegentliches Schreiben, aber auch die vielen Besucher ließen sich gut mit der Sorge für den Jungen vereinigen. Ich kam aus einer kinderreichen Familie und hatte mit der Organisation des Alltags wenig Schwierigkeiten. Mein Lebensplan stand fest: drei, möglichst vier Kinder in nicht zu großen Abständen, dann, eines Tages, Rückkehr in einen Beruf, von dem ich allerdings nicht ganz wusste, wie er denn konkret aussehen sollte. Schwerpunkt, das immerhin stand inzwischen für mich fest: Geschichte, Zeitgeschichte ... der Rest würde sich finden. Ich musste nur darauf achten, in «meiner» Wissenschaft bzw. in dem, was ich inzwischen für mich daraus gemacht hatte, auf dem Laufenden zu bleiben. Und das erschien mir – nicht zuletzt durch meine Ehe mit einem so belesenen und interessierten Mann – relativ leicht. Denn Walter erwies sich, jedenfalls in dieser Hinsicht, als sehr kooperabel. Haushaltsarbeiten hingegen waren, sieht man vom regelmäßig praktizierten «Abtrocknen» ab, nicht unbedingt seine *force*. Außerdem: Den Umkreis der Universität verlassen zu müssen wäre mir schwergefallen, während mich die Möglichkeit, weiterhin Vorlesungen oder auch Vorträge in vertrautem Ambiente hören zu können, nicht wenig beglückte. Kurzum: Ich fühlte mich – vermutlich nicht zu Unrecht – in jeder Weise privilegiert.

Nun, auch ich musste erfahren, dass sich – Privilegien hin und her – nicht jeder Lebensplan erfüllt. Den Traum von der kinderreichen Familie jedenfalls musste ich recht bald begraben. Unser zweites Kind, wiederum ein Junge, hat nur wenige Stunden gelebt. Aber es blieb nicht namenlos. Mein Mann hatte glückliche Jahre in einem Königsfelder Kindersanatorium verbracht und sich viel mit dem durch die Brüdergemeine geprägten Geist des Ortes beschäftigt. Er kannte den Herrnhuter Brauch, die tot geborenen oder ungetauft gestorbenen Kinder Beatus bzw. Beata zu nennen. So haben wir auch unseren Sohn Beatus genannt – den Glücklichen, den keine irdische Mühsal berührte. In Königsfeld, auf dem Gottesacker der Brüdergemeine, liegen die kleinen Toten in langen Reihen nah beieinander. Hätte er die Geburt überlebt, der herrnhutische Beatus, er wäre wahrscheinlich debil gewesen. Mein Arzt hat mir, da ich darauf bestand, den Obduktionsbefund erklärt.

Das dritte Kind, ein paar Jahre später, könnte, so sagte man mir im dritten Monat meiner Schwangerschaft, nur zur Welt kommen, wenn ich bereit sei, den Rest der Zeit liegend zu verbringen. Ich habe es getan – natürlich, aber vergebens: Es war mir nicht möglich, das kleine Wesen intrauterin ausreichend zu ernähren. Es verhungerte und war tot, als man es auf die Welt holen musste.

Es folgten schwierige Jahre des Suchens und Verwerfens, an die ich nicht gern zurückdenke. Eine Zeitlang erwog ich sehr ernsthaft, doch noch mit dem Medizinstudium zu beginnen, dann aber überwogen die Zweifel, ob ein derartiger Entschluss nicht negative Auswirkungen auf unsere Ehe, sprich auf all die von gleichartigen Interessen und der Arbeit in verwandten Bereichen getragenen Diskussionen haben würde, von denen unsere Gemeinsamkeit lebte und die unser Dasein so spannend und einzigartig machten. Nein, die Medizin bot keinen Ausweg aus meiner Misere.

Es dauerte noch einige Zeit, bis ich begriff, dass es einen Weg zu suchen galt, der eben kein Ausweg war, sondern die Möglichkeit bot, mir neue Bereiche zu erschließen. Die mit dem Tod der Kinder endenden Schwangerschaften hatten in mir das Gefühl hinterlassen, eine Versagerin zu sein – ein seltsamer Gedanke angesichts der Tatsache, dass ich mich doch stets in erster Linie als «Verstandesmensch» empfand. Ich schämte mich ein bisschen – aber ich musste akzeptieren, dass auch ich unsteuerbaren Gefühlen unterworfen war, mit denen ich erst lernen musste umzugehen.

Nun, es gelang. Ich war jung, und ich hatte Glück – dazu einen Mann, der über genügend Einfühlungsvermögen, Phantasie und Selbstbewusstsein verfügte, um mich mit kleineren literaturkritischen oder -analytischen

Aufgaben so zu fordern, dass ich – wenn auch eng um-
grenzte – Erfolgserlebnisse hatte und Selbstvertrauen gewinnen konnte.

Und dann, 1959, das große Glück! Ein Zufall – sicherlich. Aber für mich die entscheidende Wende. Der Verleger Günther Neske aus dem benachbarten Pfullingen bat
meinen Mann, die Briefe Thomas Manns an den Kölner
Germanisten Ernst Bertram zu edieren, die ihm, Neske,
durch einen Zufall in die Hände gelangt waren. Walter
lehnte ab: Er wolle schreiben und nicht anderer Leute
Geschriebenes lesbar machen. Aber er schlug dem Verleger vor, mich zu fragen, ob ich Lust hätte, mich an dieser
Aufgabe zu versuchen. Er, Walter Jens, verspräche, ein
Auge auf mich und meine Arbeit zu haben.

Günther Neske willigte ein. Ich ließ mir die Texte geben – und erlag zum ersten Mal jener merkwürdigen Mischung aus Faszination und Beklemmung, die für mich
bis heute durch die Lektüre von Dokumenten ausgelöst
wird, die in diesem Moment noch kaum einer kennt und
für deren weiteres Schicksal ich von nun an verantwortlich sein sollte. Das Wissen, ungebetene Zeugin von Vor-
gängen und zwischenmenschlichen Konstellationen zu
sein, von denen noch niemand erfahren hatte, war
ebenso verführerisch wie irritierend. Allein die Frage, ob
solche Zeugnisse überhaupt publiziert werden dürften
und, wenn ja, warum, warf eine Fülle von Problemen
auf, mit denen ich mich bis dahin nie beschäftigt hatte –
von der Frage nach dem «Wie» ganz zu schweigen. Ich
machte mich mit den Techniken des Edierens vertraut,

sah aber schnell, dass die in den Lehrbüchern angebote-
nen Kriterien und Regularien für meinen Fall nicht rele-
vant waren: Textprobleme stellten sich nicht, der Inhalt
wies keine wirklich kryptischen Passagen auf, selbst sogenannte heikle Stellen, die Persönlichkeitsrechte anderer
verletzten, gab es, soweit ich sah, nicht – außer vielleicht
einer einzigen, die Katia Mann selbst betraf.

Da mein Verleger Günther Neske es ohnehin für ein
Gebot der Höflichkeit hielt, mich ihr vorzustellen, fuhren wir also nach Zürich. Und so stand ich denn an
einem Spätnachmittag im Frühjahr 1959 – mit einigem
Herzklopfen, wie sich versteht – zum ersten Mal vor dem
Haus in der Kilchberger Alten Landstraße, wo das bekannte Namensschild am Gartenzaun noch Jahrzehnte
lang jeden Passanten darauf aufmerksam machte, wer
hier einst gewohnt hatte.

Katia Mann öffnete selbst. Der ihr bereits bekannte
Verleger schickte sich an, mich vorzustellen, aber sie fiel
ihm ins Wort: «Sie haben mir doch geschrieben, Sie kämen mit Frau Jens. Wer also sonst sollte sie sein?»

Ich hatte kaum Zeit, mich über diese zumindest ungewöhnliche Art der Begrüßung zu wundern, denn die
Hausherrin ging, noch auf dem Flur, gleich *medias in res*:
«Der arme alte Bertram!» Ja, etwas kauzig sei er gewesen
… aber sie habe ihn gemocht, und es habe keinen Menschen gegeben, der sinnvollere Geschenke verteilt hätte
als er. Ob ich ihn noch gekannt hätte. Nein? «Schade.
Aber natürlich. Sie sind ja viel zu jung.»

Während des Erzählens hatte sie uns ins Wohnzimmer

geführt, wo in dem Erker mit der Aussicht auf den See und das gegenüberliegende Ufer der Tisch gedeckt war. Personal hatte ich nicht gesehen. Der Tee war fertig, und die Dame des Hauses schenkte selbst ein. Es war eigentlich alles sehr «normal», und meine anfängliche Beklommenheit wich schnell einem Gefühl der Sympathie für diese kleine energische Frau, die mir so unkonventionell und mit einem fast neugierigen Wohlwollen für die junge Wissenschaftlerin entgegengekommen war. Ich traute mich herumzugucken. Natürlich bemerkte sie es: «Ja, sehen Sie sich nur um: Es ist alles noch beinahe genau so, wie er es immer gewollt hat. Aber Sie kennen das ja. Es ist sooo oft beschrieben worden.»

Katia Mann spürte ganz offensichtlich, dass mein Interesse nicht primär dem Haus und den Spuren des Meisters, sondern ihr galt, aber das schien ihr nicht zu missfallen. Sie begann, ihrerseits Fragen zu stellen: Was denn an dem Verhältnis Thomas Mann – Ernst Bertram so bemerkenswert sei, dass es eine derart aufwendige Arbeit – einschließlich der Zürich-Reise – rechtfertige. Etwas später wollte sie wissen, wie denn so eine Beschäftigung konkret aussähe. In diesem Zusammenhang fiel der Name Ernst Glöckners, des Kalligraphen des George-Kreises, mit dem Bertram durch eine große und gelegentlich schwierige Liebe verbunden gewesen war. Natürlich hatte auch Glöckner im Hause Mann verkehrt. «Er war ein wunderschöner Mensch, ganz im Gegensatz zu Bertram. – Was, Sie haben nie ein Bild von ihm gesehen? Dann können Sie auch das Buch nicht machen. Warten Sie.»

Katia Mann stand auf und ging durchs Zimmer hinaus. Ich hörte sie die Treppen in den ersten Stock hinaufsteigen. Als sie zurückkam, schwenkte sie heiter eine Fotografie, etwa im DIN-A5-Format, vor sich her. «Hier. Bertram schenkte sie mir, jetzt sollen Sie sie haben.»

Es fing an, dämmrig zu werden, wir gingen ins Wohnzimmer zurück, und die Hausherrin setzte sich in einen bequemen Sessel. Offenbar hatte unsere Tee-Unterhaltung viele Erinnerungen geweckt, jedenfalls erzählte sie mit sichtlichem Vergnügen. Manchmal unterbrach sie sich: «Ist das überhaupt wichtig für Sie? – Wozu können Sie so was denn brauchen?» Nun, ich versicherte ihr, dass ich im Augenblick eigentlich gar nichts «brauche», sondern es mir einfach Freude mache, hier zu sitzen und ihr zuzuhören. Und wenn ich gelegentlich «einhaken» und nachfragen dürfe, sei ich ganz zufrieden. Sie schien einverstanden.

Und dann kam der erste der zwei Sätze, die ich bis an mein Lebensende nicht vergessen werde, weil sie bisher bloß Gewusstem plötzlich eine neue Dimension verliehen. Es geschah ganz unvermittelt. Wir hatten die Frage erörtert, warum Bertram bei einem Aufenthalt in der Schweiz, Frühjahr 1933, nicht zu einem Besuch nach Arosa gekommen war, als Katia Mann plötzlich sagte: «Rausgeschmissen hat man uns; einfach rausgeschmissen – und das nach einem ehrenwerten Leben.»

Ich war betroffen. Unter diesem Aspekt hatte ich Emigration noch nie betrachtet. Bis zu diesem Augenblick hatte ich den Begriff «Emigranten» stets als eine Art Ehrenbezeichnung für Menschen empfunden, die sich der herrschenden Doktrin nicht angepasst, ja, ihr widersprochen hatten und eher bereit gewesen waren, Haus, Hof und Heimat zu verlassen, als mitzumachen. Und auch, wenn sie nicht freiwillig gingen, sondern – an Leib und Leben gefährdet – gehen mussten, weil sie Juden waren, «undeutsche» Bücher geschrieben, «zersetzende» Artikel verfasst oder «artfremde» Bilder gemalt hatten – sie waren ihrer Überzeugung treu geblieben und hatten einer nachfolgenden Generation gezeigt, dass Deutscher zu sein nicht automatisch hieß, ein Verbrecher zu sein, sondern dass es auch Deutsche gegeben hatte, deren Leben und Werk für die Kontinuität eines «besseren Deutschland» stand, an das anzuknüpfen wir im Lande Gebliebenen uns bemühen mussten.

Ich selbst hatte die Diskussionen und Fehden zwischen den Emigrierten und den (wie Thomas Mann es formulierte) «Ofenhockern», über denen der Ofen zusammengebrochen war, verfolgt – hin- und hergerissen zwischen den Parteien. Ich spürte das unauflösbare Dilemma: das Recht der Emigranten darauf, dass ihren Verletzungen angemessen Rechnung getragen wurde, und das Rechtfertigungsbedürfnis derer, die im Lande versucht hatten, dem Anpassungsdruck Paroli zu bieten. Über weite Argumentationsketten hin stimmte ich Thomas Mann zu in seiner Verurteilung dessen, was zwölf Jahre lang innerhalb der deutschen Grenzen als «Kultur» gegolten hatte. Aber war es richtig, den Konzerten, die wir gehört, den Theateraufführungen, die wir gesehen, oder den Büchern, die wir

gelesen hatten, nur eine Alibifunktion zur Legitimierung
eines verbrecherischen politischen Systems zuzuschrei-
ben? War es überhaupt möglich, Kunstwerke so weit zu
instrumentalisieren? Ich hatte es anders erlebt, und Wilhelm Hausensteins Verteidigung «Bücher, frei von Schuld
und Schande» brachte im Dezember 1948 mein immer
noch sehr vages Gefühl auf den Begriff. Dennoch, auch
hier konnte ich mich nicht des Eindrucks erwehren, dass
man im Grunde viel zu wenig voneinander wusste und die
Zeit einfach noch nicht reif war, um die gegenseitigen Verletzungen und Bedingtheiten erkennen, geschweige
denn, ihnen Rechnung tragen zu können.

Doch all diese Zweifel und Aporien hatten nichts an
meiner Bewunderung für jene Menschen ändern können, die die Emigration einer in Deutschland selbst un-
umgänglichen Anpassung vorgezogen hatten. Dass man
das Verlassen seines Landes unter solchen Vorzeichen als
«bürgerliche Schande» ansehen konnte, als ein Verjagt-
werden aus einer gesellschaftlichen Schicht, der gegenüber man sich nichts hatte zuschulden kommen lassen,
der man im Gegenteil nach besten Kräften gedient hatte
– all das wäre mir nicht im Traum eingefallen. Konnte
bürgerliches Ehrbewusstsein – noch nach Jahrzehnten
und aller historischen Faktizität zum Trotz – so dominie-
ren? Und doch, es konnte keinen Zweifel geben, diese so
viel Souveränität ausstrahlende Frau empfand die Tatsache, dass für Thomas Mann und seine Familie im
Deutschland «Bruder Hitlers» kein Platz gewesen war,
noch heute als kränkend.

93

Katia Mann musste meine Fassungslosigkeit wohl bemerkt haben, denn der Nachsatz «Aber so war's doch»
klang schon wieder vermittelnd, ja, begütigend. Ich weiß
nicht mehr, wie und mit welchen Worten ich reagierte;
vermutlich versuchte ich ihr zu erklären, warum für
meine Generation das Wort «Emigrant» eine Auszeichnung benenne und dass es doch eigentlich nicht in der
Macht der Nationalsozialisten gestanden hätte, einen
Thomas Mann in den Augen der Welt zu «entehren».
Heute weiß ich, dass dies keine Antworten auf das waren,
was sie mir gesagt hatte.

Aber es gab noch einen zweiten Satz, der mir von jenem März-Nachmittag 1959 in Erinnerung geblieben ist.
Es war die Antwort auf eine der Fragen, die ich ihr zum
Schluss meines Besuches stellen konnte und die nun unmittelbar Text- und Editionsprobleme betrafen: In
einem Brief vom August 1949 erzählt Thomas Mann
dem einstigen Freund Ernst Bertram von einer Vortrags-
tournee nach Schweden, «wo uns [in Stockholm] die
Schreckensnachricht aus Südfrankreich [vom Selbstmord des Sohnes Klaus] betraf und uns fast bestimmt
hätte, die Reise abzubrechen. Aber es war besser, aktiv zu
bleiben.»

Jung und mit noch wenig Lebenserfahrung ausgestattet, fand ich dieses dazu noch im *pluralis majestatis* gehaltene Diktum, zumindest was die Mutter betraf, bar-
barisch und hatte mir vorgenommen, Katia Mann zu
fragen, ob es in der Briefausgabe lieber gestrichen werden
sollte. Ich zeigte ihr den Satz. Sie zögerte einen Augen-

blick und sah mich etwas prüfend an: «Das erscheint Ihnen schrecklich, wie?» Ich nickte. – Pause. Dann, sehr klar und sehr entschieden: «So war er. Das bleibt.»

Ich habe diese Lektion bis heute nicht vergessen. Sie wurde bestimmend für meine weitere Arbeit, denn damals, im Gespräch mit Katia Mann im Wohnzimmer des Hauses Alte Landstraße 39, Kilchberg am Zürichsee, begann ich zu ahnen, wie viel Distanz und Souveränität, aber auch Vertrauen in das Einfühlungsvermögen der Fragenden sogenannten Zeitzeugen abverlangt wird, um der historischen Wahrheit – auch aus sehr großem Abstand heraus – jedenfalls nahe zu kommen.

In den folgenden Jahren war ich noch gelegentlich zu Besuch im Hause Mann, aber bis zu den nächsten Begegnungen, die, wie jene mit Katia Mann, Spuren in meiner Biographie hinterlassen haben, sollten fast drei Jahrzehnte vergehen.

Seit 1983 – ich greife weit voraus, aber meine entscheidenden Begegnungen mit der Familie Mann sind in meiner Erinnerung in den Rahmen des Kilchberger Hauses gefasst – arbeitete ich in der Nachfolge von Peter de Mendelssohn an der Edition der Thomas Mann'schen Tagebücher. Wolfgang Mertz vom Fischer Verlag bedeutete mir, dass es ein Gebot der Höflichkeit sei, dem Sprecher der Familie, Professor Golo Mann, einen Besuch abzustatten. Irgendwann im Jahr 1984 machte ich mich nach meiner Archivarbeit auf den Weg von der Schönberggasse in die Alte Landstraße. Das Schild «Thomas Mann» war noch immer an der Gartentür befestigt;

auch sonst machte – wenn mich meine Erinnerung nicht trügt – alles einen ziemlich unveränderten Eindruck.

Golo Mann empfing mich freundlich – gemeinsam mit seinem riesigen Hund, dessen Anwesenheit uns über die ersten Minuten hinweghalf und der später den – kleinen – Rest der Leberwurstbrote fressen durfte, die der Hausherr eigenhändig für unser Tee-Rendezvous gestrichen hatte. Aber zu dem Zeitpunkt gab es schon längst keine konventionellen Gespräche mehr, die der Hund hätte befördern müssen. Hatte ich mich zu Beginn des Eindrucks nicht erwehren können, dass für Golo Mann die Edition der Tagebücher seines Vaters eigentlich mehr ein notwendiges Übel denn eine Herzensangelegenheit war, so schieden wir am Ende unserer Teestunde, wenn auch noch nicht gleich als Freunde, so doch als zwei sich verstehende und in ihren Intentionen übereinstimmende Wissenschaftler.

Ich hatte Glück: Den Historiker Golo Mann interessierte die Art meiner Recherche, für die ich ihm anhand einiger mit Hilfe der «New York Times»-Indices geklärter Sachverhalte und Querverbindungen Beispiele gab. Er schien erleichtert über mein in erster Linie zeitgeschichtlich orientiertes Interesse und die entsprechende Gewichtung der Aufzeichnungen. «Ja, kommentieren Sie keine Teebesuche, sondern dokumentieren Sie Historie.» Die Tagebücher seines Vaters (er sagte natürlich «TM»; ich habe ihn während all der Jahre unserer Freundschaft nicht ein einziges Mal «mein Vater» sagen hören: immer «TM» und «meine Mutter»), TMs

1 – Mein erster Schultag, Frühjahr 1933

2 – Mit meinen Eltern, Mai 1928

3 – Meine Schwester Renate und ich,
März 1929

4 – Hamburg-Wandsbek, Marienstraße 8:
mein Elternhaus ab 1937

5 – Meine Grundschulklasse, Februar 1937. Ich sitze in der hintersten Reihe, rechts neben den drei stehenden Mädchen.

6 – Meine Klasse in der Oberschule, März 1942. Hier sitze ich in der 2. Reihe, ganz links.

Als ich Hitler die Hand gab. 5.5.1937

Ich schlafe schon. Da halb im Schlafzim-
er ich noch mein Mami zu mir sagt: Jungen, wenn du morgen früh aufwachst, so
komme gleich runter. Sag es bitte Renа-
te auch. Ihr sollt zu Rosi kommen, die hat
in der Empfangshalle zu tun. Da könnt ihr
Hitler sehen. Ja, sagte ich, aber du mußt mit,
alleine hab ich Angst. Ich kann nicht mit,
sagte Mami, sonst kommt ihr überhaupt
nicht durch. Ist gut sagte ich, und schlief wieder. Am Morgen weckten wir uns 7 Uhr auf
Renate steh schnell auf, sagte ich. Wir
müssen zum Dammtorbesuch, und in die
Empfangshalle. Da kommt Hitler vorbei, warum wir uns den hatten, und aber
so schnell umgezogen. Jetzt wurde schnell
gefrühstückt, und dann gings los. Wir fuhren mit der Vorortbahn bis Dammtor und dann
gingen wir der SS nach. Da war aber solch

7 – «Als ich Hitler die Hand gab». Meine Mutter hatte
vorgeschlagen, das Erlebnis aufzuschreiben.

8 – Mit meinem Vater, Sommer 1941

9 – Wir vier Geschwister im Wandsbeker Garten, August
1941: Carsten, ich, Gesa und Renate (v. l.)

10 – Kinderlandverschickung, Bad Teplitz an der Betschwa 1944

Evangelisches Krankenhaus
Holzminden

Holzminden, den 16/10 44

Fernsprecher Nr. 245
Volksbank e. G. m. b. H. Holzminden
Postscheckkonto: Amt Hannover Nr. 37 49

Fräulein Inge Puttfarken hat
einen Brinnenschatz ums Kriegslandes
erlitten. Sie trägt jetzt einen Gipsverband auf 3-4
Wochen. Ai Patientin ist bis Fr. 12. 44.
arbeitsunfähig.

O. Nordmann.

Professor Otto Nordmann
Chirurg
Krankenhaus Holzminden

11 – Dieses Attest vom 16. Oktober 1944 rettete mir
vermutlich das Leben.

12 und 13 – Mit meinem Tübinger Hausgenossen:
Kahnfahrt auf dem Neckar, Sommer 1950

14 bis 16 – Fahrradausflug zur
Wurmlinger Kapelle, 1950

17 – Hochzeit in Tübingen, 10. Februar 1951.
Links und rechts von uns die Trauzeugen Walther Killy
und Peter Schneider, in der Mitte Ruth Haesler.

18 – Die kirchliche Trauung in Hamburg,
sechs Wochen später

19 – Tagung der Gruppe 47 in Bad Dürkheim, 1951.
Auf Matratzen sitzend: Barbara Minssen, Ernst Schnabel,
Henri Regnier, Walter und dahinter ich, Ilse Aichinger und
Nicolaus Sombart (v. l.)

20 – Schneespaziergang im Allgäu mit «Väterchen» Ernst Rowohlt
und seinem Chauffeur Karl-Heinz Ulücke, 1953

21 – Deutsch-deutsches Lyriker-
treffen, Leipzig 1960: rechts Hans
Mayer, in der Mitte dozierend
Walter Jens

22 – Unter den Teilnehmern:
Ingeborg Bachmann, Hans
Magnus Enzensberger,
Peter Huchel und Stephan
Hermlin (v. l.)

23 – Ort der Handlung: der
legendäre Hörsaal 40

24 und 25 – Abendliche Zusammenkunft in Hans Mayers
Leipziger Wohnung, Tschaikowskistraße 1: rechts Ernst Bloch,
stehend der Gastgeber

26 – Mit Tilman, 1955

27 – Geschwistertreffen mit Nichten und Neffen, Sommer 1962

28 – Das Haus in der Tübinger Sonnenstraße. Hier wohnen wir
seit Februar 1965.

29 – Walter mit Christoph, Tilman und Hans Mayer, 1966

30 – 1964

Tagebücher also, seien in erster Linie als Geschichtswerk zu präsentieren – als großes Lesebuch, in dem dieser sich bis zum Ende als «letzter Repräsentant des Deutschtums» verstehende Schriftsteller zugleich mit seinem persönlichen Schicksal auch das Schicksal seines Volkes darzustellen versuchte. Und dann sagte er noch etwas, das mir über viele Momente der Resignation hinweggeholfen hat: «Bitte denken Sie immer daran: Was Sie jetzt nicht festhalten, ist für immer verloren. Spätere Generationen haben das Vorwissen nicht mehr, das Sie, als Beinahe-noch-Zeitgenossin, befähigt, sich gezielt, das heißt: mit dem nötigen Problembewusstsein, auf die Spurensuche zu begeben. Das kostet Zeit – aber ich lasse sie Ihnen.»

Golo Mann hat sein Versprechen gehalten und das schwierige Projekt in Briefen und langen, immer freundschaftlicher werdenden Unterhaltungen im Kilchberger Haus fördernd begleitet. Er ist sogar auf den Dachboden gestiegen, um nach den Briefen zu suchen, die er als amerikanischer Soldat und politischer Redakteur von Radio Frankfurt an seine Eltern schrieb, und er war überrascht, als ich ihm erzählte, welche Bedeutung – den Diarien zufolge – die Informationen aus dem zerstörten Deutschland für seine Eltern, speziell für seinen Vater gehabt hätten: «Ich habe gar nicht gewusst, dass er mich so wichtig nahm.»

Es war ermutigend und beglückend für mich, zu sehen, wie sein anfänglich trotz aller Aufgeschlossenheit noch skeptisches Interesse an meiner Arbeit von Besuch

zu Besuch und von Band zu Band vorbehaltloser Zustimmung und persönlichem Vertrauen wich: «Wie wär's,
wenn man inskünftig den größeren Teil der Curialien
fortließe?» – Ich stimmte gern zu.

Ohne «Curialien» – ohne der Konvention geschuldete
Förmlichkeiten also – lernte ich in den folgenden Jahren
das Anwesen Alte Landstraße 39 vor allem als ein gastli-
ches Haus in freundlichem, gelegentlich sogar familiä-
rem Ambiente kennen. Besonders gern erinnere ich mich
an einen Hochsommerabend irgendwann Anfang der
neunziger Jahre. Es war ein glühend heißer Tag gewesen,
was ich aber – im Bodmerhaus, dem Schreibtisch und
der Bibliothek Thomas Manns benachbart, der Arbeit
hingegeben – gar nicht recht bemerkt hatte. Erst auf dem
Weg zum Bürkliplatz spürte ich die Hitze.

In der Alten Landstraße wurde zu meiner Überraschung die Tür durch einen mir unbekannten, bildschö-
nen jungen Mann geöffnet, der mich auf charmante Art
wissen ließ, dass «Herr Professor Mann» mit Gästen zum
Schwimmen am See gewesen sei und man sich etwas ver-
spätet habe. Er bäte, ich möge mich noch einen Augenblick gedulden. – «Darf ich Ihnen etwas zu trinken bringen? Wo möchten Sie warten, im Wohnzimmer oder
draußen?» Ich entschied mich für das Haus. Der Junge
brachte das erbetene Wasser und verschwand. Kurz danach hörte ich Schritte die Treppe herunterkommen.
Aber es war nicht der Hausherr, sondern ein sportlich ge-
kleideter, braungebrannter Mann von circa 45 Jahren. Er
begrüßte mich herzlich und fragte auf Englisch, in wel-

cher Sprache wir miteinander reden könnten: Er sei ein spanischer Freund von Golo Mann, des Deutschen aber leider nur halb so gut mächtig wie dieser des Spanischen. Dann ließ er mich wissen, dass «Golo» gleich kommen würde. Ob wir uns nicht vielleicht doch lieber in den Garten setzen wollten. Die Bank neben dem Haus sei sein Lieblingsplatz.

Er ging voraus. Kurz danach kam eine Frau – sportlich-fröhlich wie mein Unterhalter, die Haare noch feucht vom Schwimmen. «Ich bin fertig», sagte sie. «Aber du musst deine Spaghetti ins Wasser tun, wenn wir heute Abend noch essen wollen.» Ich erfuhr, dass mich ein dreigängiges Menü erwartete, bei dem jeder einen Gang zu verantworten hatte.

Dann kam Golo: «Wenn's das Schwimmbad noch gäbe, das meine Mutter sich nach TMs Tod hier angelegt hat, könnten Sie auch noch schnell ins Wasser steigen. Ich hab's zuschütten lassen, weil ich immer lieber im See geschwommen bin. Sie sollten es auch mal tun, es ist herrlich. Lassen Sie bei der Hitze doch die Tagebücher warten.» In der Tat waren die Umrisse des Beckens für den, der es wusste, noch zu erkennen. Ich versuchte, mir Katia Mann hier schwimmend vorzustellen, aber es wollte nicht recht gelingen. Golo hatte recht: Trotz einer hohen Hecke störte die vorbeiführende Straße. «Es war halt damals wesentlich weniger Verkehr als heute», sagte er. Es klang fast wie eine Entschuldigung. Dann wurde auch er in die Küche beordert. Der Spanier bedeutete ihm, dass der Nachtisch noch einmal gezuckert und die

Sahne in die Kanne gefüllt werden müsste. Schließlich fiele das Dessert in seine Verantwortung.

Nun, das Essen war – um jedenfalls einmal den Ur-Hausherrn zu zitieren – «buchenswert»: kalte Kürbissuppe, Spaghetti mit einer Farce, deren Namen ich leider vergessen habe, und gezuckerte Himbeeren mit Sahne. Jeder Gang: fast perfekt. Aber gottlob eben nur «fast»; die Köche selbst legten Wert auf dieses «fast». Ich aber war bezaubert von der sich in selbstverständlich-lustigem Miteinander fast beiläufig äußernden Humanität und erfuhr, dass Golo und der Spanier sich seit langem kannten, dass sie Freunde waren und dass – nach der Heirat des Mannes – die Frau ganz selbstverständlich in diese Freundschaft mit einbezogen wurde. Golo seinerseits hatte seine alte Liebe zur spanischen Kultur und Sprache wiederentdeckt und kehrte häufig im Haus der beiden ein. Gerade war man selbdritt aus Spanien nach Kilchberg zurückgekehrt, wo das Ehepaar nun – im Hause Alte Landstraße 39 – den Rest seiner Ferien verbrachte.

Es war ein wunderbarer Abend, voller Heiterkeit und Harmonie. Er kommt mir – neben vielen Teegesprächen selbzweit und einer Geburtstagseinladung im letzten Lebensjahr – in den Sinn, wenn ich, Thomas-Mann-Briefe aus den letzten Jahren lesend, auf den Kuverts den vorgedruckten Absender sehe: Alte Landstraße 39, Kilchberg am Zürichsee ... dazu, natürlich, der erste Nachmittag mit Katia Mann. Und noch heute bin ich mir sicher: Es war nicht das Haus, das sich mir – in der Summe seiner Räumlichkeiten und dem an jedes Detail fixierten «Da hat ER gelebt» – eingeprägt hat, sondern es waren die zwei Menschen in diesem Hause, Mutter und Sohn, die mein Leben mitbestimmten.

Ich habe fast unerlaubt weit vorgegriffen und muss jetzt noch einmal zurück ins Jahr 1960, um mir ins Gedächtnis zurückzuholen, was ich während meines ersten Besuchs in Kilchberg zu ahnen begann, nämlich: wie viel Distanz und Souveränität nötig sind, um innerhalb einer Edition objektive – und das hieß für mich: forschungs-relevante – Aussagen machen zu können. Ich sollte bald Gelegenheit erhalten, von dieser Erkenntnis Gebrauch zu machen.

Ich stand nämlich vor einem weiteren, grundsätzlichen Problem: Es gab keine «Gegenbriefe». Die Schreiben von Ernst Bertram an Thomas Mann galten damals, um 1960, als verloren. Was das hieß, wurde mir erst während der Arbeit klar. Angetreten mit dem Anspruch, so genau und so gerecht wie möglich die geistesgeschicht-lich bedeutsame Freundschaft zwischen zwei Menschen zu rekonstruieren, sah ich mit zunehmendem Unbeha-gen, dass im Text immer nur die eine Seite zu Wort kam. Natürlich versuchte ich, mich so umfassend wie möglich ins Umfeld einzuarbeiten, Zeugen zu befragen und poli-tische Anspielungen mit Hilfe extensiver Zeitungslektüre zu entschlüsseln. (Studien zur Bücherverbrennung in Köln zum Beispiel offenbarten die Einstellung Bertrams mit erschreckender Deutlichkeit.) Und doch gab das al-les noch keine Antwort auf die mir immer dringlicher werdende Frage, was für ein Mann das denn eigentlich war, der seine Einwilligung zur Teilnahme an dem Auto-dafé nur unter der Bedingung gab, dass die Bücher des Freundes nicht auf den Scheiterhaufen geworfen würden.

Wieder einmal kam mir der Zufall zu Hilfe. Die Handschriften der Thomas-Mann-Briefe befanden sich in Marbach, dessen modernes Literaturarchiv damals, 1960, ein noch kleiner Betrieb mit wenigen Benutzern war. Der Direktor, Bernhard Zeller, hatte Zeit, sich meiner anzunehmen. Nach einem grundsätzlichen Gespräch drückte er mir zwei Schuhkartons mit Briefen in die Hand. Sie enthielten große Teile der Korrespondenz zwischen Ernst Bertram und seinem engen Freund Ernst Glöckner, dem Kalligraphen des George-Kreises. Die beiden hatten in den zwanziger Jahren täglich – oft mehrere – Briefe miteinander gewechselt: kurze Zettel und bloße Mitteilungen, aber auch lange Episteln, in denen Privates und «Staatliches» (das heißt den George-Kreis Betreffendes, dem beide, wenn auch in unterschiedlicher innerer Abhängigkeit, angehörten) meist ungeschieden nebeneinanderstand. Hin- und hergerissen zwischen Sympathie und Erschrecken, Wissbegier und dem Gefühl, eine Indiskretion zu begehen, las ich die Dokumente: intime Briefe, die dennoch sehr viel von jenen Informationen enthielten, die gerade wegen ihrer Privatheit geeignet waren, Ernst Bertrams Position deutlicher zu machen.

Ich sah ihn plötzlich vor mir, den etwas steifen, in deutschnationalem Gedankengut befangenen, hochgebildeten Gelehrten, der sich dem Freund gegenüber über den «Ohrenmenschen» Thomas Mann lustig machte, weil er Bachs Matthäus-Passion nicht kannte, oder über den berühmten Literaten, der noch nie eine Zeile von Stifter gelesen hatte, ja, ihn überdies noch für einen Schweizer hielt. Ich sah aber auch den abtrünnigen *homme de lettres*, der durch die Freundschaft mit dem von Stefan George verfemten Thomas Mann die Normen des Kreises verletzt und dessen im Entstehen begriffenes Nietzsche-Buch ohnehin schon das Misstrauen des Meisters geweckt hatte. Und ich begriff, dass dieser Mann durch seine Treue zu dem «Romancier» nicht nur seine eigene Position im Kreis, sondern – nach den im «Staat» herrschenden Gesetzen – gleichzeitig auch die seines Freundes Ernst Glöckner gefährdete. Mehr als jedes Buch, das ich während meines Studiums gelesen hatte, offenbarte mir die Lektüre dieser allerprivatesten Zeugnisse die ungeheure Macht, die George nicht nur auf seine Jünger, sondern auch auf deren soziales Umfeld auszuüben vermochte, und ich verstand die Bedeutung, die der ganz auf den «Meister» bezogene «Staat» für die geistige Elite von zwei Generationen – unter ihnen neben vielen Literaten und Gelehrten auch die Brüder Stauffenberg – besessen hatte.

Auch dieses Problem sollte mir wieder begegnen. Zunächst einmal aber eröffnete die Rekonstruktion von Einzelschicksalen, die Beschäftigung mit den kulturellen und politischen Implikationen scheinbar ausschließlich privater Freundschaften, der Novizin völlig neue Perspektiven. Die Notwendigkeit, psychologische Motivationen und Abhängigkeiten im Kontext der Literatur- und Zeitgeschichte zur Kenntnis zu nehmen, erweiterten den Horizont. Ich entdeckte den Reiz des Kombinierens, und der Zwang, das durch Vergleiche Erschlossene anhand der Quellen wieder und wieder zu überprüfen, war mir nicht lästig. Ich hatte mit viel Glück, naiver Neugier und einiger Kompromissbereitschaft eine Arbeit gefunden, in der ich meine Interessen und Stärken zur Geltung bringen konnte.

Zum ersten Mal dachte ich völlig ohne Bedauern an meinen aufgegebenen Traum von der Medizin, und auch die Trauer über mein Versagen, sprich: meine Unfähigkeit, Mutter einer großen Kinderschar zu werden, machte mir deutlich weniger zu schaffen. Hier, im Edieren, hatte ich *meine* Arbeit gefunden, eine Tätigkeit, die es mir nebenbei auch relativ leicht möglich machte, nach längeren, familienbedingten «Exkursen» und Abhaltungen (die mit wachsender Prominenz meines Mannes eher zu- als abnahmen) an meinen Schreibtisch zurückzufinden und meine Geschichte dort wiederaufzunehmen, wo ich sie hatte verlassen müssen.

Dazu kam eine unerwartet große und mit den Jahren wachsende öffentliche Anerkennung meines Tuns: In der «Frankfurter Allgemeinen Zeitung» befand Friedrich Sieburg: Die Arbeit von I. J. «ist über jedes Lob erhaben. Sie hat den seltenen Fall geschaffen, dass der Leser die Anmerkungen mit dem gleichen Eifer liest wie den Text selbst. Die Genauigkeit, die Sachkenntnis und die ausgezeichnete stilistische Fassung geben diesen Noten das Gewicht einer selbständigen Leistung.» Ein Urteil, das nicht wenig zur weiteren Stärkung meines Selbstbewusstseins beitrug. Die Erkenntnis, dass die Ergebnisse meiner Recherchen die Mitwelt interessierten, ja, gelegentlich sogar als «sie angehend» empfunden wurden, bestärkte mein Gefühl, jetzt auf dem richtigen Wege zu sein.

Zum ersten Mal bemerkte ich, was es bedeutete, als eigenständige Persönlichkeit und nicht länger nur als Frau eines interessanten und zunehmend berühmten Mannes zu gelten – eines Mannes allerdings, der mit dieser wachsenden Selbständigkeit durchaus keine Schwierigkeiten hatte, sondern alles in seinen Kräften Stehende tat, um sie zu fördern. Dass das nicht selbstverständlich, ja damals, um 1960, eher noch die Ausnahme war, blieb mir nicht verborgen, und ich war altmodisch genug, um ihm dafür dankbar zu sein. Es ersparte mir viele grundsätzliche Diskussionen und war, auch wenn der Alltag gelegentlich schwierig blieb, sowohl meiner Emanzipation als auch unserer Gemeinsamkeit förderlich.

Kapitel 5

ARBEIT, FREUNDE UND
FAMILIE

Der Erfolg sorgte für weitere Aufträge: Ich begann, Briefe und nachgelassene Schriften von Max Kommerell zu edieren. Das hieß, ähnlich wie bei meiner ersten Arbeit, das Leben eines in NS-Deutschland gebliebenen Wissenschaftlers zu recherchieren, der auch, im Gegensatz zu Bertram aber schon sehr früh, als knapp Zwanzigjähriger, in den Bannkreis Georges geraten und ein Lieblingsjünger des Meisters geworden war. Zwischen 1924 und 1929 hat Max Kommerell als intimer Vertrauter und gelehrter *Amanuensis* Stefan George auf fast allen Reisen begleitet.

Die bis zur Hörigkeit gehende Anpassung des Eleven, dessen ganz frühe Briefe mich durch ihre unbefangene Weltsicht, die Prägnanz der Wortwahl sowie ihren Witz begeistert hatten, befremdete mich. Die willige Unterwerfung unter ein in meinen Augen freudlos-feierliches, ja, diktatorisches Reglement, das keinen Bereich des Lebens außer Acht ließ und die völlige Unterordnung eigener Bedürfnisse unter die Normen des Kreises verlangte, blieb mir unverständlich. Was war das für ein Orden,

dessen Mitglieder ihre Zukunft bedingungslos den Plänen «d.m.'s» – des Meisters – anvertrauten? «Vielleicht»,
schreibt der dreiundzwanzigjährige Max Kommerell an
seinen Lehrer, den Marburger Germanisten und George-
Anhänger Friedrich Wolters, «könnte sich jemand von
uns unschwer bei Professor Bertram [...] habilitieren.
Ich weiß es nicht. Immer könnten sich indessen aus
einem fühlung-nehmen mit ihm staatliche ungelegen-
heiten ergeben die ich auf keine weise gefahrlaufen will.
Soviel ich weiß, kennt ihn der M.[eister] seit einem jahrzehnt: wenn er also eine benutzung dieser möglichkeit
für ersprießlich hält, wird er sie mir ohne zweifel anraten.
Jedenfalls müßte alles in dieser richtung zu tuende der
initiative des M. vorbehalten bleiben.»

Ich musste erkennen: Mehr als es Ernst Bertram je tat
und tun wollte, hatte der junge Max Kommerell die Normen des Kreises verinnerlicht. Und doch – diese Perspektive hatte die Editorin Schritt für Schritt mitzuvollziehen
– war der Bruch mit George vom ersten Tag an vorgezeichnet. Der schwäbische Witz, die originelle Verfremdung des Pathos durch eine höchst realistische Weltsicht,
die Lust am spontanen Einfall und der Narretei schlechthin, die die Briefe des Schülers, ja, noch die des Studienanfängers in Tübingen bezeugen, konnten sich auf
Dauer keinem Ritual unterordnen, das zu einer – wie es
1930 in einer großen Retrospektive hieß – «vollständigen
Aufgabe des persönlichen Selbstgefühls» zwinge, «wie sie
höchstens für einen Jüngling, niemals für einen Mann
angemessen und erträglich» sei.

Der Lieblingsjünger begann zu rebellieren: «Ich war 28 Jahre alt und der Entschluß, von niemandem, sei er so groß wie er sei, meine Selbstachtung antasten zu lassen, wurde aller Hemmungen Herr.» Der Bruch war unausweichlich, und Max Kommerell wagte ihn in klarem Wissen um den Preis, den er zu zahlen haben würde: Verlust aller Freunde – der engste Vertraute, Hans Anton, beging Selbstmord –, Verfemung durch den Kreis und die Heimsuchung durch den «Meister» im Traum bis zum Tod.

Verweigerung und ihr Preis: Das war das Thema, das mich seit den Enthüllungen über die nationalsozialistischen Gräueltaten immer wieder einholte. In Max Kommerell war mir ein Mann begegnet, der, wenn ich ein paar Jahre älter gewesen wäre, mein Lehrer hätte sein können. Vielleicht hätte mir die witzige Art, in der er all die großen Worte und die Pseudofeierlichkeit offizieller Verlautbarungen, mit denen wir gerade zu Ende des Krieges überschüttet wurden, ad absurdum führte, schon früher die Augen geöffnet. Dabei war er *in politicis* kein Widerstandskämpfer gewesen; er hatte sich klein gemacht und war sogar der Reiter-SA beigetreten; aber mittels seiner leisen Skepsis, seiner Urbanität und seines jedes Dogma unweigerlich decouvrierenden Witzes hatte er seine Schüler auch mit einer Menschlichkeit bekanntgemacht, die jene offizielle Welt der monologisierenden Rechthaberei, des imperialen «So und nicht anders» und des rüden Schemas von Führer und Gefolgschaft – mit Ernst Bloch zu sprechen – «zur Kenntlichkeit entstellte».

Das rüde Schema von Führer und Gefolgschaft: Es hatte auch mich geprägt. Die Analyse der Dokumente half mir, die Probleme der eigenen politischen Sozialisation zu erkennen. Ich begann mich zu fragen, warum ich mich so widerstandslos und ohne erkennbare Schwierigkeiten in dieses Schema gefügt hatte, und nahm mir vor, nach weiteren Gegenmodellen zu suchen.

Doch zunächst kam wieder einmal alles ganz anders, als ich es geplant hatte. Während der Arbeit an den Kommerell-Briefen stellte ich fest, dass ich schwanger war: eine schockierende Gewissheit, die mein mühsam errungenes psychisches Gleichgewicht recht erheblich tangierte und die Zuversicht, mit der ich meinem weiteren Leben entgegengesehen hatte, nicht undramatisch in Frage stellte. Dennoch entschloss ich mich, das Kind zu wollen. Eine Abtreibung, die man mir anbot, war nach allem, was vorausgegangen war, unmöglich für mich.

Genauso sicher aber war ich mir, dass ich das, was ich inzwischen als meinen Weg erkannt hatte, nicht aufgeben wollte. Aber warum sollte das unabdingbar sein? Die Zeiten hatten sich verändert, es gab viele Frauen, die Kind und Beruf miteinander vereinbarten – unter vermutlich schlechteren Bedingungen, als ich sie haben würde.

Nein, es wäre schön, noch ein Kind zu haben – da war sich die Familie einig. Der elfjährige Tilman bot glücklich und spontan brüderliche Hilfe an. Mein Mann allerdings verhehlte mir seine Bedenken nicht. Er war nicht gesund, und die Vorstellung, mit 42 Jahren noch einmal die Verantwortung eines Vaters übernehmen zu müssen, machte ihm Angst. Was würde aus dem Kind werden, wenn er nicht mehr in der Lage sein sollte, für die Familie zu sorgen? Außerdem: Wer garantierte, dass es mir gelingen würde, Kind und Beruf so zu vereinen, dass ich meine Arbeit mit dem gleichen Gewinn fortsetzen konnte wie in den letzten Jahren? Viel realistischer, als ich es in meiner Vorfreude auf das Kind wahrhaben wollte, sah er den Zustand, in dem ich mich nach den Fehlgeburten befunden hatte, und fürchtete eine neue Enttäuschung. Es dauerte lange, bis es mir gelang, seine Skrupel zu zerstreuen und ihm etwas von dem Vertrauen und der Zuversicht abzugeben, die es mir leichtgemacht hatten, mich für das Kind zu entscheiden, und die mir halfen, auch die nächsten Monate durchzustehen. Denn wider Erwarten wurde auch diese letzte Schwangerschaft noch einmal zu einer schier endlosen Zeit des Hangens und Bangens.

Schon im zweiten Monat stellten mich meine Ärzte vor die Alternative: sieben Monate Liegen oder Abbruch. Noch einmal entschied ich mich fürs Liegen. Aber ich hatte mich entschlossen, trotzdem weiterzuarbeiten. Ich war nicht krank, ich konnte lesen und, wenn es sein musste, auch schreiben. Nach Hinterzarten zu Frau Kommerell konnte ich nicht reisen, aber sie kam zu mir, und wir kollationierten die Texte von meiner Couch aus. Walter ging für mich in die Bibliothek und brachte mir die gewünschten Bücher, meine Freundin Henni Gärtner schließlich sorgte für eine Frau, die statt meiner den Haushalt erledigte.

Dennoch: Es war noch einmal eine lange Zeit der quälenden Ungewissheit, und ich weiß, dass ich mehr als einmal – übermannt von Verzweiflung und Angst – «weglief». Nicht für immer fortlief, natürlich nicht, aber einfach aufstand und etwas ziel- und sinnlos durch die Gegend streifte, bis die Vernunft wieder Oberhand gewann und ich nach Hause zurückkehrte.

Aber ich habe es geschafft: Das Kind, ein Junge, Christoph, kam gesund zur Welt und gedieh prächtig: menschenfreundlich und voll Charme. Die Familie stand um sein Bettchen und sah staunend und stets aufs Neue überrascht zu, wie aus dem Baby ein lustiger kleiner Mensch wurde, der sie durch seine Neugier und Entdeckerfreude in Atem hielt.

Nach und nach vergaß ich sogar meine Angst. Was blieb, war die Dankbarkeit gegenüber meinen Freunden: die zwei mir seit Tilmans Geburt sehr nahestehenden Gynäkologen, Henriette Knörr-Gärtner und Karl Knörr, allen voran, aber auch Erika Kommerell oder Richard Brinkmann, der Tübinger Germanist und Spaziergeh-Freund, der mich regelmäßig besucht und ebenso einfallsreich wie originell mit Lektüre versorgt hatte.

Auch Hans Mayer, der sogar eine vom Südwestfunk in Auftrag gegebene Literaturdiskussion an meiner Couch initiierte, gehört in diese Phalanx. Ich vergesse ihm nicht, dass er mir schon 1960 Gelegenheit gab, in seinem Leipziger Oberseminar, wo damals die Elite der «anderen», der östlichen Welthälfte Deutsche Literatur studierte, über meine Thomas-Mann / Ernst-Bertram-Edition zu berichten. Er hatte kurz darauf die DDR verlassen müssen und war zunächst nach Tübingen übersiedelt, wo er mich jetzt, während der langen Liegezeit, regelmäßig besuchte. Als er von meinem Vorhaben erfuhr, begann er unverzüglich, mit mir über Max Kommerell und die Ambivalenz des George-Kreises zu diskutieren. Von ihm habe ich gelernt, was ihm selbst durch Flucht, Ausweisungen und Internierungen in der NS-Zeit, aber auch durch die erneut erzwungene Emigration aus Leipzig zur Lebensmaxime geworden war: «Nur durch sinnvolle Arbeit kann ein Mensch wieder zu sich selbst finden.» Später, als er in Hannover lehrte, hat er mir dann die Habilitation angeboten. Aber da wusste ich schon sicher, dass eine Dozententätigkeit im Fach Literaturgeschichte nicht meinen Interessen und Fähigkeiten entsprechen würde.

Hans Mayer: Ich habe ihn durch Walter kennengelernt, und es gibt wenige Menschen, denen ich so viel verdanke wie ihm. Seine Empathie, sein Rat, später seine Freundschaft und schließlich – in den letzten Jahren vor seinem Tod – sein vorbehaltloses Vertrauen sind fester, nicht wegzudenkender Bestandteil meines Lebens. Im Bekanntenkreis galt er als «schwierig» – und, bei Gott, er war es: reizbar, leicht gekränkt, manchmal vielleicht ein wenig zu eitel. Aber er war ein treuer und zuverlässiger Freund. Vermutlich der anspruchsvollste, den ich je hatte. Dazu kam, dass er über ein stupendes Wissen auf – nimmt man die exakten Naturwissenschaften und die Medizin aus – nahezu allen Gebieten verfügte und über

ein Gedächtnis, das ihm bis ins hohe Alter hinein erlaubte, neuen Erfahrungen und Erkenntnissen durch
den Rekurs auf historische Konstellationen Tiefenschärfe
zu geben und zunächst zufällig Anmutendes in einen
überzeitlichen Zusammenhang zu stellen. Zudem liebte
er es, Probleme an Persönlichkeiten festzumachen – eine
Betrachtungsweise, die meinen eigenen Interessen und
Erkenntnismöglichkeiten sehr entgegenkam.

Zu den Menschen, die ihn ein Leben lang nicht loslie-
ßen, gehörte Richard Wagner. Dabei war er ganz und gar
kein Wagnerianer im üblichen Sinn: ein Liebhaber zwar
auch, aber einer, der jeden Ton und jedes Leitmotiv in
seiner Beziehung zum Ganzen erklären konnte. Ich hatte
ihm oft fasziniert zugehört, obwohl mir der Gegenstand,
über den er redete, nur recht oberflächlich bekannt war.

Das sollte sich ändern. Hans Mayer, seit seiner Übersiedlung in die Bundesrepublik ein gewissenhafter Besucher der Bayreuther Festspiele, außerdem Dozent bei
dem alljährlich zur Festspielzeit stattfindenden «Festival
junger Künstler», hatte in Absprache mit Wieland und
Wolfgang Wagner eine Einladung für Walter als Referenten eines Literaturseminars für die jungen Leute arran-
giert. Ich durfte ihn begleiten, und wir erhielten durch
Herbert Barth, den Initiator der Jugendveranstaltungen,
drei- oder viermal Karten für die großen Opernauffüh-
rungen.

Mein erstes Bayreuth-Erlebnis, 1968, werde ich nicht
vergessen. Es war der «Tristan» in einer Inszenierung des
zwei Jahre zuvor unerwartet gestorbenen Wieland Wag-

ner mit Wolfgang Windgassen als Tristan und Astrid Nilsson als Isolde. Karl Böhm hätte dirigieren sollen, wurde aber krank. Hans Mayer geriet in Endzeitstimmung, als er es erfuhr. Mir war es nicht wichtig: Ich befand mich noch im Vorhof des Tempels und kannte allenfalls die Namen. Der «Einspringer» hieß Berislav Klobucar. Ich verband nichts mit ihm, aber ich war vom ersten Augenblick an berauscht von *dieser* Musik in *diesem* Raum. Und dann das Bühnenbild! Ein einziges Requisit: ein vertikal verlaufender Akzent alle drei Akte hindurch. Im ersten Bild: der Mast des Schiffes. Ob Peter Schreier, wie im Mitschnitt von 1966, den jungen Seemann sang, weiß ich nicht mehr. Ich erinnere nur den riesigen Mast, das phallische Symbol, das im zweiten Akt als Baum, im dritten als hoch aufragender Fels wiederkehrte. Es war eines der berühmten Aha-Erlebnisse. Hier war eine Antinomie – nein, nicht auf den Begriff gebracht, sondern mit Hilfe eines sinnfälligen Symbols vermittelt, die ich aus den großen Romanen und Dramen des 19. Jahrhunderts kannte, in ihrer überwältigenden Eindeutigkeit aber noch niemals so erfahren hatte wie in diesen Stunden auf den harten Stühlen in Bayreuth. Ich glaubte, etwas zu begreifen, dessen individuelle, aber auch gesellschaftliche Konsequenzen mir als Problem durchaus bewusst waren, auf das ich mich jedoch – wie ich erstaunt und erschrocken feststellen musste – noch niemals wirklich eingelassen hatte.

Hans Mayer half mir, anhand genauer Motiv-, Tonart- und Textanalysen, Gefühl und Verstand wieder zusam-

menzubringen und darüber hinaus viel über Regiekon-
zeptionen, Bühnenbilder und Dirigate zu lernen. Das
hat er im Anschluss an weitere Bayreuth-Besuche noch
häufig getan.

Wenn ich mich recht erinnere, vermittelte er auch die
Bekanntschaft mit Wolfgang Wagner. Auf jeden Fall sind
mir die Treffen in den einstündigen Pausen während der
Festspielaufführungen, in denen mir Wolfgang Wagner
bei fränkischem Pflaumenkuchen oder – in der zweiten,
abendlichen Pause – einer Vesper mit fränkischen Spezia-
litäten seine Regiekonzeption der «Meistersinger» oder
des «Parzivals» erläuterte, eine liebe Erinnerung. Es war
hilfreich, noch während der Aufführungen nach Details
fragen zu können, deren Bedeutung mir unklar geblieben war. Wolfgang Wagner gab stets erschöpfend Antwort – häufig unter Berufung auf die Konzeption Richard Wagners, manchmal auch in Abgrenzung zu ihr. Er
sagte übrigens meistens: «mein Großvater» – mit fränkischem «r». – Ich habe es nie als selbstverständlich empfunden, jemandem gegenüberzusitzen, der von Richard
Wagner als «mein Großvater» redete.

Gespräche mit Zeitzeugen – mit Menschen, die etwas
erlebt und gesehen hatten, historische Perspektiven ernst
nahmen und dennoch die Gegenwart nicht aus den
Augen verloren: Das faszinierte mich, und ich betrachte
es als eines der ganz großen Privilegien meines Lebens,
dass ich durch die wachsende Prominenz meines Mannes
so oft Gelegenheit hatte, sie zu führen.

Auch von Hans Mayer ließ ich mir immer wieder aus

den zwanziger Jahren erzählen. Der Anlass war meistens zufällig. Aber für ihn, den wachen Beobachter der Weimarer Republik, wurden oft allein durch die zum Teil wieder aufgebauten, zum Teil noch unzerstört erhaltenen Bauten oder Räumlichkeiten – zumal in Berlin – wichtige kulturelle und politische Ereignisse, deren Zeuge er gewesen war, wieder präsent. Er wusste sie eindrucksvoll zu vergegenwärtigen. Personen, die er bewundert hatte, blieb er ein Leben lang nah.

Ich erinnere mich an einen Abend im Konzerthaus am Berliner Gendarmenmarkt, dem alten Schauspielhaus. Der zum Musiksaal umgebaute Zuschauerraum hatte Hans Mayers nahezu photographisch genau arbeitendes Gedächtnis irritiert. Für einen Augenblick hatte er die Orientierung verloren, das heißt, es war ihm noch nicht gelungen, den Raum seiner frühen Theatererlebnisse mit der jetzigen Anordnung von Konzertpodium und Auditorium in eine Relation zu bringen. «Hier habe ich die Festaufführung von ‹Florian Geyer› erlebt», sagte er, «1927 – die etwas verspätete *hommage* zum 60. Geburtstag von Gerhart Hauptmann. Jessner und er saßen da oben, rechts neben der Bühne, in einer Loge im ersten Rang.»

Ich erklärte meinem Freund, dass er sich in diesem Moment just dort befände, wo damals die bewunderten Großen seiner Zeit gesessen hatten. Er fragte ungläubig nach, versuchte noch einmal – diesmal offensichtlich erfolgreicher –, sich das «Damals» vorzustellen. «Meinen Sie wirklich?» – «Sie können den Intendanten fragen.»

Dann wurde er stumm – überwältigt von Glück und seinen Erinnerungen.

Nach seiner Emeritierung kehrte er ganz nach Tübingen zurück, wo er schließlich in der Nähe seines Leipziger Freundes Ernst Bloch, unten am Neckar, eine Wohnung fand, in der er bis zu seinem Tod lebte und arbeitete.

Seine letzte große Rückschau galt Goethe, dessen Werk ihn sein Leben lang begleitet hatte und der auch einmal in unserer Stadt gewesen war – anno 1797 auf seiner zweiten Schweizer Reise. Ein Brief an Schiller vom 11. September 1797 erzählt von dem «freundlichen, obgleich schmalen Ausblick» zwischen Stiftskirche und Alter Aula – «Kirche und akademischem Gebäude» – bis weit ins Neckartal hinein, den er vom Zimmer seines Gastgebers, des Verlegers Cotta, hatte.

An diesen Brief musste ich denken, als ich mit Hans Mayer, der mich «in einer dringlichen Angelegenheit» zu sich gebeten hatte, auf der Terrasse seiner Wohnung saß. Auch von hier ging der Blick über den Neckar bis weit hinaus zur Kette der Schwäbischen Alb am Horizont. Es war im Spätsommer 1999. Mein Freund hatte ein großes Konvolut ungeordneter Papiere vor sich auf dem Tisch liegen. Ich erfuhr, dass «man» (dies *man* war eine Lieblingsfigur von ihm, er liebte das Schwebende zwischen *ich* und *er*) diese Blätter fast ein Vierteljahrhundert lang völlig vergessen, sich nun aber – im Zusammenhang mit dem neuesten Plan, als letzte Arbeit noch einmal ein resümierendes Goethe-Buch zu publizieren – ihrer erinnert habe. Ob ich sie mir nicht einmal ansehen wolle. Nun, ich wollte, musste jedoch zunächst einmal versuchen, die fliegenden und unpaginierten Seiten anhand der Papierbeschaffenheit zu sortieren. Es gelang ganz gut, und ich wurde durch einige Anerkennung belohnt. Nach der ersten Grobsortierung fügten sich die Blätter auch inhaltlich schnell zusammen.

«Nun also: Lesen Sie.» Ich begann, und der «alte Mann», wie er sich selbst gern nannte (am liebsten, wenn er gerade wieder einmal minutenlang auswendig Gedichte zitiert und das «alt» die Bedeutung von «befähigt zur Rückschau auf ein Jahrhundert» angenommen hatte), folgte meinen Worten mit großer Konzentration.

Nach zwei Stunden war ich heiser. Aber natürlich kam ich am nächsten Tag wieder und am übernächsten auch. Hans Mayer hatte sich Notizen gemacht – wenige Worte in sehr großer Schrift. Das genügte ihm.

Später begannen wir mit der eigentlichen Arbeit. Noch einmal las ich ihm die Texte vor. Doch jetzt hakte er ein: «Habe ich das wirklich geschrieben?» – «Nun ja, *quae dixi dixi.*» – «Was gesagt ist, ist gesagt.» Dann wieder Schweigen und konzentriertes Zuhören, das nur gelegentlich durch ein «Bitte den Satz noch einmal» unterbrochen wurde. Was ihm nicht gefiel, musste ich ändern: «Machen Sie einen vernünftigen Satz draus. – Und dann einen neuen Übergang, bitte.» Ich markierte die Passage. Später korrigierte ich, immer bemüht, den Duktus des Ganzen beizubehalten.

Ein paar Tage später trafen wir uns wieder. Nun ging es

um die Stringenz der Abfolge. Reprisen wurden getilgt, für mich Widersprüchliches erklärt und im Text manches eindeutiger formuliert. Schließlich standen Konzeption und Aufbau des Ganzen zur Diskussion. Hans Mayer hatte die Reihenfolge der Beiträge festgelegt, ehe er mich bat, als Herausgeberin zu fungieren. Doch es gab keine Probleme, als ich Änderungen vorschlug und Texte herausnahm, deren Explikation anderenorts treffender und unter dem Gesichtspunkt des Resümees passender formuliert worden war. Ich wollte keinen Neudruck alles bereits Vorhandenen, sondern mein Bestreben war von Anfang an darauf gerichtet, Altes und Neues unter dem Gesichtspunkt eines großen Fazits zu präsentieren – im Idealfall also anhand der Zeugnisse einer lebenslangen Beschäftigung mit Goethe eine Art geistiger Autobiographie des Schreibenden vorzustellen. – «Na, dann machen Sie mal.»

Ein paar Tage später dann ein Anruf: «Kommen Sie, es gibt eine Überraschung.»

«Ja», sagte er, «das Konzept gefällt.» Aber um der «biographischen Rundung» willen, wie Thomas Mann zu sagen pflegte, sei es mit dem Vorhandenen vielleicht doch nicht getan. Er habe deshalb noch ein Vorwort zu den – erstmals zu publizierenden – Pariser Vorlesungen geschrieben. Ich möge es lesen. Er sei zufrieden.

Nun, ich war es auch, schrieb ab, redigierte und damit genug.

Genug? Keineswegs! Ein neuer Anruf: «Kommen Sie gleich!»

Ich erfuhr, dass «man» nachgedacht und erkannt habe, dass es um des Gesamtduktus willen nötig sei, den Schluss mit dem Anfang zu verknüpfen, und deshalb noch einen Epilog geschrieben habe. «Tübingen 1999.»

Der Kreis hatte sich geschlossen. Am Ende einer lebenslangen Beschäftigung mit Goethe stand das Diktat des Zweiundneunzigjährigen, bedacht 1999 in Tübingen.

Den Anfang machte – 1949 in Weimar vor jungen Menschen gesprochen – ein Vortrag, über dessen Genese der Redner in seiner Biographie «Ein Deutscher auf Widerruf» Auskunft gegeben hat: «Ich hänge an meinen Worten von damals. Es war meine erste große und ernstzunehmende Rede vor der Öffentlichkeit. Ich hatte fleißig gearbeitet [...]: Was konnte mir, fast hätte ich goetheanisch geschrieben ‹erwünschter› sein, als über Ihn zu sprechen?»

Goethe, der Wegführer und Lebensbegleiter. Es rührte mich, zu sehen, wie Hans Mayer, der zeitlebens ein unglaublich fleißiger Mensch gewesen ist und es mit seinen «Schularbeiten», wie er sagte, stets sehr genau genommen hatte, Goethe-Verse in den Rang von Maximen erhob, die für ihn über die Jahrzehnte hinweg und bis in den Alltag hinein existenzbestimmend waren.

«Wen die Götter lieben, den führen sie zur Stelle, wo man sein bedarf», sagt Elpenor in dem gleichnamigen Fragment zu seiner Mutter. Für Hans Mayer, da bin ich mir sicher, brachten diese Worte den Anspruch auf den Begriff, unter den er sein Leben gestellt sah: das «Gesetz, nach dem er angetreten». Auch mir sind sie seither zu einer Art Denk- und Interpretationshilfe geworden.

Ja, es waren unvergessliche Stunden, damals, vor zehn Jahren, in der Tübinger Neckarhalde, ausgefüllt durch lange, von Goethe ausgehende und zu ihm hinführende Gespräche, in denen es mit Hilfe von Rückbesinnung und Vision neben dem immer wieder zitierten Lied des Lynkeus: «Ihr glücklichen Augen, was je ihr gesehn, / Es sei, wie es wolle, / es war doch so schön», vor allem stets neu um die nun autobiographisch gedeutete Erkenntnis des Elpenor ging: «Wen die Götter lieben, den führen sie zur Stelle, wo man sein bedarf». Ich glaube, dass Hans Mayer ein Recht darauf hatte, so zu sprechen.

Er hat noch einiges geschrieben nach dem Resümee seiner Beschäftigung mit Goethe – Meditationen über ihm nahe Musiker und die Musik, Erinnerungen an Weggefährten und Freunde eines über neunzigjährigen Lebens. Im März 2001 haben wir sogar noch sehr schön und ehrenvoll seinen 94. Geburtstag feiern können, zu dem ihm, wie immer nach dem Mauerfall, viele seiner Schüler aus aller Welt ihre Aufwartung machten oder doch zumindest telefonisch gratulierten. Auch die Justizministerin war gekommen und hatte einen Brief des Bundeskanzlers überbracht. Leipzig verkündete die Verleihung der Ehrenbürgerwürde; in Tübingen gaben Alt- und Neubürgermeister(in) dem Jubilar die Ehre. Sogar die Presse durfte dabei sein. Hans Mayer wollte die Dokumentation des großen Augenblicks. Er hatte sich inständig gewünscht, noch Zeuge des neuen Jahrtausends sein zu dürfen. Jetzt parlierte er mit dem zufällig anwesenden neuen Direktor des Centre d'Études in elegantestem Französisch und ließ Champagner ausschenken.

Bis Ostern erinnerte er jedes Detail dieses letzten Höhepunktes, der ihm noch einmal die bedrohlich stärker werdende Angst, er könnte vergessen sein, genommen hatte. Danach ging es rapide abwärts. Nicht nur die physischen, sondern auch die geistigen Kräfte ließen nach. Etwa drei Wochen vor seinem Tod realisierte er die Tatsache seines Verfalls und beschloss – jetzt erstmals ernsthaft und mit viel Energie – zu sterben. Er begann – nicht ostentativ, aber konsequent – die Nahrung zu reduzieren, schließlich zu verweigern. Die schnell einsetzende physische Schwäche machte es ihm leicht, auch die Flüssigkeitszufuhr auf ein Minimum zu beschränken; schließlich konnte man ihm nur noch teelöffelweise etwas zuführen – und das, da er immer häufiger schlief oder jedenfalls dämmerte, auch nur in den seltener werdenden Wachzuständen, in denen er sehr freundlich und nachsichtig war, jedenfalls mir gegenüber.

Das Ende kam schnell. Es war ruhig und gnädig. Er hat nicht gelitten. Ich habe ihn am Vorabend seines Todes zuletzt besucht; doch er hat mich nicht mehr erkannt, atmete sehr unregelmäßig, aber ohne Qual. Es war alles sehr friedlich. Der Arzt schaute herein und sagte, es würde ruhig zu Ende gehen. Er behielt recht. Am nächsten Morgen gegen 9 Uhr rief mich der Pfleger an, es sei vorüber. Er und die Nachtwache waren bei dem

Sterbenden, der in den letzten Tagen und Nächten mehrfach hebräische Gebete oder Ritualformeln vor sich hin gesprochen hatte. Als ich kam, lag Hans Mayer noch so da, wie ich ihn am Abend verlassen hatte: ohne die geringste Spur eines Todeskampfs.

Wir haben dann freundlich Abschied genommen und den Toten drei Tage später morgens früh mit ein paar Freunden aus dem Hause geleitet, in dem er fast dreißig Jahre daheim gewesen war. «Daheim»: Ich gebrauche das Wort bewusst, denn ich bin der Meinung, Hans Mayer war in den letzten Jahrzehnten – wenn irgendwo – in Tübingen zu Hause, der Stadt Hegels und Hölderlins, schließlich auch Uhlands und, immerhin noch sechzehn Jahre lang, des bewunderten und geliebten Ernst Bloch; Tübingen, die Stadt, in der man ihn kannte und er etwas galt. Auch wenn er es gern leugnete, er wusste und ließ es sich immer wieder bestätigen: Er hatte Freunde hier, zudem nicht wenige Menschen, die sich um ihn kümmerten. Er war nicht einsam, und er war dankbar dafür – auch wenn er sich gelegentlich ärgerte. Außerdem hat sich die Stadt kontinuierlich und ehrenvoll um ihn bemüht. Er durfte zwei Bürgermeister zu seinen Freunden zählen und sich auch offiziell anerkannt fühlen. Er hat das gebraucht und, wie ich meine, auch verdient: verlässliche Vertraute, mit Bewunderung gemischte Zuneigung und ehrende Anerkennung.

Dennoch haben wir ihn nicht zwischen Hölderlin, Silcher und Uhland, sondern in Berlin auf dem Dorotheenstädtischen Friedhof beerdigt. Er hatte darum an dem

Tag gebeten, da ihm die Akademie der Künste den Hein-
rich-Mann-Preis verlieh. Ich weiß es noch genau. Am
Tag vor dem Festakt hatte er gefragt, ob ich ihn zum
Grabe Heinrich Manns begleiten könne. Er wolle einen
Kranz niederlegen. Auf meine Bitte hin war er sofort bereit, den Toten lieber mit einem schönen Blumenstrauß
zu ehren. Anschließend schlenderten wir durch die
Grabreihen: Bert Brecht, Helene Weigel, Johannes R.
Becher, Anna Seghers, Hanns Eisler, Arnold Zweig, Werner Krauss: alles Begleiter seiner Leipziger Zeit – Freunde und Feinde, im Tode vereint.

Unmittelbar daneben dann Hegel und Fichte, Scha-
dow und Schinkel. Hans Mayer wurde immer stiller. In
der Tat dürfte es kaum einen Ort geben, an dem er sich
mehr unter seinesgleichen hätte fühlen können. «Meinen Sie nicht, Inge, dass ich auch hierhergehöre?»

Ich verstand ihn: Ein Elterngrab gab es für den Juden
Hans Mayer nicht. Hier aber fand er auf den Steinen Namen von Menschen, denen er sich – real und im Geistigen – verbunden gefühlt oder denen er widersprochen
hatte, Menschen, die er im umfassenden Sinn des Wortes
«kannte» und die sein Leben zumindest zeitweilig mitbestimmt hatten.

Da die Berliner Akademie aus dem Erbe der DDR-
Schwesterinstitution noch über zwei oder drei Grab-
plätze auf dem Friedhof verfügen konnte, war es möglich, den einstweilen nur in Frageform vorgetragenen
Wunsch zu erfüllen. Hans Mayer nahm sofort Kontakt
zur zuständigen Gemeindepfarrerin Frau Fritz auf, die

ihrerseits sensibel und nobel reagierte. Einzige Bedingung: Er müsse bereit sein, einen historischen Stein zu akzeptieren und aufarbeiten zu lassen. Es gab deren viele. Ein Steinmetz zeigte sie uns und beriet, was das Abschleifen und die gewünschte neue Gravur anging. Es war eine mir unvergessliche Stunde, in der Hans Mayer seinen Wunsch festlegte: «Nur der Name nebst Geburts- und Todesdatum.» Auch den Grabplatz nahe bei Fichte und Hegel hatte er auswählen können. Er war glücklich: Er hatte seinen Ort gefunden.

Das Begräbnis sechs Jahre später war schlicht und seinem Wunsch entsprechend. Zwar äußerten später einige Leute ihr Befremden über die «evangelische Vereinnahmung». Aber das hat mich nicht irritiert. Offenbar war es in verschiedene Köpfe noch nicht eingedrungen, dass der Dorotheenstädtische Kirchhof kein Staats- und Parteifriedhof mehr ist, sondern ein christlicher Begräbnisplatz, für den es einen zuständigen «Hausherrn» gibt. Hans Mayer hingegen hat es gewusst und seit Jahren – wenngleich nur symbolisch zu Weihnachten und zu Ostern – Beziehungen zur Gemeinde bzw. zum zuständigen *pastor loci* unterhalten. Der Nachfolger von Frau Fritz, Pfarrer Loerbroks, hat ihn begraben: in einer schlichten, klug überlegten und durchaus nicht «christlich-vereinnahmenden» Feier. Einen Rabbiner hatte Hans Mayer nicht gewollt, aber ein alttestamentlicher Text und ein «Vaterunser» waren ihm lieb. Gefreut hätte ihn die Anwesenheit von Johannes Rau, der wie ein Bürger unter Bürgern, ohne Begleitung, gekommen war, fromm und unauffällig. Dass der von ihm hochgeschätzte Bundespräsident sein Grab auch hier, auf dem Dorotheenstädtischen Friedhof, finden würde, konnte er nicht wissen. Hätte er es geahnt, er wäre glücklich gewesen.

Schließlich gab es sogar noch eine schöne und entspannte «Nachfeier». Die Akademie der Künste, der in verantwortlicher Position anzugehören Hans Mayer immer als Auszeichnung empfand, hatte zu Kaffee und Streuselkuchen – wahlweise Butterbrezeln und Wein – in ihre Klubräume eingeladen, und es waren sehr viele gekommen. Der Präsident hielt eine kurze Rede, und man hatte Gelegenheit, miteinander zu reden: über Gott und die Welt und Hans Mayer.

Kapitel 6

NEUE HORIZONTE

Doch noch einmal zurück in die sechziger und siebziger Jahre: Nicht nur Hans Mayer, sondern auch Ernst und Karola Bloch, Hans Mayers Leipziger Vertraute, hatten sich für ein Leben in Tübingen entschieden, als sie nach dem Mauerbau nicht mehr nach Leipzig zurückkehrten. Ernst Bloch und Hans Mayer waren vor 1961 verschiedentlich Referenten bei den jährlichen Internationalen Sommer-Ferienkursen unserer Universität gewesen und somit nicht mehr ganz fremd hier. Stadt und Universität, Letztere vertreten durch Rektor Theodor Eschenburg, taten das Ihre: Bloch erhielt die Möglichkeit, zu lehren, obwohl er bereits Emeritus war, und Hans Mayers Vorlesungen waren nach wie vor die Attraktion der Ferienkurse. Allerdings kränkte es ihn, dass die Universität keine etatisierte Stelle für ihn schuf. Da traf es sich gut, dass mein Mann einen Ruf nach Hannover erhielt, den er – ohne gewinnbringende Verhandlungen – zugunsten Hans Mayers ablehnen konnte.

Die Trias Bloch, Mayer, Jens machte Tübingen damals so interessant wie einige Jahre später die Dioskuren Hans Küng und Walter Jens. Und das nicht nur bei den Studenten, sondern bei allen Neugierigen weit über die Stadtgrenzen hinaus.

Während der 68er-Unruhen erfreute sich vor allem Ernst Bloch einer nahezu uneingeschränkten Autorität. Er war vielleicht der einzige Professor an unserer *alma mater*, dessen Kollegs und Seminare «normal», das heißt ohne Störungen durch sogenannte Go-ins über die Bühne gingen. In erster Linie deswegen, weil die Studenten den über achtzigjährigen Philosophen als eine Art «Hegel *redivivus*» ansahen und Ernst seine Adepten auch keine Minute an seiner Überzeugung hatte zweifeln lassen, die da schlicht hieß: «Einen Hegel stört man nicht.»

Wie weit die Anwesenheit von Ernst Bloch in unserer Stadt generell dazu beitrug, die Exzesse in Grenzen zu halten, vermag ich nicht zu sagen. Ganz sicher aber hat es zwei Menschen an dieser Universität gegeben, denen dieses Verdienst zukommt: den damaligen Rektor Ludwig Raiser und den Oberpedell Rudolf Günther.

Ich erinnere mich noch sehr genau einiger Szenen, deren Zeugin ich zufällig wurde, die mir aber bleiben werden als Muster für die Bewältigung von schwierigen Situationen. Auf dem Heimweg aus der Stadt hatte ich einen kurzen Abstecher in die Universität gemacht, vermutlich, um Herrn Günther eine den abendlichen «Zirkus» – sprich Walters meistens überfülltes Literaturkolloquium – betreffende Bitte meines Mannes auszurichten. Denn diese Veranstaltung, die damals einmal wöchentlich im Audimax stattfand, war natürlich eine bei den aufständischen Studenten sehr beliebte Plattform, um eigene Thesen vor einem großen Publikum zu Gehör zu bringen. Auch wenn Walter – allein durch die große Zahl seiner Hörer, die an einer «Umfunktionierung» des ursprünglich vorgesehenen Themas wenig Interesse zeigten – selten Schwierigkeiten hatte, die Veranstaltung «durchzuziehen», war es doch gut, einen so besonnenen und souveränen Mann wie Rudolf Günther in erreichbarer Nähe zu wissen. «Ha, wisset Sie, Herr Professor», hatte ich ihn einmal sagen hören, «wir Pedellen können alle Jiu-Jitsu. Wir liefern Ihnen die Kerle, wenn's sein muss, päcklesweis.» Auch wenn man diesen Aussagen nicht unbedingt wortwörtlich glauben musste, so konnte ich mir doch leicht vorstellen, dass sie hilflosen Lehrenden eine gewisse Beruhigung sein mochten.

Als ich damals an einem der Kolloquiums-Donnerstage Herrn Günther suchte, fand ich ihn wieder umringt von einigen aufgeregt gestikulierenden Professoren: «Meinen Sie, Herr Günther, dass es heute bei mir ein Go-in geben wird?» Ich sehe noch genau, wie Rudolf Günther in aller Ruhe den Ärmel seines «Kittels» zurückschob, einen Blick auf die Armbanduhr warf und dann sagte: «Also, Herr Professor, es ist halb zehn. Da schlafet meine Informande noch. Kommet Se in zwei Stund' wieder. Dann kann ich's Ihne sage.»

Ja, der Oberpedell Rudolf Günther war einer der ruhenden Pole unserer *alma mater*. Der andere war Rektor Ludwig Raiser, der – wie die *fama* bewundernd kolportierte – offenbar niemals die Fassung verlor und noch in

Extremsituationen wie zum Beispiel der Besetzung seines Rektorats mit Souveränität und großer Entschiedenheit argumentierte. Raiser nähme stets alle Argumente zur Kenntnis, verlange aber gleichzeitig Respekt vor seinen Entscheidungen. Ich kann die Richtigkeit dieser Beurteilung nicht bestätigen. Ich war selten in der Uni und schon gar nicht, wenn es handgreiflich wurde. Ich hatte schließlich andere Sorgen als die Studenten.

Aber einmal bin ich doch in eine der Vollversammlungen gegangen, in der Ludwig Raiser sich bemühte, den Studenten Rede und Antwort zu stehen. Dennoch gewann man zunächst nicht den Eindruck, sich in einer Diskussionsveranstaltung zu befinden. Der Festsaal glich einem Hexenkessel, der sich auch nach Eintritt des Rektors nur kurzzeitig beruhigte. Ein Student verlas Thesen und Forderungen, Raiser versuchte zu replizieren. Doch die zahlreichen Säuglinge und Kleinkinder, mit denen vor allem die Studentinnen wirksam auf ihre sozialen Schwierigkeiten hinzuweisen pflegten, begannen ziemlich lauthals zu schreien. Da ergriff Ludwig Raiser die Gunst der Stunde, erbat sich das Mikrophon und redete zunächst einmal die Kinder an: «Ihr habt ja so recht. Die Zustände sind wirklich zum Heulen ...» Viel weiter kam er nicht; seine nächsten Worte gingen im Beifallssturm der zwei- oder dreitausend unter. Wenn ich mich recht erinnere, kam es an diesem Nachmittag zu einem manchmal recht vehementen, aber doch beinahe ungehinderten Austausch der Argumente.

Ich selbst habe nur eine minimale Kontroverse mit den

Studenten zu bestehen gehabt. Es war gegen Ende irgendeiner Fachschafts- oder sonstigen Versammlung gewesen. Ein Teil der Diskutanten war in einem – wie mir schien, fragwürdigen – Analogieschluss dazu übergegangen, den alten Brauch, in besonders stark frequentierten Vorlesungen zu Semesterende eine Sammlung für die Reinmachefrauen und Pedellen zu veranstalten, für ihre Bedürfnisse «umzufunktionieren». Im Allgemeinen kümmerte mich dergleichen nicht, aber als die Veranstalter kurz vor der offiziellen Schließung des Gebäudes begannen, für die Garderobenfrauen zu sammeln, damit die ihre Dienstzeit verlängerten, bis man ausgeredet habe, fragte ich etwas ungehalten, ob man, wenn man denn schon bewährte Kapitalistenmethoden praktiziere, die Begünstigten wenigstens vorher um ihr Einverständnis gefragt hätte. Einen Augenblick lang herrschte betretenes Schweigen. Einige der Verantwortlichen verließen den Raum. Ansonsten aber, so mein Eindruck, erntete ich allenfalls ärgerlich-nachsichtiges Kopfschütteln. Und nachdem die Veranstalter zurückgekehrt waren, ließ man völlig unangefochten den Hut durch die Reihen gehen.

Ich will nicht den Anschein erwecken, als hätte ich die Zeit um 1968 ausschließlich als idyllisches, eher Anekdoten förderndes denn politisch aufregendes und nicht selten auch gewalttätiges Intermezzo in Erinnerung. Ich erinnere mich sehr wohl an anarchische Ausbrüche, Hausbesetzungen und nicht immer friedlich verlaufene Demonstrationen. «Unter den Talaren / der Muff von tausend Jahren»: Das skandierten die aufständischen *stu-*

diosi nicht nur in Berlin. Auch in Tübingen gab es harte Auseinandersetzungen, in denen Walter als einer der wenigen Lehrenden, die damals mit den marxistischen Thesen vertraut waren, ein gefragter Partner war. Aber was «68» wirklich bedeutete, wo die Anliegen der Studenten berechtigt, wo sie überfällig, wo sie völlig fehl am Platze waren: Das habe ich erst nach und nach begriffen – nicht zuletzt dank vieler Gespräche mit Ernst und Karola Bloch und, immer wieder, Hans Mayer.

Karola war eine glühende Verteidigerin der aufständischen Studenten – solange sie ihren Ernst nicht beim Arbeiten störten. Und beide entwickelten große Sympathien für Rudi Dutschke, den sie fast wie einen Sohn liebten. Er hat die Zuneigung aufrichtig erwidert und kam gelegentlich zu ihnen nach Tübingen. Auch ich habe ihn dort einige Male getroffen – aber nie eine wirkliche Beziehung zu ihm entwickelt.

Die zunehmende Vertrautheit mit den drei Leipzigern hingegen bedeutete mir viel – auch jenseits von «68». Am meisten faszinierten mich Karolas Erzählungen. Nicht nur die aus der Zeit ihrer Emigration nach Paris, Prag und schließlich New York, sondern auch die aus den zwanziger Jahren, da sie als junge Studentin der Architektur aus Łódz nach Berlin gekommen war. Sie sprach perfekt Deutsch, aber ihr polnischer Akzent blieb bis zum Schluss unüberhörbar. Sie war die erste wirklich emanzipierte Frau, der ich begegnete, dazu die erste wirklich überzeugte Kommunistin, die ich kennenlernte. Ihre Erzählungen erfüllten alle Klischees, die mir je zu

Ohren gekommen waren, und blieben doch hinreißende, teilweise erschütternde Dokumente eines Lebens,
das einmal so ganz anders, nämlich höchst bürgerlich
und behütet, begonnen hatte.

In Karolas Erzählungen begegnete mir zudem eine
nicht geringe Anzahl jener Expressionisten, die ich durch
die Erzählungen von Ernst Rowohlt und das Studium
von Quellentexten für meine Doktorarbeit kennengelernt hatte. Jetzt allerdings mit dem Schwergewicht auf
den bildenden Künstlern. Karola hatte bei Ernst Meid-
ner Zeichenunterricht gehabt und in seiner Wohnung
viele seiner Weggefährten kennengelernt, deren Namen
zumindest damals Rang und Klang besaßen. Im Berlin-
Kapitel ihrer Memoiren hat sie ihrer gedacht.

Aber Karola berichtete nicht nur aus ihrer Jugendzeit.
Mit der gleichen Anschaulichkeit und nicht ohne didak-
tische Verve erzählte sie mir von ihrer New Yorker Zeit,
da sie, um die inzwischen dreiköpfige Familie – Sohn Jan
war 1937 in Prag geboren – zu ernähren, als Kellnerin arbeitete. Eine Anstellung in einem New Yorker Architek-
tenbüro zu finden gelang ihr erst nach vielen Monaten
intensiven Suchens.

Ich musste an Katia Mann denken, die es in dieser Beziehung wesentlich leichter gehabt hatte. Und doch: Wie
viel von dem, was Karola erzählte, war vergleichbar, trotz
der Rahmenbedingungen, die unterschiedlicher nicht
hätten sein können. Auch die Heimkehr nach Europa
war anders verlaufen. Ernst Bloch war der Aufforderung,
nach Deutschland zurückzukehren, gefolgt. Man hatte

den vom Sozialismus überzeugten Philosophen gebeten, ein Ordinariat an der Leipziger Universität zu übernehmen. Seit dem Herbst des Jahres 1949 lehrte er an der *alma mater Lipsiensis*, und Karola entwarf als Architektin Modellwohnungen, die sowohl den ökonomischen Bedingungen ostzonaler Kommunen als auch den individuellen Bedürfnissen von Menschen sehr verschiedener Herkunft und Ansprüche entsprachen.

Wenn wir zusammensaßen, erläuterte sie mir ihre Konzepte. Die wohlüberlegte funktionale Zweckmäßigkeit der Räume überzeugte mich in gleicher Weise wie ihre Versuche, grundlegenden ästhetischen Ansprüchen gerecht zu werden. Karola hatte in Leipzig – zusammen mit Kolleginnen – eine Art bebilderten Handbuchs herausgegeben, in dem ich fasziniert und bewundernd nachlas, was sie mir erzählt hatte und was niemals realisiert worden war. Stattdessen mussten Ernst und Karola nach einigen Jahren den Staat, in den sie mit so viel Enthusiasmus und gutem Willen gekommen waren, verlassen. Nicht etwa, weil sie an Leib und Leben bedroht gewesen wären, sondern weil sie nicht willens und auch nicht in der Lage waren, in einem Land zu leben, das all jene Ideale und Zielvorstellungen preisgegeben, ja in ihr Gegenteil verkehrt hatte, die zu realisieren sie einst aus der Emigration zurückgekehrt waren.

Es war nicht immer leicht gewesen, Karola zu veranlassen, uns nicht nur von ihrer Zeit mit Ernst, sondern gelegentlich auch ein bisschen von sich, ihrer Kindheit, ihrem Studium, ihrer Berliner Zeit zu erzählen. Tat sie es, so erfuhren wir stets spannende Geschichten: Zeugnisse eines ebenso mutigen wie verwegenen, ja abenteuerlichen und konsequent gelebten Lebens. Nach Ernsts Tod, als alle Welt nur von ihm und seinem Werk sprach, kam Walter auf die Idee, man könne Karola am besten helfen, indem man sie bewege, sich einmal intensiv mit ihrer eigenen Biographie zu befassen und Rückschau zu halten auf ein Leben, das durchaus nicht immer von Ernst Bloch bestimmt gewesen war.

Sie war schwer davon zu überzeugen, dass es für uns Jüngere wichtig war, den Weg einer Frau verfolgen zu können, die schon einen eigenen Kurs gesteuert hatte, als man das Wort «Emanzipation» noch gar nicht kannte. Ihr späteres Leben war so sehr von den Jahren des Zusammenlebens mit Ernst geprägt, dass sie sich nur langsam von der Auffassung lösen konnte, es sei jetzt, nach dem Tod ihres Mannes, ihre vordringliche Aufgabe, sich zunächst einmal um die Dokumente *seines* Lebens zu kümmern.

Aber schließlich gelang es uns. Doch nun ging es um das «Wie»: Mit Tonband? Durch Fragen? Schüler von Ernst versuchten, ihr zu helfen. Aber es klappte nicht: «Sie fragen mich immer nur nach Ernst und der Zeit mit ihm.» – Also am Schreibtisch? Karola gab sich redlich Mühe. Aber als gebürtiger Polin fiel ihr das Schreiben in der deutschen Sprache schwerer als gedacht. So überzeugend ihre mündliche Suada war, die schriftliche Fixierung ihrer Erlebnisse machte Schwierigkeiten. Ich bot ihr an, regelmäßig jede Woche einen Nachmittag zu ihr zu kommen. Sie müsste mir dann – so planten wir – das Geschriebene vorlesen, wir würden den Text gemeinsam durchsehen, gegebenenfalls korrigieren, und anschließend das jeweils Neue besprechen. So geschah es, und es wurde – jedenfalls für mich – eine aufregende und interessante Zeit.

Ungefähr ein halbes Jahr lang kam ich, ausgerüstet mit Wolle, Nadeln und Bleistift, einmal wöchentlich in die Wohnung unten am Neckar. Zwei Pullover habe ich in dieser Zeit gestrickt. Karola las vor, was sie geschrieben hatte, und ich übte mich in der Rolle einer Mentorin: stimmte zu, hakte ein, fragte nach, schlug vor, wie es weitergehen könnte. Wir klärten Fragen der Erläuterung historischer Vorgänge oder der Verwendung von Briefen und Dokumenten.

«Wie ging es zu, wenn es galt, den Bau eines Hauses in den USA zu überwachen? Hattest du sprachliche Schwierigkeiten?» – «Nein, eigentlich nicht», sagte Karola. «Nur, weißt du: ‹Inches› und ‹Zentimeter› ... das war nicht leicht.» Die Probleme einer Emigrantenexistenz auf den Begriff gebracht durch die Differenz von zwei Längenmaßen. Ich war entzückt: «Karola, das hätte kein ausgewachsener Schriftsteller erfinden können. Das habe ich noch nirgendwo gelesen. Das musst du unbedingt schreiben.» – Es gelang mir, ihr Mut zu machen, auch und gerade Details zu erzählen: von den Trinkgeldern in der Wirtschaft, in der sie als Bedienung arbeitete, oder darüber, wie es war, wenn abends zwei Familien mit zwei Kindern in drei Zimmern schlafen gehen wollten und im Mittelraum die Stühle zu zwei kleinen Betten zusammengeschoben wurden. Das bewegte mich mehr, als es große Synopsen vermocht hätten, und ich sparte nicht mit Lob.

Aber es war auch mein Job, hart zu sein: Grammatikalische Stimmigkeit der Sätze ist nun einmal Voraussetzung für die Lesbarkeit eines Textes. Ich hatte bis dahin nie gewusst, wie schwierig die Zeitenfolge im Deutschen ist: «War gewesen» und «hatte gehabt», wo Plusquamperfekt, wo besser Perfekt – das schuf Probleme. Aber gottlob war Karola Architektin und wusste, dass Konstruktionen stimmen müssen, wenn das Gebäude stehen soll.

Kritisch wurde die Situation eigentlich nur ein einziges Mal. Und das betraf die Geschichte mit Paul, dem Genossen aus der UdSSR. Karola hatte uns an einem Abend von ihrer Tätigkeit als Spionin erzählt. Nach einer Schrecksekunde waren wir damals ihrem Bericht mit atemloser Spannung gefolgt. Karola als Agentin? Die Geschichte war bestechend plausibel, und, natürlich, wem, wenn nicht Karola, wäre sie zuzutrauen gewesen?

Beim Niederschreiben der Erinnerungen hatten wir jetzt die Jahre 1935 / 36 erreicht. Ich kam an den Neckar in der Erwartung, Karola werde mir nun die Geschichte in ihrer druckreifen Version vorlesen. Doch ich wurde enttäuscht: kein Paul, kein Mikrofilm im Füllfederhalter, kein Rosenkavalier in Poznań / Posen. Karola hatte die Geschichte ihres Prager Freundeskreises sehr schön ins allgemein Historische verwoben und zeigte sich mit Recht sehr stolz: Der Übergang vom Persönlichen ins

Allgemeine war geglückt. Auch die Zeitenabfolge stimmte. Sie blickte mich erwartungsvoll an. Ich schluckte ein bisschen: «Wirklich toll, Karola. Fritz Wotruba, Anna Mahler, Ernst Krenek, Elias Canetti … plötzlich gewinnen historische Gestalten Kontur und beginnen zu leben.» Aber dann fasste ich mir ein Herz: «Warum hast du Paul ausgelassen?» Karola starrte mich entgeistert an: «Paul? Hier im Buch? Nein, unter keinen Umständen! Nein und nochmals nein! Was glaubst du denn, was die Leute sagen würden?»

Das verschlug nun wiederum mir die Sprache. Seit wann scherten Karola «die Leute»? Aber dann, das muss ich bekennen, rührte mich dieser Hauch von Besorgnis um die bürgerliche Reputation, die so gar nicht zu meinem Bild von dieser selbstsicheren und mutigen Frau passte und der sie mir doch so viel näher brachte. Es war gut, zu erfahren, dass selbst Menschen wie Karola hin und wieder mit solchen Relikten zu kämpfen hatten.

Ich weiß nicht mehr, wie es mir gelang, sie zu überzeugen, dass sie Paul und den Füllfederhalter nicht einfach aus ihrem Leben streichen konnte. Ich glaube, ich habe Ernsts und Karolas eigene Geschichte bemüht, die ich aus vorauseilenden Erzählungen kannte. Ich meine die Übersiedlung von Paris nach Prag im Jahre 1936, deren Sinn und Notwendigkeit mir eigentlich nie recht eingeleuchtet hatte. Wäre es für Emigranten wie die Blochs nicht wesentlich vernünftiger gewesen, in Paris zu bleiben? «Ja, weißt du», hatte mir Karola früher einmal auf eine diesbezügliche Frage geantwortet, «das war die

Schuld von Paul.» Und dann hatte sie mir von Paul erzählt, ihrem «Führungsoffizier» in Sachen Spionage für die UdSSR. «Karola», sagte ich entschlossen, «wenn jemand verstehen soll, warum ihr von Paris wieder nach Prag gegangen seid, musst du von Paul sprechen. Jeder Mann denkt, du seiest mit Ernst gegangen, unter anderem, weil die ‹Weltbühne› in Prag herausgegeben wurde. Für jede Frau aber wäre es erhebend, zu erfahren, dass Ernst mit dir ging. Es wurde allmählich zu gefährlich für dich, bei jeder Kurierfahrt nach Polen oder in die Sowjetunion mit gefälschtem Pass die Transitpassage durch Deutschland wagen zu müssen.» – «Ja», sagte Karola nachdenklich, «wenn du es so siehst …»

Dann schrieb sie die ungeheure Geschichte bis zur nächsten Arbeitssitzung auf. Vielleicht war es das größte Opfer, das sie je weiblicher Solidarität zuliebe gebracht hat. Für mich war es aber auch ein Zeichen des Verständnisses einer sehr loyalen Schülerin für ihre um so vieles jüngere Mentorin. Denn dass das Verhältnis in Wahrheit von Anfang an umgekehrt, dass ich die Nehmende, Karola die souverän Gebende war, stand für mich von vornherein fest. Ich sehe es auch heute noch so.

Aber auch die interessanteste Aufgabe endet irgendwann. Und wieder einmal hatte ich Glück. Recht bald schon zeichnete sich ein neues Projekt ab. Hans Mayer war für einige Zeit nach Berlin übersiedelt, wo er in der Akademie der Künste am Hanseatenweg wohnte. Die Mitgliedschaft in dieser altehrwürdigen Einrichtung, deren meiste Klassen noch auf Leibniz zurückgingen, bedeutete ihm viel. Er fühlte sich wohl in dem von Werner Düttmann entworfenen Bau und nahm nicht nur engagiert Anteil am Leben der Institution, sondern begann auch, sich intensiv mit der Geschichte ihrer Litratursektion zu beschäftigen, zu deren Direktor er schon bald gewählt worden war.

Die Gründung dieser jüngsten Abteilung im Jahre 1926 hatte er als interessierter Zeitgenosse aufmerksam verfolgt und die beschämenden politischen Querelen sowie, einige Jahre später, 1933, die schmähliche «Gleichschaltung» ohne große Überraschung zur Kenntnis genommen. Sie hatte sich in seinen Augen längst angebahnt. Aber gerade deshalb bestand er auf einer genauen Rekonstruktion der Vorgänge und einer Analyse ihrer Ursachen.

Offenbar gelang es ihm, auch die Plenarversammlung von der Notwendigkeit einer solchen Dokumentation zu überzeugen. Jedenfalls erreichte mich wenig später ein Anruf aus Berlin: «Schreiben Sie die Geschichte der Sektion für Literatur an der Preußischen Akademie der Künste von 1926 bis zu ihrem Ende im März 1933. Die Akten sind vorhanden, wenig aufgearbeitet, Sie werden suchen müssen, aber Sie wissen ja, wie man so etwas macht.»

Nun, ich wusste es in diesem Fall mitnichten. Institutionengeschichte, das Problem von Akten und Gegenakten, das Studium von Strukturen und Statuten, von Sitzungsprotokollen und Behördenkorrespondenz, hatte mir bis zu diesem Zeitpunkt wahrlich ferngelegen. Dennoch – vielleicht auch gerade wegen dieses «Neulands» – reizte mich die Arbeit. Also sagte ich «Ja».

Die Sekundärliteratur allerdings war mehr als dürftig. Da erwies sich die Lektüre von Untersuchungen über die jahrhundertelange Sonderstellung der Literaten, die noch zu Beginn des 20. Jahrhunderts Anlass zu interessanten Umfragen und Diskussionen gegeben hatte, als wesentlich erfolgversprechender. Zunächst aber musste ich mich kundig machen, wozu man in der Vergangenheit, vom ausgehenden 17. bis ins 20. Jahrhundert hinein, überhaupt Akademien gegründet hatte. Die preußische Institution, das erfuhr ich bald, war ganz offensichtlich mehr in pädagogisch-volksbildnerischer Absicht denn zur Förderung der schönen Künste konzipiert worden. Die Künstler – und unter ihnen in erster Linie die bildenden Künstler: Maler, Skulpteure und Architekten – sollten ästhetische Maßstäbe setzen, die im Alltag zur Hebung des rohen Volksgeschmacks beitragen konnten. Ihnen gegenüber galten Musiker und Dichter wenig. Für sie war ursprünglich kein Platz vorgesehen. Aber während man den Musikern um die Mitte des 19. Jahrhunderts – genau 1833 – eine akademisch präsentable Stellung innerhalb der staatlichen Kulturbemühungen zuerkannte, blieb das Verhältnis zu den Dichtern distanziert. Im Kanon der Künste kam der Literatur keine Rolle zu. Man verwies sie lieber in den Bereich der Wissenschaften, von wo man sie unter Berufung auf ihre über eine wissenschaftlich exakt zu definierende Sprache hinausgehenden Qualitäten wieder in den Bereich der Künste zurückverwies.

Ich musste also einerseits versuchen, die Sonderstellung der Dichter in ihrer Genese zu verstehen, und andererseits das Scheitern der immer wieder unternommenen Versuche zu beschreiben, diese Sonderstellung aufzuheben. Vor diesem Hintergrund würde es mir dann hoffentlich gelingen, die republikanische Gründung von 1926 plausibel zu machen und anschließend den Verlauf ihrer kurzen Geschichte bis 1933 darzustellen.

1926 bis 1933: Das war eine Zeit, die mir in ihren geistigen Bezügen vom Projekt Thomas Mann / Ernst Bertram her vertraut war: Höhepunkt und Ende der Weimarer Republik – jetzt betrachtet unter dem Aspekt der Realisierung und des Scheiterns einer seit der Jahrhundertwende zunehmend auch öffentlich diskutierten Idee. 1926, unter republikanischen Vorzeichen, schien zu gelingen, was fast drei Jahrhunderte lang gescheitert war: die Eingliederung der «Wortkunst» als eine den verschiedenen bildenden Künsten und der Tonkunst verwandte und ihnen in ihrer geschmacksbildenden Funktion gleichgestellte Sektion innerhalb eines politischen Gemeinwesens. Einer Sektion allerdings, deren Ende – die Übernahme durch oder, genauer, die schmähliche Übergabe an die Nationalsozialisten – nicht eben überraschend kam.

Der Grundkonflikt – das sah ich schnell – war von Anfang an vorgezeichnet: Dichter gegen Schriftsteller, Poesie contra Literatur, Dichtung aus der Landschaft contra Asphalt- und Großstadtliteratur; Berliner Mitglieder gegen auswärtige, preußische Staatsanstalt gegen deutsche Dichterakademie. Die konkrete Entwicklung allerdings musste anhand von Sitzungsprotokollen und Korrespondenzen, von Senatsabsprachen, Behördenerlassen und individuellen Aufzeichnungen wie Tagebüchern, Sendschreiben und Konfessionen sorgfältig erforscht und interpretiert werden.

Es wurde eine in mehr als einer Hinsicht interessante, mein Nachdenken in eine völlig neue Richtung lenkende Arbeit. Mehr als die innerliterarischen Auseinandersetzungen interessierte mich das Verhältnis von Literatur und Politik, die Frage, ob und wie weit Literatur politisch «manipulierbar» sei; das heißt, ob sie befähigt werden könne, politische Vorgaben und Ziele so zu vermitteln, dass sie Einfluss auf die allgemeine Bewusstseinsbildung gewännen. Fragen, die mich nicht mehr loslassen sollten.

Doch ehe ich ihnen detaillierter nachgehen konnte, galt es zunächst, den konkreten Auftrag zu erfüllen und die historische Arbeit über die Akademie zum Abschluss zu bringen. Der Piper Verlag publizierte sie 1971 unter dem Titel «Dichter zwischen rechts und links». Sie wurde beachtet und brachte mir eine gewisse Anerkennung als Historikerin, was mich besonders freute, denn ich hatte längst erkannt, dass es vernünftiger gewesen wäre, statt des sich durch meine Dolmetschertätigkeit anbietenden Studiums der Anglistik ein ernsthaftes Geschichtsstudium zu betreiben, ja, eventuell sogar die Literaturgeschichte für eine bessere Ausbildung *in historicis* aufzugeben.

Warum tat ich es nicht? Schon in der Schule war Geschichte das Fach gewesen, das mich neben Deutsch am meisten interessierte. Eine Strafarbeit über «Heinrich IV. vor Gregor VII.» hatte mich – das weiß ich noch genau – in einen wahren Begeisterungsrausch versetzt. Ich schrieb sieben DIN-A4-Seiten, was meine Lehrerin denn doch in einiges Staunen versetzte. Warum also kein Geschichtsstudium? Ich nehme – von heute aus gesehen – an, dass es mit der nicht abgeschlossenen Verarbeitung der Einsichten zusammenhing, denen ich mich nach 1945 hatte stellen müssen. Um mich für «Geschichte» zu entscheiden – so meine rückblickende Interpretation –, fehlte mir damals einfach der Mut. Nun, ich sollte noch reichlich Gelegenheit bekommen, jedenfalls im Fach «Zeitgeschichte» einiges zu lernen.

Doch zunächst kamen andere Probleme auf mich zu – ebenjene, die mir mein Mann, in diesem Punkt hellsichtiger als ich, vorausgesagt hatte, weil sie für ihn mit der Geburt eines zweiten Kindes nach so vielen Jahren unausweichlich verbunden waren. Der große zeitliche Abstand zwischen den beiden Jungen – es waren immerhin elf Jahre – machte sich bemerkbar. Ich spürte eine gewisse Hilflosigkeit angesichts der seit Tilmans Geburt völlig veränderten Vorstellungen von Kindererziehung. Trotz meiner Arbeit hatte ich die pädagogischen Probleme immer sehr ernst genommen. Sie interessierten mich – nicht zuletzt auch wegen der immer heftiger geführten öffentlichen Diskussion um Erziehungsziele und Bildungschancen. Ich ließ mich, als Tilman aufs Gymnasium kam, in den Elternbeirat wählen und engagierte mich, als Christoph so weit war, in ähnlichen Kindergarten-Institutionen – immer mit dem etwas unangenehmen Gefühl, zu viel zu «glauben» oder zu «meinen» und zu wenig wirklich zu wissen.

Und da ich nach Beendigung des Akademieprojekts gerade kein konkretes Angebot für eine neue Arbeit hatte, auch wohl das Bedürfnis fühlte, nach so vielen Editionen einmal etwas ganz anderes, Praxisnahes zu machen, das mir vielleicht auch die Chance eröffnete, später doch noch einen eigenständigen «wirklichen» Beruf auszuüben, fasste ich, nach eingehenden häuslichen Diskussionen und langen Unterhaltungen mit unseren Freunden, dem Tübinger Pädagogen Andreas Flitner und, vor allem, seinem die Sozialpädagogik vertretenden Kollegen Hans Thiersch, den Entschluss, mich noch einmal völlig neu zu orientieren und Pädagogik zu studieren. Und zwar als ordentliche Hauptfachstudentin und mit allem Beiwerk wie Statistik, Soziologie, Psychologie usf.

Es ließ sich gut an. Meine Erfahrungen mit dem heranwachsenden Kleinkind, das ich – nun fast im Alter einer jungen Großmutter – ganz anders wahrnahm als den Ältesten vor vielen Jahren, waren die konkrete Basis, von der aus ich in die Theorie vorstoßen konnte. Das Zusammensein mit einer Generation von Studenten, die zwanzig Jahre jünger waren als ich, der Zwang, abweichende Meinungen – und die gab es in Hülle und Fülle – zu legitimieren und plausibel zu machen, wenn ich denn nicht völlig isoliert als *oldtimer* vor mich hin studieren wollte:

145

All das machte Spaß und forderte mich auf eine mir bis dahin unbekannte Weise. Mehr als ich geahnt hatte, war ich offenbar noch immer dem nie problematisierten Kategorienschema meines Elternhauses verhaftet. Durch mein Studium lernte ich endlich, es kritisch zu hinterfragen. Intensives Lesen eröffnete mir noch einmal ganz neue Horizonte, und ich gewann Kriterien, mit deren Hilfe ich das Hier und Heute – nicht nur *in paedagogicis* – nutzbringend erfassen und in konkretes – gelegentlich politisches – Engagement umsetzen konnte.

Dass mein kleiner Sohn davon profitierte, wage ich heute zu bezweifeln. In meinen pädagogischen Maßnahmen war ich skrupulöser, auch ängstlicher geworden – was aber vermutlich nicht nur mit meinem Studium, sondern auch mit meinem Alter und dem Verlust des ungebrochenen Vertrauens zusammenhing, dass man es schon richtig mache.

Die Situation an der Uni hatte sich inzwischen verschärft. Der Andrang der Studenten zu den Lehrveranstaltungen war kaum noch zu bewältigen. Der «Sputnikschock», das Erschrecken des Westens über die erfolgreiche Erdumrundung des sowjetischen Satelliten 1957, hatte die Aufmerksamkeit der Politik auf die Förderung bislang bildungsferner Schichten gelenkt. Pädagogik war plötzlich «in», was auch die Situation im Tübinger Institut dramatisch zuspitzte. Ich selbst begann unter den überfüllten Seminaren, die notgedrungen wieder Schulcharakter annahmen, und Referaten, die nicht mehr genügend diskutiert werden konnten, zu leiden.

Was also hätte ich tun sollen, in dem Augenblick, da mich Andreas Flitner fragte, ob ich bereit sei, den Lehrbetrieb zu unterstützen und selbst Seminare zu halten? Sicher, die formalen Qualifikationen konnte ich vorweisen – als Nebenfach hatte Pädagogik immerhin zu meinen Promotionsfächern gehört; aber eigentlich hatte ich ordnungsgemäß studieren, das heißt mit einem berufsqualifizierenden Examen abschließen wollen. Dennoch wusste ich auf die Frage, was ich denn von einem zweiten Doktortitel haben würde, keine überzeugende Antwort zu geben.

Wir einigten uns auf einen Lehrauftrag für das Gebiet «Geschichte der Pädagogik» mit der Zusage, dass ich mir – natürlich nach Abstimmung mit den Kollegen und dem Semesterprogramm – die Themen selbst wählen durfte.

Wiederum ein Kompromiss – und wiederum einer, der sich als sinnvoll erwies. Der Gewinn, den die Erfahrung praktischer Arbeit brachte, wog dank des glücklichen Umstandes, einen Mann zu haben, der die Familie ernährte, die demütigende Tatsache auf, dass ich als Lehrbeauftragte mit wöchentlich zwei zweistündigen Lehrveranstaltungen, für die ich im Schnitt zwanzig Wochenstunden Vorbereitung brauchte, dem Staat ganze 149,29 DM im Semester wert war – eine Tatsache, auf die meine Studenten hinzuweisen ich denn auch nie versäumte. Hinsichtlich der Einschätzung des universitären «Establishments» durch die protestierenden Studenten von 1968 provozierte das als neuer, meistens nicht mitbedachter Aspekt eine gewisse Wirkung.

Privilegierung als Frau eines gut und regelmäßig verdienenden Hochschullehrers, der mittlerweile sogar Ordinarius war: Langsam begann ich die ungeheure Sonderstellung zu reflektieren, die es mir ermöglichte, das zu machen, was ich wollte und konnte. Vermutlich hätte ich auch anderes gekonnt – hätte sicherlich keine schlechte Ärztin und vermutlich auch eine jedenfalls mittelmäßige Lehrerin abgegeben; aber das Privileg, Lebensmöglichkeiten praktisch ausprobieren zu können, Neigung und Pflicht – auch gegenüber der Familie – miteinander verbinden zu können, verdanke ich meiner Ehe – und das meine ich jetzt nicht nur in materieller Hinsicht.

Kapitel 7

ALMA MATER TUBINGENSIS

Natürlich war es meine ganz persönliche Entscheidung, dass ich meine pädagogische Lehrtätigkeit nach drei Jahren wieder aufgab, aber es war mein Mann, dessen Reputation als Schriftsteller bei gleichzeitigem Ansehen als Universitätslehrer diese Entscheidung überhaupt erst ermöglichte. Als er nämlich – 1972 oder 1973 – das Angebot erhielt, zum 500-jährigen Jubiläum der Tübinger Universität die Geschichte dieser Institution zu schreiben, sagte er nur unter der Bedingung zu, dass ich mitarbeiten könne. Der Präsident, Adolf Theiss, war einverstanden, und mit einem monatlichen Honorar von 500 DM (so viel hatte ich noch nie verdient) übernahm ich die notwendige Recherche.

Das hieß: Von nun an verbrachte ich während der nächsten Jahre jeden Morgen im Universitätsarchiv. Es war Generalstabsarbeit, aber es klappte. Morgens um 7.15 Uhr brachte ich meinen Sohn Christoph nebst einigen gleichaltrigen Kindern aus der Nachbarschaft mit dem Auto zur Schule; dann fuhr ich weiter ins Archiv: Mittags gegen 12.45 Uhr wurde ich dort – in der Universitätsbibliothek Wilhelmstraße – von den Heimkehrenden wieder abgeholt. Zu Hause hatte eine Nachbarin inzwischen meinen Backofen angeschaltet, in dem am Vortag bereitetes Essen garte.

500 Jahre Tübinger Universität: Namen über Namen, meterweise Protokolle sehr verschiedener Provenienzen. Ich erinnere eine ziemlich schwierige Einarbeitungsphase: Eine mittelalterliche Stadt, ein mittelalterlicher Lehrbetrieb ... es war alles weit weg. Gottlob waren die Dokumente in deutscher Sprache, wenn auch in einer gelegentlich stark altertümlichen und dialektgefärbten, verfasst, und auch sonst erwiesen sich die Probleme als lösbar – einschließlich der Notwendigkeit, ein bisschen Paläographie zu betreiben, also das korrekte Lesen alter Handschriften zu erlernen. Das Gros der Universitätsschreiber hatte lange gelebt: Ihre Amtszeit währte oft Jahrzehnte. Das ersparte es mir, mich dauernd in neue Handschriften einlesen zu müssen.

Nach einer grundsätzlichen Sondierung des Terrains durch spärliche Sekundärliteratur und Einweisung in die Strukturen der Institution durch das Archiv, einer ersten Fühlungnahme mit Senats-, Fakultäts- und Rektoratsakten, dem Sich-Einarbeiten in die komplizierten Rechtsverhältnisse usf. stand ich schließlich auf ziemlich festem Boden: Die Akten, sprich, die Protokolle, waren konkret; sie erzählten detailliert, fast naiv und in chronologischer Folge, was sich in der *alma mater Tubingensis* zugetragen hatte, und es war manchmal gar nicht leicht, Privates und Institutionelles voneinander zu trennen.

Stadt und Universität, so wollte mir scheinen, bildeten eine Art Lebensgemeinschaft, die sich auf nahezu alle Gebiete erstreckte. Ob es um den Grund und Boden, die Aufteilung in den Gebäuden, die Versorgung mit Lebensmitteln und Fleisch, um die Tränke für das Vieh, die Brunnen, die «Böden» für die Frucht, die Spezialisierung der Gewerbe oder die öffentliche Ordnung und Moral ging: Man war aufeinander angewiesen und musste sich miteinander arrangieren. Das konnte nicht ohne gelegentliche Reibereien abgehen, die dann nicht nur im städtischen Rat, sondern auch in den Professorengremien ausführlich verhandelt wurden.

Ein immer wieder auftauchendes Problem war die Sicherheit der Wege zu den sogenannten Gefällen – jenen bäuerlich bewirtschafteten Liegenschaften, die zum Grundkapital der Universität gehörten und das physische Überleben ihrer Angehörigen garantierten. Die Frage, wie die Ochsen für die Alimentierung nicht nur der Professoren und Studenten, sondern auch der vielen in der Stadt ansässigen, aber juristisch zur Universität gehörigen Bediensteten zu beschaffen und von wem die Frucht- und Getreidetransporte diesmal zu begleiten seien, ging Stadt und Universität gleichermaßen an und nahm in den Diskussionen des akademischen Senats weit mehr Raum ein als bei den Sitzungen der städtischen Gremien. Auf jeden Fall, das lehrte bereits ein erster Blick in die Akten, waren Probleme des täglichen Lebens bei akademischen Beratungen meist wichtiger als Fragen des Lehrangebots oder des Deputats.

Deputat, damit war zwar zunächst die jedem Dozenten zudiktierte Anzahl der Unterrichtsstunden, aber in fast dem gleichen Atemzug auch die zugestandene Menge der lebensnotwendigen Subsidien gemeint. Die Besoldung der Professoren bestand zum größten Teil – manchmal fast ausschließlich – aus Naturalien. Folglich rangierte auch in den professoralen Konventen die Frage geeigneter Lagerungsmöglichkeiten für das Deputat an Getreide und Wein oder des Missbrauchs der Brunnen durch die Benutzung als Viehtränke oder Waschbottich weit vor der Behandlung von Problemen der Lehrtätigkeit, deren Spielraum durch Stoffkanon und traditionelle Darbietungsform – Lesen eigener oder fremder Kompendien – ohnehin minimal war.

Die strenge Hierarchisierung der Fakultäten, einstmals in bildungsgeschichtlichen Kollegs gelernt, gewann Plastizität, wenn es in den Sitzungsprotokollen um die Platzierung bei Festzügen, die Gehaltsabstufungen oder die Anzahl der Kostgänger bei den einzelnen Professoren ging. Es war eine atemberaubende Lektüre, bei der sich mir Schicksale erschlossen, die mich – obgleich sehr fern – durch die minuziöse Beschreibung in den Dokumenten unmittelbar anrührten. Es gibt Geschichten in diesen Fakultätsbüchern, die ich niemals wieder vergessen kann.

Die von den Professoren der Philosophischen Fakultät zum Beispiel, die im Herbst 1634 – mitten im Dreißigjährigen Krieg also – im Untergeschoss des «Fakultätshauses» (gemeint ist die alte Aula) voller Angst den Ein-

fall marodierender schwedischer Truppen erwarteten,
deren Näherkommen – durch Feuerzeichen von Herren-
berg übers Gäu und den Spitzberg hin avisiert – der Türmer ihnen von der Stiftskirche herab kundgetan hatte:
«Von allen im Stich gelassen – auch die Räte und Vornehmen des Landes waren geflohen –, versammelten wir
uns zitternd mitten in der Nacht im Senat und unterwar-
fen uns, um das Blut unschuldiger Kinder zu schonen,
der Milde der Sieger.»

Oder der Bericht von der Ankunft der Varnbüh-
ler'schen Kuriere, die 1648 das Ende des Dreißigjährigen
Krieges anzeigten, vom Türmer, der die Glocken läutete
und der Stadt verkündete, dass endlich Frieden sei, oder
vom Dankgottesdienst, zu dem Bürger und Universitäts-
angehörige einträchtig in die Stiftskirche strömten.

Jeden Heiligen Abend, wenn gegen Ende des Gottesdienstes, vor dem Schlusslied, die elektrische Beleuch-
tung erlischt, sehe ich im Dämmerlicht der Christbaum-
kerzen auf die damalige Gemeinde, die für den Frieden
dankt und für mich in diesem Augenblick mit einer anderen verschwimmt: Weihnachten 1945. Im kleinen Saal
des zur Friedenskirche Hamburg-Eilbek gehörenden
Pfarrhauses versammeln sich die Überlebenden dieses
Stadtteils, um – gemeinsam mit dem Konfirmandenjahr-
gang 1943, der durch die Angriffe mehr als die Hälfte seiner Angehörigen verloren hatte – den Gottesdienst zu
feiern.

Auch dieser Raum war dunkel, erhellt lediglich durch
wenige Kerzen. Aber auch hier war Frieden. Die Kirche

war zerstört, keine Glocken läuteten, der kleine Raum fasste die Menschen kaum. Uns störte es nicht: Der Krieg war vorbei. Wir würden – ehe wir zu Hause die Kerzen am Tannenbaum entzünden konnten – eine Stunde lang fast ausschließlich durch Trümmer heimgehen, aber wir würden ankommen. Es gab keine Bomben mehr. Es war Frieden.

Heute noch, bei jedem Weihnachtsgottesdienst, wenn das Licht in der Tübinger Stiftskirche erlischt, muss ich aber auch an die bange Frage denken, die Wilhelm Schickard, ordentlicher Professor der Orientalistik und Mathematik, vor fast 400 Jahren angesichts der brennenden Städte rings um Tübingen in die Fakultätsmatrikel eintrug: «Zu welchem Ende werden wir verschont?» Eingedenk der langen Friedensjahre, die wir erleben durften, stellt sie sich für mich in diesem Augenblick im Präteritum: «Zu welchem Ende wurden wir verschont?» Und in Ermangelung einer eigenen Antwort hat sich mir die Überlegung eines Schickhard-Kollegen eingeprägt, der zur gleichen Zeit im Fakultätsbuch seine Begründung zu Protokoll gab: «Damit wir noch in etwas lengers beysammen bleyben und von gäntzlichem Undergang erhalten werden mögen.»

«Beysammen bleyben» und «von gäntzlichem Undergang erhalten» ... auch mit mir und den Meinen hatte es das Schicksal freundlich gemeint.

Doch es gab auch andere Berichte, die ich nicht vergessen werde, weil sie mir Schicksale von Geschlechtsgenossinnen vor Augen führten, die mich zum Nach- und

Weiterdenken zwangen. Die Geschichte von der Hinrichtung der Pedellentochter Felicitas Heppler oder Hippler zum Beispiel, die aus Angst vor der Schande ihr Kind ermordet hatte und dafür vom Rektor zum Tod durch das Schwert verurteilt worden war. «Es klang, als wann man in ein Krawtkopf hawet», gab der Graecist Martin Crusius zu Protokoll, nachdem er im August 1592 die Hinrichtung auf der Neckarinsel vom Fenster des Fakultätshauses aus verfolgt hatte.

Das Verdikt über die Hipplerin blieb das einzige Todesurteil, das die Universität kraft ihrer Privilegien vollstreckte. Die später Verurteilten – man weiß von drei durch die *alma mater Tubingensis* zum Tod «Condemnierten» – wurden «begnadigt», das hieß: verbannt und für vogelfrei erklärt. War es ein Zufall, dass der einzige Mensch, der sterben musste, eine Frau war?

Sicherlich nicht, denn das bis in die Neuzeit hinein am unnachsichtigsten geahndete «Verbrechen» der Zeit wurde zunächst einmal dem Mädchen angelastet. Auch wenn es später nicht mehr das Leben, sondern nur noch seinen «guten Ruf» verlor.

Da half es wenig, dass sich die Professoren in den auch für die sittliche Ordnung innerhalb der akademischen Sozietät verantwortlichen Gremien – meistens jedenfalls – um Humanität und Gerechtigkeit bemühten. Sie scheuten keine Mühe, wenn es galt, studentische Väter zu ermitteln. Dann wurden die *studiosi* vor Ort zu Kerkerstrafen verurteilt und die inzwischen weitergezogenen Väter durch universitäre Boten bis in die entlegensten

Winkel des Kontinents verfolgt und zur Kasse gebeten. Insgesamt ging es – der eindeutigen Theologenherrschaft zum Trotz – nicht großzügiger, aber auch nicht engstirniger und inhumaner zu an unserer Universität als anderswo.

Doch ebendas war es, was mir nachging und mich irritierte. Ich hatte bei Wilhelm Flitner Bildungsgeschichte und bei seinem Sohn Andreas Pädagogik studiert und – gemeinsam mit meinen Kommilitoninnen – den Kopf geschüttelt über die noch im 18. Jahrhundert dominierende Beurteilung weiblicher Intelligenz und die unangefochtene Verweigerung femininer Selbstbestimmung – vom Fehlen angemessener Bildungs- oder gar Ausbildungsmöglichkeiten ganz zu schweigen.

Doch was ich jetzt las, war anders und führte mir Schicksale von Mädchen und Frauen vor Augen, die ich mir so konkret denn doch nie vorgestellt hatte.

Das Konvolut 33/130, No. 3, der Rektoratsakten, zum Beispiel, enthält das Protokoll des Universitätssekretärs über ein Verhör des 21-jährigen Jurastudenten Carl Christian Hagmaier in Sachen Schwangerschaft seiner Geliebten, der Jungfer Frommann, sowie über die Geburt des Kindes und das Beiseiteschaffen des kleinen Leichnams. Keine poetische Kindsmord-Darstellung und keine der vielen, allein durch die statistischen Zahlen aufrüttelnden Lehrbuch-Analysen hat mich je so berührt wie dieser schlichte Bericht eines keineswegs einmaligen Schicksals. Das vermutlich mit einer postnatalen Infektion todkrank daniederliegende Mädchen ist kaum ver-

nehmungsfähig, der Sekretär versucht, ihr in den Verhör-
pausen teelöffelweise etwas Flüssigkeit zuzuführen, damit
sie überhaupt weiter sprechen und erzählen kann: von
der Unkenntnis über ihren Zustand, der Hilflosigkeit bei
der Geburt, während deren ihr der Freund – gleichfalls
unerfahren – treulich beigestanden und, nachdem das
Kind, ein Junge, auf der Welt gewesen sei, Schere und Fa-
den zum Abbinden der Nabelschnur gereicht habe. Sie
hätten geschworen, das Kind liebhaben zu wollen, gab
der Vater zu Protokoll, aber es sei bereits tot gewesen: mit
einem Kopf wie eine Faust und Schenkeln wie Fäden.
Wie ein «Gewächs» sei das Ganze gewesen und eiskalt.
Da habe er es in Lumpen gehüllt und fortgetragen – erst
an den Fluss, dann zum Schlossturm hinauf – und
schließlich ins Verlies geworfen.

Vierzehn Tage später war das Mädchen tot. Friedrich
Eugen, Herzog von Württemberg, erlaubte auf Bitten
der Universität, dass man es «bei nächtlicher Weile, in
möglichster Stille und ohne alle Ceremonie *in locum se-
paratum* auf dem Kirchhof» beerdigte. Auch mit dem
Kindsvater verfuhr die Universität gnädig: Nach Absol-
vierung einer Festungsstrafe von sechs Monaten war er
wieder ein freier Mann.

Berichte wie diesen, aufgezeichnet vom Schreiber der
Universität oder, wenn es um Verhandlungen in den Fakultäten ging, von dem halbjährig wechselnden Dekan
(gottlob gab es nur fünf oder sechs Professoren in einer
Fakultät, sodass die Schriften erlernbar waren), kann und
will ich nicht vergessen. Sie haben sich mir eingeprägt

wie die Hamburger Bombennächte und meine Weltsicht mitbestimmt – weit über die Zeit der konkreten
Bucharbeit hinaus –, so, wie es auch die Prozessberichte
und Juristenplädoyers in Sachen Hexerei taten, die ich
mit angehaltenem Atem las.

Sie liegen samt den Urteilen in der hiesigen Universitätsbibliothek und betreffen abermals nur Frauen, über
deren Schicksal ausschließlich Männer befanden: hoch-
angesehene Angehörige der juristischen Fakultät, die –
sieht man von der Ausnahmeerscheinung eines Wolfgang
Adam Lauterbach ab – sich nicht scheuten, aberwitzige
Nachrede und Zeugenaussagen von Kindern als Beweise
für einen *coitus cum Satanas* zu werten ... ein *crimen*, das
noch zu Beginn des 18. Jahrhunderts einzig durch die To-
desstrafe gesühnt werden konnte.

Ich weiß, all diese Geschehnisse liegen Jahrhunderte
zurück. Aber ich kann, seit ich sie kenne, nicht über den
Tübinger Marktplatz gehen, ohne daran zu denken, dass
hier vor 200 Jahren – konkret bis 1828 – noch der
Schandpfahl stand und dass es auf ebendiesem schönen
und so freundlich betriebsamen Platz auch andere Volks-
feste gegeben hat, bei denen man sogar einmal – im Jahre
1505 – eine Frau als Hexe verbrannte – unter großer Beteiligung der Tübinger Bürger, wie die Akten vermerken.

Natürlich habe ich mir die Frage gestellt, warum mich
all diese längst vergangenen Ereignisse so nachhaltig beschäftigen konnten. Genau vermag ich sie auch heute
noch nicht zu beantworten, aber ich denke, es hängt –
jenseits eines so nie gekannten Gefühls femininer Solida-

rität – vermutlich auch mit der Tatsache zusammen, dass ich bis zu diesem Augenblick noch nie darüber nachgedacht hatte, in welchem Maße die mittelalterliche Universität bis ins 18. Jahrhundert hinein Macht über Leben und Tod der ihr Zugehörigen besaß. Seit ich die Protokolle über die Teufelspakte verzweifelter Stiftsstudenten studiert habe, lese ich die Fabel vom Doktor Faust mit anderen Augen: als den Bericht über ein Ereignis, von dem ich weiß, dass es sich, vielfach variiert, auch in unserer Stadt, in unserer Universität, zugetragen hat – Seelenverkauf gegen Glück in der Liebe, gegen Geld oder im Tausch gegen ein gut bestandenes Examen.

Es mag merkwürdig klingen, aber während ich in universitären Akten und Protokollen vergangener Jahrhunderte las, änderte sich mein emotionales Verhältnis zur Gegenwart. Auch wenn ich wusste, dass ich den schwäbischen Dialekt bis an mein Lebensende nicht beherrschen würde, fühlte ich mich mehr und mehr als jemand, der Heimatrecht beanspruchen wollte. Noch kannte ich auf dem alten Tübinger Friedhof mehr Tote als Lebende, wusste genauer Bescheid über ihr Leben und Sterben, ihre Familienverhältnisse und ihre Stellung in der Universität, als ich Kenntnisse über meine Mitbürger hatte. Aber all dies ist nicht im Unverbindlich-Transitorischen geblieben, sondern hat mein Verhältnis zum Ort der Handlung, der Stadt Tübingen, mitgeprägt, in der ich seit sechzig Jahren lebe.

Seit ich die Geschichte der *alma mater Tubingensis* erforscht und mich – um der Symbiose zwischen Universität und Stadt willen – auch in den städtischen Archiven über Gewerbekanäle, Bewässerungssysteme, Feuersbrünste, Herdstätten, Stadtmauern und Brücken, Handel und Gewerbe kundig gemacht habe, lebe ich anders hier. Ich sehe mehr. Die Steine und Gebäude, an denen ich bis dahin mehr oder weniger achtlos vorbeiging, sind transparent geworden und werfen Schatten, die sie plastischer erscheinen lassen.

Der Bildband «Die kleine große Stadt», den mein Mann und ich 1981 mit vielen wunderbaren Fotografien von Stefan Moses und Joachim Feist publizierten, versucht, das zu zeigen. Wir haben uns in diesem Band bemüht, nicht nur Abbilder der Gegenwart zu vermitteln, sondern durch eine historisch zuverlässige Legende für jedes auf seinen Bildern präsentierte Bauwerk eine neuartige Form des Stadtführers zu entwerfen, die zugleich mit dem Gegenwärtigen eine nichtmuseale, da ständig präsente Geschichte zeigt.

Im Rückblick erscheint mir die Beschäftigung mit der Geschichte von Stadt und Universität Tübingen als eine Hoch-Zeit der Zusammenarbeit zwischen meinem Mann und mir. Als ein Tun mit optimaler Rollenverteilung: Gemeinsam bemühten wir uns, vom Konkreten zum Allgemeinen vorzudringen. Was ist typisch, was nur anekdotisch, was trägt zur Strukturierung, was zur Veranschaulichung bei? Endlose Gespräche, Sichtung und Gliederung meiner Exzerpte, gelegentlich durch heftige Fehden unterbrochen: «Das kann ich nicht brauchen.» – «Es ist aber wichtig.» – «Egal, es gibt schriftstellerisch nichts her. Ich muss schließlich schreiben.» – «Mag sein, aber ich bin verantwortlich dafür, dass nichts unter den Tisch fällt, was unabdingbar dazugehört.»

Irgendwie einigten wir uns immer. Die Kapitel der Universitätsgeschichte, die sozusagen «vorab» während des Jubiläumsjahres im Rahmen des *studium generale* präsentiert werden sollten, wurden pünktlich zur jeweiligen Vorlesung fertig. Das Auditorium wurde von Mal zu Mal voller. Die Studenten gewannen Interesse an der Geschichte ihrer *alma mater* und den Umständen, unter denen ihre Kollegen in früheren Jahrhunderten studiert hatten.

Da war es ein harter Schlag, dass der Verlag, der sich zunächst sehr für das Projekt interessiert und es eine Zeitlang begleitet hatte, plötzlich zögerte. Die gut 350 Seiten lange Geschichte einer zwar zumindest zeitweilig universellen, im konkreten Geschehen jedoch auf eine sehr kleine Stadt beschränkten Institution – wer sollte sie kaufen? Die Studenten hatten, wie man wusste, nie viel Geld in der Tasche, und die «alten Herren», die *cives academici* von gestern ... nein, alle Nostalgie eingerechnet und Tübingens Aura dazugenommen: Ein solches Unternehmen durfte sich auch ein renommierter Verlag nicht leisten.

Was sollten wir dem entgegenhalten? Mit Kalkulationen hatten wir uns nie beschäftigt, und um einen Zuschuss vonseiten der Universität zu bitten kam uns nicht in den Sinn. Wir waren ziemlich ratlos und deprimiert. Damit hatten wir überhaupt nicht gerechnet, hatten uns, zugegeben, auch wenig Gedanken darüber gemacht.

Nun, noch einmal meinte es das Schicksal gut mit uns. Wie ein *deus ex machina* kündigte der Verleger Helmut Kindler seinen Besuch bei uns an. Es war, wenn ich mich recht erinnere, im Spätsommer des Jahres 1976. Er kam, wie immer, mit seiner Frau Nina. Den Anlass weiß ich nicht mehr – vermutlich ein Vor- oder Nachwort, eine Herausgeberschaft oder irgendetwas, um das er meinen Mann bitten wollte. Wir saßen auf dem Balkon, genossen die Spätnachmittagssonne und redeten. Kindler hatte große Projekte. Das machte uns Mut. Wir begannen, von unserer Universitätsgeschichte zu erzählen, um deren Publikation es – trotz der beachtlichen Vorlesungserfolge – so schlecht bestellt war.

Kindler hörte sich die Bedenken aufmerksam an. Doch dann begann er immer hingebungsvoller seinen Kopf zu schütteln. «Findest du das auch, Nina?» – Nein, Nina fand das so wenig einleuchtend wie Helmut. Zumindest verbal – aber das lernte ich erst später – spielten für das Ehepaar Kindler Auflagenhöhen bei interessanten Plänen zunächst eine bestenfalls untergeordnete Rolle. «Den Leuten fehlt ganz einfach die Phantasie.»

Und dann begann Helmut Kindler zu fragen: nach der Zahl der Studenten und der Bürger, der Frequenz der Universität seit dem Ende des Ersten Weltkriegs, nach dem Verhältnis zwischen Universität und Stadt, den Wohnungen der Professorenschaft und den Verdienstmöglichkeiten für die «Normalbürger», die nicht im Dienst der *alma mater* standen. Natürlich mussten wir ihm auch über herausragende Gelehrte, Ausflugslokale und besondere Win-

kel sowie geschichtsträchtige Gebäude unserer Stadt erzählen – die Friedhöfe nicht zu vergessen. Aber da, wie
gesagt, unser Gemeinwesen klein ist, war das recht konzentriert und übersichtlich zu leisten. Dann das erlösende
Wort: «Nina, ich denke, das machen wir.»

Und «wir» machten es. Helmut Kindler entwickelte
eine Strategie, wie ich sie noch von keinem Verleger gehört hatte. Zunächst wurde beschlossen, die Konferenz
der Verlagsvertreter nach Tübingen einzuberufen. Ich
sollte die Herren am ersten Vormittag durch die Stadt
führen und ihnen die Schauplätze der nachmittags durch
meinen Mann vorzustellenden Geschichte so anschaulich und verweisträchtig wie irgend möglich vor Augen
bringen. Die Auswahl der vorzulesenden Passagen sollte
dem Zeitraum, den unser Buch umspannte, Rechnung
tragen – von den Anfängen bis zur Gegenwart sozusagen: viel Konkretes, aber auch wichtige Interpretationen
und Erhellung von Zusammenhängen und der Kontinuität über die Zeiten hinweg. Abends dann ein geselli-
ges Zusammensein in unserem Hause, nach Möglichkeit
mit einigen «illustren» Tübingern.

So geschah es. Das Wetter, diesmal im Frühjahr, war
wiederum strahlend, die Vertreter, angeregt durch die
ungewöhnliche Preview-Form, waren ehrlich interessiert, der Abend in unserem Hause verlief freundlich,
Helmut und Nina waren zufrieden, der Erfolg der Aktion, so wie er sich nach einem Jahr in den Geschäfts-
büchern niederschlug, war überwältigend: gut 35000
Exemplare. Und der Verkauf hält an: Es gibt inzwischen

ein Taschenbuch, erschienen übrigens unter dem seinerzeit von Kindler unter Hinweis auf die absatzhemmende Wirkung einer Doppelautorenschaft entschieden verweigerten Label: Walter und Inge Jens. Jedes Semester erstehen Studenten das Buch, das sich, dank Helmut Kindlers ebenso unkonventioneller wie unerschöpflicher Einfallskraft und seinem mindestens ebenso lustvollen Mut zum kalkulierbaren Risiko, zu einem Dauerseller entwickelt hat.

Ich bin nicht «vom Fach», aber für mich wird Helmut Kindler immer einer der ganz großen, der einfallsreichen und mutigen Verleger des 20. Jahrhunderts sein. Als er uns das erste Mal besuchte, an jenem Spätsommertag des Jahres 1976, fühlten sich mein Mann und ich an Ernst Rowohlt, unseren Trauzeugen, erinnert, der mir die ersten und wichtigsten Hinweise für das eheliche Leben mit einem Schriftsteller gab. Helmut und Nina Kindler – wie auch seiner späteren Frau Maria – verdanke ich eine immer anregende, herzliche und zuverlässige Freundschaft die, zunächst durch die Verlegerverbundenheit mit meinem Mann bestimmt, sich schnell zu einer lebensumfassenden Vertrautheit entwickelte. Dieses Gefühl ist mir geblieben – auch über den Tod des Fünfundneunzigjährigen im Oktober 2008 hinaus.

Kapitel 8

WIDERSTAND UND WIDERSTEHEN

Noch einmal zurück ins Jahr 1977. Unser Buch, das dank Kindlers Risikofreudigkeit pünktlich zum Jubiläum erschienen war, endet mit einer kurzen Darstellung des grundlegenden, aber in seiner Genese sich lange vorher abzeichnenden Wandels der Institution im Jahre 1933 und einem noch kürzeren Hinweis auf den Neuanfang nach 1945. Aus vielen und, wie ich denke, guten Gründen, von denen die rechtlichen Schwierigkeiten bei der Einsicht in die Personalakten nur ein – allerdings wesentliches – Problem bildeten, haben wir damals auf eine ausführliche Darstellung der NS-Zeit verzichtet.

Da kam es mir entgegen, dass just jener damals ausgesparte Zeitraum den historischen Hintergrund für die Edition bildete, der ich mich 1978, nach Abschluss der Tübingen-Studien, als Nächstes zuwandte: Es ging um die adäquate Präsentation von Dokumenten aus dem Umkreis der studentischen Widerstandsgruppe «Die weiße Rose». Inge Scholl hatte wegen zu großer Nähe darauf verzichtet, die Zeugnisse ihrer Geschwister Sophie und Hans selbst zu edieren.

Sie kannte meinen Mann von seiner Dozententätigkeit an ihrer damals berühmten Ulmer Volkshochschule. Später hatten wir Inge und ihren Mann, Otl Aicher, bei Veranstaltung und Protesten zunächst in der Anti-Atom-, dann in der Friedensbewegung wiedergetroffen und uns mit ihnen angefreundet. Jetzt baten sie Walter, die Briefe von Inges hingerichteten Geschwistern herauszugeben. Doch auch zu dieser – im Gegensatz zu der Thomas-Mann / Ernst-Bertram-Edition wesentlich politischer akzentuierten – Arbeit konnte er sich nicht entschließen, sodass, nach einigem Zögern seitens der Scholl-Familie, die Sache zu meiner großen Befriedigung am Ende bei mir landete.

Ich erinnere mich gut an das Gefühl bei der ersten, noch unbefangenen und von Hintergrundwissen unbelasteten Lektüre. Wäre ich ein paar Jahre eher geboren, hätte ich – als angehende Medizinerin – mit den Geschwistern Scholl und ihren Freunden im gleichen Hörsaal sitzen können. Und doch: Was ich las, waren Zeugnisse von Menschen, die, obwohl nur sechs Jahre älter als ich, den Krieg und die Zeit des Nationalsozialismus völlig anders erlebt und dem Faschismus aktiv widerstanden hatten. Sie waren hingerichtet worden, weil sie in Flugblättern die Sinnlosigkeit des Krieges angeprangert, ihn verlorengegeben und, um unnötiges Blutvergießen zu vermeiden, zum passiven Widerstand, zu Boykott und Sabotage aufgerufen hatten. Sie waren Helden.

Waren sie es wirklich? – Die Zeugnisse offenbarten «normale», dem Leben zugewandte Menschen, ohne Märtyrerambitionen. Die Frage nach der Motivation ihres Tuns wurde vordringlich für mich. Was gab diesen jungen Studierenden die Sicherheit im richtigen Einschätzen der Situation, im Widerstehen und, schließlich, im Sterben? Woher hatten sie ihr Wissen? Gab es Lehrer, Mentoren, Vorbilder, denen sie nachlebten?

Der theologische Hintergrund war unübersehbar – aber ich zögerte, Religiosität und Glaubensstärke als alleiniges Erklärungsmodell gelten zu lassen. Auf der anderen Seite: Die Ablehnung des Krieges, die Erfahrungen von Unterdrückung und Grausamkeit in den von Deutschen okkupierten Ländern, von denen die Zeugnisse sprachen, teilten sie mit vielen. Warum also war gerade diese Gruppe so anders? Ich versuchte, den geistigen Biographien, den prägenden Einflüssen nachzugehen – und entdeckte Gemeinsamkeiten: Alle hatten – in irgendeiner Form – der Jugendbewegung angehört, alle waren durch ein ausgesprochenes Elitebewusstsein geprägt, das sich in erster Linie in einem dezidierten Verantwortungsgefühl des Wissenden gegenüber dem noch Unwissenden äußerte, und alle hatten bereits im Elternhaus das gelernt, was Max Kommerell aufgrund ganz anderer Erfahrungen seine Schüler zu lehren versuchte: die Unabdingbarkeit geistiger Autonomie und das Ernstnehmen der eigenen Individualität gegenüber Zwang und Vereinnahmung.

Mentoren, ein Kreis gleichgesinnter Freunde und Lektüre hatten die Heranwachsenden zu einem differenzierten Denken erzogen, das in krassem Widerspruch zum offiziell geforderten Schwarzweißurteil stand. Dazu kam das heute so schwer nachvollziehbare andere, «realisti-schere» Verhältnis der Kriegsgeneration zum Tod. An der Front und in den bombenbedrohten Heimatstädten – überall und jederzeit war ein sinnloses, zufälliges Sterben möglich ... eine Erfahrung, die Sophie Scholl in dem Diktum zusammenfasste: «Es sterben so viele dafür, es wird Zeit, dass mal einer dagegen stirbt.»

Entscheidend für das Tun aber, das zeigten die indivi-duellen Zeugnisse aller Beteiligten, war die zunächst überhaupt nicht politisch motivierte, sondern durch Übereinstimmung in den geistigen und kulturellen In-teressen sich herausbildende Freundschaft der Studenten untereinander. Erst sie gab die Sicherheit, Unrecht zu er-kennen und richtig zu handeln.

Um das zu sehen, war es unabdingbar geworden, dass ich mich weit über die mir konkret gestellte Aufgabe hin-aus – nämlich: Briefe und Aufzeichnungen der Ge-schwister Scholl zu edieren – auch mit deren Freunden, mit Willi Graf, Christoph Probst, Alexander Schmorell, und ihren älteren Mentoren beschäftigte. Was ich erfuhr, war eine erregende und mich beschämende Gegen-Ge-schichte zu meinem eigenen Erleben.

Der Versuch, durch die Arbeit mit den Dokumenten die eigenen Erfahrungen zu relativieren, war nicht leicht. Eine Annäherung an das, was damals geschehen war, wurde mir nur dadurch möglich, dass die Lebensge-schichten der Studenten, trotz der Besonderheit, Tap-ferkeit und Widerständigkeit, von denen sie Zeugnis ablegten, sich im Bereich des Unheldisch-Humanen, des

Menschlich-Verstehbaren abspielten und sich nicht ins Übermenschliche, Ohnehin-nicht-Erreichbare verflüchtigten.

An diesem Punkt ergab sich ein Dissens mit Inge und Otl Aicher-Scholl, die einen als Vorwort des Briefbandes konzipierten Essay nicht akzeptierten, in dem ich versucht hatte, eine Art Gesamtporträt des Freundeskreises «Weiße Rose» zu geben. Sie drohten, die Druckgenehmigung für die Dokumente zurückzuziehen, wenn ich dennoch auf der Publikation meines Einleitungstextes bestünde. Das war ein Schlag, von dem ich mich nur langsam erholte.

In den folgenden Wochen gab es viele harte, aber durchaus offene Diskussionen, die zwar in der Sache nichts änderten, es mir jedoch möglich machten, den Standpunkt der Hinterbliebenen jedenfalls zu verstehen, wenn auch nicht gutzuheißen. Immerhin aber lernte ich, das Schicksal von Überlebenden und ihre Form des Umgangs mit der Vergangenheit zu respektieren. Eine wichtige Erfahrung, wenn man sich mit seinen Recherchen in die Nähe der Gegenwart begibt, das heißt notwendig Interessen noch Lebender tangiert.

Aber ich tat mich schwer – schon weil ich Zensur und Verbot bis dahin als Privileg der Rechten angesehen hatte. Jetzt trafen sie mich aus den eigenen Reihen. Ich musste reagieren – und gab nach. Wenn ich mich recht erinnere, im Wissen darum, dass ein letztlich nur politisch interpretierbarer Dissens in Sachen «Weiße Rose» zwischen Menschen, die, was die Gegenwart anging, durchaus auf einer Seite standen, die Position der Friedensbewegung, der wir beide angehörten, gefährden und Wasser auf die Mühlen der Reaktion leiten würde. – Trotzdem: Das schlechte Gewissen und ein schaler Nachgeschmack blieben. Die Briefausgabe erschien ohne meinen Essay, nur mit einem kurzen Vorwort versehen, 1984 bei S. Fischer.

Eine glückliche Fügung half mir aus der Misere. Während meiner Recherchen hatte ich mich auch mit Willi Graf beschäftigt. Jetzt lernte ich – um einer neuen Dokumentation willen – seine Schwester Anneliese kennen, die gemeinsam mit dem Bruder in München studiert hatte und im Februar 1943 mit ihm verhaftet worden war. Sie zeigte mir, dass man mit dem Leben und Sterben nahestehender Menschen, selbst wenn sie nach einem sogenannten Volksgerichtshof-Urteil hingerichtet worden waren, auch anders umgehen konnte.

Anneliese Knoop-Graf hatte nach 1945, gemeinsam mit ihrem Mann, ein Internat geleitet und erst spät mit der Sicherung und Sichtung des brüderlichen Nachlasses begonnen. So spät, dass kein Verleger mehr recht interessiert war an den von Freunden mühsam gesammelten Briefen und dem zufällig geretteten Tagebuch ihres Bruders.

Die Ungleichheit der Gleichen gerade auf diesem Felde empörte mich ebenso wie die inzwischen bereits selbstverständlich gewordene Identifizierung der «Weißen Rose» ausschließlich mit den Geschwistern Scholl, und ich beschloss, ihr, soweit es in meinen Kräften stand, entgegenzuwirken durch eine Gesamtedition, die jeden der Freunde in einem gleich ausgestatteten Band vorstellen sollte. Der Fischer Verlag erklärte sich ohne Zögern einverstanden mit diesem Plan.

In Anneliese Knoop-Graf fand ich meine erste Verbündete, dazu eine Partnerin, die nicht nur die nach so vielen Jahren oft sehr schwierigen Recherchen im Freundeskreis ihres Bruders übernahm, sondern auch bereit war, nicht ins Bild passende, unbequeme, gelegentlich auch schmerzhafte Erkenntnisse vorurteilslos zu akzeptieren und die eigene Position dem Geschehen gegenüber wieder und wieder zu reflektieren. Gemeinsam lasen wir – dank Genehmigung von allerhöchster Stelle: Die Saarländerin Anneliese Knoop-Graf hatte den Saarländer Erich Honecker um Erlaubnis gebeten, die in Ostberlin lagernden Verhör- und Hinrichtungsprotokolle einsehen zu dürfen, und wir erhielten sie postwendend, ohne jede Auflage ... gemeinsam also lasen wir im Zentralen Partei-Archiv der DDR die Gestapo-Akten. Der Taxifahrer am Bahnhof Friedrichstraße zeigte sich übrigens nicht begeistert: «Parteizentrale – keine gute Adresse.» Wir mussten ihm erst unsere Geschichte erzählen, damit er uns dorthin fuhr.

Die Erfahrung der gemeinsamen Lektüre und des Dialogs als Teil der Arbeit war neu für mich. Sie erwies sich als äußerst sinnvoll und bereichernd durch die Verbindung der Position einer Zeitzeugin mit der Sicht derjenigen, die ihr Wissen nur aus Akten und Dokumenten bezog. Sie machte mich sensibler für die politischen Probleme der

Gegenwart und führte fast zwangsläufig zu einer Auseinandersetzung mit Themen wie «NATO-Doppelbe-
schluss», «Waffenexport» oder «Totrüsten der Dritten
Welt», die nicht ohne Auswirkungen auf mein Engagement in der Friedensbewegung blieb.

Dabei war mir allerdings durchaus klar, dass es keine
direkte Gleichsetzung von Problemen eines Rechtsstaats
mit den Machenschaften einer Diktatur geben konnte
und dass sich ein Analogieschluss, wie er damals gelegentlich von historisch unbewanderten Aktivisten vorgenommen wurde, von vornherein verbot.

Dennoch: Durch die Arbeit waren mir gewisse Verhal-
tensweisen begründ- und erlernbar geworden. So hatte
ich zum Beispiel gesehen, dass sich Verantwortung für ein
Gemeinwesen unter bestimmten Bedingungen – auch in
der Demokratie – nur in der Nonkonformität und im
zivilen Ungehorsam äußern kann. Die Beschäftigung
mit dem studentischen Widerstand ermöglichte es mir,
meine Kindheitserfahrungen und das subjektive Fazit
«Nie wieder Krieg» gemeinsam mit Gleichgesinnten in
öffentliches Handeln umzusetzen: Stichwort «Mutlangen».

Mutlangen, der Name des kleinen, unweit von Schwäbisch Gmünd am Rande der Ostalb gelegenen Ortes,
steht stellvertretend für den von Millionen Bundesbür-
gern getragenen Protest gegen die Lagerung von mit
Atomsprengköpfen bestückten US-Kurz- und -Mittel-
streckenraketen in Deutschland. Die Entschlossenheit,
dieser neuen Bedrohung weithin sichtbar entgegenzutre-

ten, hatte – zumal nach der Unterzeichnung des sogenannten NATO-Doppelbeschlusses im Dezember 1979
und später, 1983, dann im Vorfeld der Bundestagsent-
scheidung über die Stationierung der Pershingraketen –
weite Bevölkerungskreise in Ost und West ergriffen.
Erstes unübersehbares Zeichen dieser neuen, auf die
Tradition des zivilen, also gewaltlosen Widerstands ver-
pflichteten Friedensbewegung in Süddeutschland war
der Ostermarsch im April 1981 zum Truppenübungsplatz
Großengstingen, gleichfalls am Rande der Schwäbischen
Alb, unweit der Burg Lichtenstein gelegen. Hier lagerten
bereits Sprengköpfe für Lance-Kurzstreckenraketen. Der
Protest blieb weitgehend friedlich, wenngleich sich
einige Akteure vor dem Haupteinfahrtstor zusammen-
ketteten.

Ein Jahr später waren es bereits 3000 Demonstranten.
Man begann, Absprachen über die verschiedenen Formen
des Protests und über den organisatorischen Ablauf solcher Großveranstaltungen zu treffen, deren Schwer-
punkte sich ab 1983 nach Mutlangen verlagerten. Das
Areal unweit von Schwäbisch Gmünd war als Stützpunkt
für die neuen, weiter reichenden Raketen, die Pershings II,
vorgesehen. Im November 1983 sollte der Bundestag sein
Plazet für die Stationierung geben. Was war näherliegend,
als zu versuchen, die Argumente gegen diese Pläne in
möglichst vielen und vielfältigen Aktionen sinnfällig und
überzeugend möglichst vielen Mitbürgern zu vermitteln?

Walter war bereits im Dezember 1979 auf dem Parteitag der SPD in einer fulminanten Rede für eine Ableh-

nung der Sicherheitspolitik von Helmut Schmidt eingetreten. Die Delegierten hatten ihm zugejubelt – und
dann für ihren Vorsitzenden gestimmt. Jetzt bot sich Gelegenheit, dem Protest noch einmal Nachdruck zu verleihen. Natürlich machten wir mit.

Wir waren auch stolz darauf, gemeinsam mit Freunden helfen zu können, dass sich die Menschenkette zwischen Stuttgart und Ulm am 22. Oktober 1983 tatsächlich
schloss: eine, wie ich später in der Zeitung las, 108 Kilometer lange «Handreichung» von Gleichgesinnten, die
auf diese Weise ihr NEIN zur Stationierung der Raketen
eindrucksvoll bekundeten.

Die Teilnahme an der Menschenkette gehört zu den
mir liebsten Erinnerungen an die Zeit unserer Friedens-
bemühungen. Die Aktion endete mit einem Gottesdienst im Ulmer Münster, den wir, um den letzten Zug
nach Hause zu erreichen, vor Ende – also auch vor dem
abschließenden gemeinsamen Abendmahl – verlassen
mussten.

Am Ausgang standen bereits die Helfer mit den großen Brotkörben. «Habt ihr Hunger?», fragte ein junger
Pfarrer. «Hier, esst.» Ich glaube, dass ich in diesem
Augenblick zum ersten Mal wirklich Zugang zu dem mir
bis dahin eher fremden Ritual gefunden habe.

Im Allgemeinen aber ging es recht weltlich zu bei unseren Aktionen. Es gab, wenn auch ungeschriebene, so
doch eherne Gesetze, die eingehalten werden mussten.
Erst dann bekamen auch Spontaneität und Einfallsreichtum ihren Raum.

Die in Mutlangen gängige Protestform waren Sitzblockaden, die oft nur symbolisch blieben, weil es keine aus- und einfahrenden Fahrzeuge und auch keine Transporte gab, die wir hätten behindern können. Doch das spielte keine Rolle. Was zählte, war das sichtbare Zeichen unseres Widerstandswillens gegen das Vernichtungspotenzial, das da höchst konkret auf uns zurollte.

Manchmal aber konnten wir realiter «handeln», wenn auch nur mit vorübergehendem Erfolg: Die Wagen der Raketenbewacher mussten halten, bis man uns «Blockierer», die wir vor den Einfahrtstoren saßen, «weggeräumt» hatte. Anlässlich der Bilder und Texte, die kürzlich – zum Gedenken an den 25. Jahrestag der sogenannten Prominentenblockade vom 1. September 1983 – durch die Presse gingen, ist mir diese Zeit wieder sehr präsent geworden.

Aus dem Abstand heraus wirkte das, was ich las, freundlich – gelegentlich ein bisschen befremdlich, vielleicht sogar komisch und manchmal fast unzulässig idyllisch. Aber es deckte sich mit meinen vorwiegend positiven Erinnerungen. Auseinandersetzungen mit der Polizei, Zwangsräumungen, drohend erhobene Schlagstöcke oder gar tätliche Auseinandersetzungen scheint es – zumindest in der Rückschau der heutigen Journalisten – nicht gegeben zu haben da oben auf der Alb in Mutlangen. Doch auch mein Gedächtnis hat derartige Bilder höchstens als Ausnahmen gespeichert. In der Erinnerung dominiert die Friedfertigkeit. Verklärt der Abstand die damaligen Proteste?

Ich glaube es nicht. Natürlich kann ich nur von meinen eigenen Erfahrungen sprechen. Ich weiß, dass andere anderes erlebt haben, dass es auch in Mutlangen Aktivisten gab, die weithin sichtbare Zeichen setzen wollten und bewusst mit Gewalt agierten. Aber dennoch bestätigt sich auch in der Rückschau mein damaliger Eindruck, dass Mutlangen etwas Besonderes war und sich die Proteste dort in mehr als einer Hinsicht von anderen Aktionen unterschieden. Spielte die Landschaft eine Rolle? Der viele Platz, der weite Blick? Waren wir musisch orientierter oder, was die Formen des Protestes anging, auf lustige Weise einfallsreicher, weniger fanatisch als unsere Verbündeten an anderen Orten?

Vielleicht. Ganz sicher aber waren wir besser «trainiert». Konsequenter noch als anderswo galt in Mutlangen das Gesetz, dass der Einzelne seine Intentionen und Fähigkeiten nur im Verbund mit anderen, zwar gleich Gesinnten, aber doch verschieden Gearteten, angemessen zur Geltung bringen könne. Nicht aufsehenerregende Taten einzelner Aktivisten, sondern friedliches, aufeinander abgestimmtes Handeln von Bezugsgruppen, so die Überzeugung, verbürge die Möglichkeit, weite Kreise der Bevölkerung von der Legitimität unseres Tuns zu überzeugen und ihnen klarzumachen, dass diese Waffen nicht nur andere, sondern in gleicher Weise sie selbst und ihre Kinder bedrohten.

Und darauf kam es uns an. «Wir», unsere «Bezugsgruppe» also: Das waren zunächst einige Professoren der Tübinger Universität, zum Teil mit ihren Frauen, ein Sozialarbeiter-Ehepaar sowie einige Jüngere, die einander von gelegentlichen bürgerrechtlichen Engagements her kannten. Jetzt einte uns der Wunsch, möglichst wirkungsvoll gegen eine Entwicklung zu protestieren, die in unser aller Augen eindeutig gegen das Friedensgebot des Grundgesetzes verstieß. Einige von uns hätten sich am liebsten sofort in ihr Auto gesetzt, um ihrer Überzeugung «Von deutschem Boden darf nie wieder Krieg ausgehen» durch den sichtbaren Protest «vor Ort» Nachdruck zu verleihen. Doch auch wir, eine allein schon durch die Verschiedenartigkeit von Alter, Beruf und sozialem Renommee ungewöhnliche Gruppe von durchweg recht ausgeprägten Individualisten, hatten uns den inzwischen vor Ort erfolgreich erprobten Ritualen zu unterwerfen. Das heißt, auch wir mussten uns zunächst als Bezugsgruppe organisieren und mit Hilfe von Argumentationsübungen und Rollenspiel in die Techniken des gewaltlosen Widerstands einweisen lassen.

Ich muss gestehen, dass ich diese Initiations-Rituale anfangs sehr komisch und eher ein wenig peinlich fand, mich nach und nach aber doch von der Sinnhaftigkeit der propädeutischen Aktivitäten überzeugte, deren Ergebnisse mir später mehr als einmal auch in anderen Situationen hilfreich waren – und das durchaus nicht nur in Mutlangen. Ich habe, das kann ich aus dem Rückblick von 25 Jahren ohne Übertreibung sagen, aus den damals eher belächelten Unternehmungen viel für mein Verhalten gegenüber und den Umgang mit fremden Menschen gelernt.

Doch zurück in die achtziger Jahre, da wir als ordnungsgemäß trainierte Gruppe an verschiedenen Aktionen in Mutlangen teilnahmen, die bei aller Ritualisierung des Prozedere immer wieder anders verliefen. Dem Einfallsreichtum waren keine Grenzen gesetzt, solange die Grundregeln des friedlichen Umgangs miteinander respektiert wurden. Die Gruppen kamen von überall her. Die Vielfalt ihrer Protestformen beeindruckte mich, und noch heute denke ich nicht ohne Bewegung an die Senioren, die sich Plakattafeln umgehängt hatten, auf denen man lesen konnte, im Namen von wie vielen Kindern, Enkeln und Urenkeln sie hier protestierten, oder an die sehr jungen Musiker, die den Aufrüstungswahnsinn durch die Präsentation von Liedern aus jenen Regionen sinnfällig machten, die in Reichweite der Mutlanger Raketen lagen. Mir fallen die in manche Gruppen integrierten Schriftsteller und Schauspieler wieder ein, die neben modernen auch jahrhundertealte Friedenstexte lasen, deren Aktualität uns schaudern machte, und ich denke, wenn ich «Mutlangen» höre, immer auch an die «Gottesdienste am Zaun», bei denen katholische Priester und evangelische Pastoren auf der Verpflichtung aller Menschen bestanden, Gottes Schöpfung vor der Hybris der Mächtigen zu bewahren und den Nachgeborenen eine Welt zu hinterlassen, in der sie leben können.

Eintönig, das ist sicher, ging es – zumindest an den Wochenenden und bei größeren Aktionen – nie zu. Ehe man sich *in corona* auf den Zufahrtsstraßen vor den Toren der Depots niederließ, suchte man zunächst einmal höchst privat nach Freunden oder Gruppen, deren Profil einen interessierte. Ich persönlich bewunderte auch die Organisation der Kinderbetreuung in wohlüberlegter Entfernung zum Ort des eigentlichen Geschehens, die jungen Eltern jedenfalls zeitweilig die Teilnahme an den offiziellen Aktionen ermöglichte, und ich erlebte zum ersten Mal einen beeindruckend unkomplizierten Umgang mit Behinderten, die, soweit ich es verfolgen konnte, nie der elterlichen Fürsorge allein überlassen blieben.

Fremde, Nichteingeweihte mussten, zumal bei schönem Wetter, zunächst unweigerlich den Eindruck gewinnen, in ein Volksfest geraten zu sein. Und doch war alles sehr wohl geordnet – dank der generalstabsmäßigen Planung der Diensthabenden in der Pressehütte, die, so mein Eindruck, nur äußerst selten den Überblick verloren und meistens sehr genau wussten, wo sich welche Gruppe gerade befand, wo alles glattlief und wo es «brannte».

Gelegentlich – vor allem, wenn es regnete – waren nur wenige Akteure vor Ort. Der Boden war nass und das Ambiente höchst ungemütlich. An solchen Tagen bewährten sich unsere Campingstühle und die Capes, die groß genug waren, um beides, Stuhl und Blockierer, einigermaßen zu schützen. Dennoch hofften wir noch intensiver als an trockenen Tagen, dass Militärfahrzeuge auf «unserer» Straße Durchfahrt fordern würden. Trotz aller Sinnhaftigkeit der Dinge, mit denen wir uns und unseren Mitstreitern die Wartezeit vertrieben, waren unsere

Aktionen im Grunde doch darauf ausgerichtet, dass die Zufahrtswege irgendwann durch die Polizei «geräumt», das heißt die auf ihnen Sitzenden vorübergehend in Gewahrsam genommen, «zur Feststellung der Personalien», wie es im Amtsdeutsch hieß, vorgeführt und später vor Gericht gestellt wurden. Denn dass die Stationierung oder auch nur eine Bewegung der Raketen verhindert werden könnte, indem wir ein paar Fahrzeugen für ein paar Minuten die Lager-Einfahrt verwehrten, haben wir uns niemals eingebildet. Erst die öffentliche und vom Interesse der Medien begleitete Verhandlung vor einem ordentlichen Gericht würde uns die Möglichkeit geben, unserem in Mutlangen notgedrungen aufs symbolhaft Gestische beschränkten Protest durch Plädoyers Nachdruck zu verleihen, in denen wir unser Anliegen verbal, mit Hilfe von Argumenten vertreten und uns gegen die ehrenrührige Behauptung wehren konnten, aus «verwerflichen Motiven» gehandelt zu haben.

Ja, wir glaubten an die Kraft unserer Argumente und vertrauten – wenn auch gelegentlich zweifelnd, so doch im Letzten unbeirrt – darauf, dass sie sich durchsetzen würden, wenn es uns denn gelänge, sie einer unübersehbar größer werdenden Öffentlichkeit zu vermitteln. Aus diesem Grunde gaben wir uns viel Mühe mit unseren Plädoyers und Aussagen vor Gericht.

Zum Zweck der Sensibilisierung und der Mobilisierung von immer mehr Menschen entstanden aber auch ganz andere Ideen, zum Beispiel der Einfall, die vielen prominenten Sympathisanten der Friedensbewegung,

Meine Verteidigungsrede vor Gericht
im Mutlangen-Prozess

Ich bin Jahrgang 1927. Meine nachhaltigsten Erlebnisse
waren Kriegserlebnisse. Keine besonderen – mehr solche, wie sie unzählige Menschen damals hatten, Alltagserlebnisse, aber Eindrücke, die mir als Erinnerung blieben.

Erinnerung, zum Beispiel, an die Frau in Hamburg-Harburg. Sie kam aus Eimsbüttel im Juli 1943. Ich wollte ihr
ein schweres Bündel abnehmen und zum Zug tragen. Sie
fuhr mich an: «Rühren Sie mein Kind nicht an.» Es war
tot, sie trug es, in ein Leinentuch geknüpft, wie einen
Sack über der Schulter.

Oder an den Soldaten, dem man Urlaub gegeben hatte,
damit er nach den Angriffen nach seiner Familie schauen
konnte. Er hatte nur noch Trümmer gefunden. Jetzt
stand er vor mir in der Vermißtenstelle. «Fräulein, ich
gehe nicht eher weg, als bis Sie mir sagen, wo meine Frau
mit den Kindern ist.»

Oder an Willi – 15 Jahre alt war er, als man ihn aus einem
Lazarettzug vom Rheinland in unser Krankenhaus
brachte. Ich reichte Skalpell, Säge und Tupfer, als man
ihm das Bein aus der Hüfte amputierte. Später half ich,
seine Verbände zu wechseln, und blieb manchmal bei
ihm. Er redete mit mir, weil wir fast gleichaltrig waren.
Er hatte Jockey werden wollen.

Ich kann das alles nicht vergessen, obwohl es, wie gesagt,
keine Situationen von besonderer, mich an Leib und Leben bedrohender Dramatik waren. So etwas hieß Kriegsalltag, Kriegs-«Normalität», so wie die ewigen Nächte

im Keller mit der immer neuen Todesangst auch die Regel waren.

Für mich aber reichten diese Erlebnisse aus, um zu erkennen: Dieser Krieg muß der letzte sein. Es darf keinen weiteren geben. Nie wieder darf Menschen eingeredet werden, es sei ihre patriotische Pflicht, andere Menschen zu töten, zu verstümmeln, heimatlos zu machen. Gerade angesichts des sogenannten normalen Kriegsalltags begriff ich – 16- bis 18jährig – ein für allemal, wohin es führt, wenn Menschen sich anmaßen, Mitmenschen zu Feinden zu erklären – und aufgrund dieser Erkenntnis entschied ich mich für einen konsequenten Pazifismus. Pazifismus – das Wort bezeichnet für mich zunächst die Fähigkeit, sich in andere hineinzudenken, und den Versuch, sie in ihrem Anderssein zu verstehen, anstatt ihnen Gewalt anzutun. Pazifismus fordert den Abbau des Freund-Feind-Denkens und immerwährendes Sichmühen, den anderen zu achten; nie in ihm den Feind, sondern allenfalls den politischen Gegner zu sehen, der vielleicht ein Freund von morgen ist. Pazifismus heißt für mich darum auch, in der gegenwärtigen Situation immer wieder öffentlich daran zu erinnern, daß wir in Mutlangen nicht hätten demonstrieren können und daß wir beide, Herr Richter, uns nicht in einer – wie immer gearteten, aber doch gewiß nicht inhumanen – Atmosphäre eines zumindest subjektiv fairen Gerichtsverfahrens gegenübersitzen dürfen ... daß das nicht möglich gewesen wäre, wenn nicht neben Millionen von Johns und Henrys auch Millionen von Pjotrs und Alexejs im Kampf gegen die deutschen Usurpatoren ihr Leben gelassen hätten.

Ohne sie – und das verpflichtet mich, im Rahmen meiner Möglichkeiten dafür zu sorgen, daß jedenfalls ihre Kinder und Enkel leben dürfen –, ohne sie säße mir heute statt des Richters O., der mich anhört, ein Mann in rotem Talar unter dem Hakenkreuz gegenüber, der mich zur Ordnung riefe und wahrscheinlich (ich habe Briefe von Studenten der «Weißen Rose» ediert) dem Henker überlieferte.

Pazifismus, ein letztes Mal, verpflichtet mich, niemals zu vergessen, daß so, wie die Angehörigen der Heilbronner Pershing-Opfer jetzt um ihre Kinder trauern, auch russische Mütter damals um ihre Söhne weinten. Und mein Bekenntnis zum Pazifismus fordert von mir, immer wieder darauf hinzuweisen, daß jenseits der Grenzen unseres Bündnisses nicht verworfene Feinde, nicht Inkarnationen des Bösen, sondern Menschen leben, die Angst haben wie wir – und wieviel Angst, gerade vor den Pershings, das habe ich bei unseren häufigen Besuchen in der DDR erfahren.

Um diese Situation konkret sichtbar zu machen, habe ich in Mutlangen demonstriert und halte ich hier mein Plädoyer – mit dem Ziel, im Rahmen meiner bescheidenen Möglichkeiten durch Zeichen setzende Aktionen dem Freund-Feind-Denken Einhalt zu gebieten.

Nötigung, Herr Richter? Nötigung dazu noch mit Gewalt und aus verwerflichen, weil die Zweck-Mittel-Relation anders bewertenden Motiven? Nein und nochmals nein!

Ist es Nötigung, zu versuchen, durch symbolische Aktionen Menschen zu differenziertem Nachdenken zu veranlassen über Gefahren, denen, wenn überhaupt, nur durch radikales Umdenken zu begegnen ist? Ist es Nötigung, wenn ich in Mutlangen, strikt gewaltlos, nicht etwa *gegen* Feinde, sondern *für* die Ausweitung einer Diskussion mit Menschen agiere, von denen ich annehme, daß sie so gut wie wir primär und unter allen Umständen Frieden wünschen?

Und zu diesen Menschen rechne ich auch die amerikanischen Soldaten, mit denen ich mich – neben anderem – durch einen demokratischen Grundkonsens verbunden weiß. Einen Konsens, der sie meiner Meinung nach befähigt, unsere Aktionen zu verstehen, und sie davor bewahrt, eine kurzfristige Behinderung ihrer Fahrzeuge als Versuch mißdeuten zu müssen, ihnen unseren Willen aufzuzwingen.

Ist es schließlich Nötigung, wenn ich im Rahmen von Aktionen, die dazu helfen sollen, die öffentliche Diskussion um eine Entwicklung zu befördern, die in unser aller Leben eingreift und droht, irreversibel zu werden ... ist es Nötigung, wenn ich im Rahmen solcher Aktionen zunächst einmal *meine* Sicht der Dinge demonstriere und zu zeigen versuche, daß es längst nicht mehr darum geht, Frieden, Freiheit und Gerechtigkeit zu erhalten, sondern zunächst einmal darum, sie wiederherzustellen?

Eine Situation, in der die Hochrüstung zur Wahrung meines Besitzstandes – auch an Freiheit, ich weiß – alle zwei Sekunden ein Kind tötet, ist keine Friedenssituation!

Und deshalb, Herr Richter, habe ich, wenn ich als Pazifistin glaubwürdig bleiben will, die Pflicht, mitzuhelfen, daß das Bewußtsein von der moralischen Schuld aller rüstenden Nationen, also auch unserer eigenen, wach bleibt

und als ein – mir persönlich sehr wichtiger – Aspekt in die
Diskussion eingeht. Das heißt aber nicht, daß ich meine
Meinung anderen aufzwingen werde. Ich weiß, daß
Zwang und Gewalt nur Wut und Gegengewalt hervor-
rufen können, und ich vertraue deshalb lieber der Kraft
des Arguments.

Ich glaube, natürlich, daß ich die besseren Argumente
habe in dieser Auseinandersetzung: Sonst könnte ich sie
nicht führen. Und ich hoffe selbstverständlich, mit diesen
Argumenten die Entscheidungsprozesse meines Landes
zu beeinflussen, also dazu beitragen zu können, daß es
einer öffentlichen Debatte, in der auch meine Sicht der
Dinge ernst genommen wird, schließlich gelingt, eine
Entwicklung, die ich für menschheitsbedrohend und
moralisch verwerflich halte, politisch zu verhindern.

Auf diese Hoffnung gründe ich die demokratische Legitimation meiner Handlungsweise, die für mich allerdings
auch dann berechtigt wäre, wenn sich meine Hoffnung
nicht erfüllte. Erfolg wäre in diesem Fall zwar lebensnot-
wendig (in der genauen Bedeutung des Wortes) – für
mein Tun aber kein moralisches Kriterium. Ich bin
überzeugt, bei all meinem Handeln niemals die Ebene der
Diskussion und des Argumentierens verlassen zu haben.
Auch meine Teilnahme an den Sit-ins vor dem Mutlanger
Tor – das Wort «Blockade» würde ich genauso wie die
Bezeichnung «Umzingelung» wegen der für mich zu großen Nähe zum Militanten gern aus dem Sprachschatz
der Friedensbewegung streichen –, meine Teilnahme also
an den Sit-ins in Mutlangen war in meinen Augen auch
den amerikanischen Soldaten gegenüber keine Nötigung,
sondern ein Reden mit Hilfe von Zeichen, ein Akt gesti-

scher Argumentation auf symbolischer Ebene, von dem
ich wußte, daß mein Gegenüber in der Lage sein konnte,
es in seiner Intention zu verstehen und zu respektieren.
Also nicht: Beugung eines freien Willens mit rechtswid-
rigen Mitteln, sondern ein dem Auch-Adressaten ver-
stehbarer Appell, die eigene Position zu überdenken – ein
Appell, wie ich ihn meinerseits auch von dem Handeln
der jungen Polizisten ausgehen spürte, als sie mich aufforderten, mit ihnen zu gehen.
Wir haben viel miteinander geredet, im nachherein. Für
mich, am 24. Juni 1984, ein erstes Zeichen·dafür, daß wir
vielleicht doch – entgegen den bisher vom Gericht gefäll-
ten Urteilen – auf dem richtigen Weg sind.

*Gehalten am 21. Januar 1985 vor dem Amtsgericht Schwäbisch
Gmünd*

von denen die meisten allerdings nicht in die vor Ort
agierenden Bezugsgruppen integriert waren, zu einem
besonderen Treffen nach Mutlangen einzuladen und sie
zu bitten, jedenfalls für ein paar Stunden – besser noch
für ein ganzes Wochenende – an den Aktionen «am
Zaun» teilzunehmen. Der Gedanke überzeugte vor allem
unter dem Aspekt der medialen Aufmerksamkeit, die
einem solchen Unternehmen sicher sein würde. Er berei-
tete den Verantwortlichen allerdings auch nicht geringe
Schwierigkeiten, denn in Mutlangen galt nun einmal das
eherne Gesetz, dass nur in Bezugsgruppen blockiert werden dürfe. Ausnahmen für Prominente waren in diesem
Punkt so wenig vorgesehen wie eine Sonderbehandlung

berühmter Zeitgenossen überhaupt. Und doch blieb die Idee verführerisch. So einigte man sich – dem *genius loci* entsprechend – auf einen Kompromiss: Prominente sollten willkommen sein – sofern sich denn genug Gruppen bereitfänden, sie kurzzeitig zu adoptieren. Und von den Gästen wiederum erwartete man, dass sie die Gesetze ihrer Gastgruppe akzeptieren und sich ihnen entsprechend verhalten würden.

So geschah es. Mein Mann und ich wurden, wie ich kürzlich aus der Zeitung erfuhr, der Gruppe «Unkraut» zugeteilt. Warum wir nicht in unserer Gruppe bleiben konnten, ob sie während dieser Tage gar nicht in Erscheinung trat, kann ich nicht mehr sagen. Ich weiß vom Prozedere fast nichts mehr und kann nur rückschließen, dass man es mit den Ritualen *in praxi* so streng denn auch nicht nahm.

Sehr gut erinnere ich hingegen noch, dass man, als wir frühmorgens in Mutlangen eintrafen, mehr den Eindruck hatte, in ein großes Klassentreffen denn in die Vorbereitungen zu einer politischen Demonstration geraten zu sein. Überall Freunde und Bekannte, nicht selten als Ehepaare: Heinrich Albertz, der meinem Mann schon von weitem mit seinem Asthma-Inhalator zuwinkte, Heinrich Böll, am Stock schwer gehend, mit Annemarie, Helmut Gollwitzer, Dorothee Sölle und Fulbert Steffensky, Ingeborg Drewitz, Horst-Eberhard Richter und Bob Jungk, ich glaube, auch Klaus Staeck und Günter Grass, Petra Kelly und Gerd Bastian ... ich weiß es nicht mehr genau. Sicher erinnere ich Inge Scholl und Otl Aicher aus Ulm, meinen alten Kommilitonen Erhard Eppler, Dietmar Schönherr, Barbara Rütting und Dieter Hildebrandt ... und, und, und. Jedenfalls: Es waren sehr, sehr viele gekommen, und ich kann nur hoffen, dass irgendeiner in der Pressehütte «Protokoll» geführt hat.

Obwohl wir recht früh morgens, ich schätze, es wird gegen sieben Uhr gewesen sein, in Mutlangen ankamen, machten einige der Freunde bereits einen etwas müden Eindruck. Sie hatten eine lange Nacht in nicht immer unbedingt komfortablen Unterkünften – zum Teil in Zelten – sowie den offiziellen «Anmarsch» auf die Depots hinter sich, der pünktlich um 4.45 Uhr begonnen hatte. 4.45 Uhr: eingedenk des zu dieser Zeit beginnenden Überfalls der Deutschen auf Polen am 1. September 1939. (Hitlers Gebrüll: «Ab heute 4.45 Uhr wird zurückgeschossen», werde ich bis an mein Lebensende nicht vergessen.) Die Freunde, wollte ich sagen, hatten bereits einiges hinter sich. Da so eine Nacht im Heu oder Stroh jedoch für meinen Mann als schweren Asthmatiker völlig unmöglich gewesen wäre, kamen wir erst jetzt und fuhren auch an den drei für die Aktionen vorgesehenen Tagen abends, bei Einbruch der Dunkelheit, nach Tübingen zurück, um uns wenig später, vor Tau und Tag, wieder nach Mutlangen zu begeben. Ein Privileg, das uns von manchen Veranstaltungen ausschloss – aber von niemandem geneidet und von den meisten Teilnehmern sowie von den in großer Zahl anwesenden Medienleuten auch gar nicht bemerkt wurde.

«Blockiert» wurde in mehreren Schichten rund um

die Uhr. Wenn ich mich recht erinnere, dauerte jede Sitz-aktion ungefähr fünf Stunden. Wie immer verbrachten wir diese Zeit mit Lesungen, Liedern, Diskussionen und privaten Unterhaltungen.

Einziger, allerdings prägender Unterschied war die mediale Begleitung, die sich zudem recht abwechslungs-reich gestaltete. Die Fotografen zogen mit Weitwinkel-Objektiven von Gruppe zu Gruppe und bemühten sich wacker, nicht nur die Stars, sondern auch die Atmo-sphäre ins Bild zu bannen, in die die Aktionen eingebun-den waren: Stacheldraht und hohe Zäune, bärtige oder pittoresk gewandete Zuhörer, möglichst noch ein oder zwei die besondere Situation spiegelnde prominente Ge-sichter. Die Printmedien-Reporter setzten sich einfach zu uns, hörten zu, stellten – gelegentlich auch provozie-rende – Fragen und versuchten, sich zu integrieren. Das war auch nicht besonders schwer in diesen Tagen, in de-nen sich die strenge Bezugsgruppenstruktur ja ohnehin etwas gelockert hatte. Die meisten Pulks waren trotz aller vorgängigen Organisation recht spontan sich verän-dernde Menschenansammlungen, die immer auf einen Mittelpunkt hin orientiert waren. Auf dieses Zentrum richteten sich denn auch die zahlreichen Kameras, was indes wenig störte. Schwierig wurde es nur, wenn die Tontechniker O-Töne wollten. Ihre mikrophonbewehr-ten «Galgen» irritierten und wurden dementsprechend auch nicht lange geduldet.

Es war – das erinnere ich noch genau – herrliches Wet-ter an jenem Wochenende. Die Sonne versöhnte mit der nächtlichen Kälte, die Stimmung war freundlich, die prominenten Demonstranten durften sich beachtet, die vielen sonstigen Blockierer und sogar die aus purer Neugier gekommenen Gäste ernst genommen und willkommen fühlen.

Auch wenn in diesen Tagen nicht «geräumt» und «vorübergehend festgenommen» wurde – so viel politische Klugheit, vielleicht auch einen Rest von Scham oder einfach nur Angst vor den Folgen zeigten unsere Regierenden denn doch –, waren die Auswirkungen der Aktion schon vor Ort von Tag zu Tag unübersehbarer geworden. Die «Promiblockade» – kein Zweifel – machte bereits während ihres Verlaufs deutlich, dass der öffentliche Widerspruch gegen die Raketen-Stationierung keine Sache fanatisierter Minderheiten oder revoltierender Studenten, sondern eine im umfassenden und besten Sinn des Wortes nationale Angelegenheit war.

Buchstäblich über Nacht war «Mutlangen» von einem allenfalls bei Militärstrategen und Friedensgruppen in Süddeutschland bekannten Ortsnamen zum Symbol einer bundesweit gewaltfrei agierenden Opposition geworden; Sammelbegriff für einen alle gesellschaftlichen Gruppen integrierenden, kontinuierlichen und betont friedlichen Widerstand gegen die atomare Aufrüstung und die damit verbundene Militarisierung aller Daseinsbereiche. Mutlangen, so kann man mit Fug und Recht formulieren, das hieß: lebenszugewandter Protest gegen die todbringenden Sprengköpfe unter Berufung auf die im Grundgesetz festgeschriebene besondere Friedenspflicht aller Deutschen in Ost und West. Denn das dreitägige Treffen der Promis Anfang September 1983 wirkte über die deutsch-deutsche Grenze hinaus; und auch wenn die Protestbewegung in der DDR – der dortigen Situation entsprechend – andere Aktionsformen wählen musste, hat das demonstrative Engagement der Prominenz bei uns das Selbstbewusstsein der Friedensgruppen «drüben» sehr wohl gestärkt und ihren Handlungsspielraum erweitert.

In diesem Zusammenhang fällt mir wieder eine kleine, sehr private Geschichte von einer meiner Visiten im Raketenlager Großengstingen ein. Gegen Ende der achtziger Jahre besuchte uns – meinen Mann und mich – in Tübingen Pfarrer Friedrich Schorlemmer aus Lutherstadt Wittenberg/DDR. Es war seine erste Reise in die Bundesrepublik, und er bat mich, mit ihm nach Mutlangen zu fahren. Da wir zeitlich etwas beengt waren, schlug ich ihm eine Visite im näher gelegenen Großengstingen vor, wo wir das Lager umrunden könnten und er auch einen guten Eindruck von Stacheldraht, Wachtürmen und den «normalen», unspektakulären, aber ständig präsenten Protestformen gewänne.

Gesagt, getan. Was ich indes nicht kannte, war Schorlemmers Leidenschaft fürs Fotografieren. Er brachte es trotz meiner recht inständigen Bitten nicht fertig, seinen Apparat im Auto zu lassen, versprach mir allerdings, während unseres Spaziergangs nicht zu knipsen – und hat es auch nicht getan. Dennoch geschah, was voraussehbar gewesen war. Der fotoapparatbewehrte Wanderer wurde nebst Begleitung von Turm zu Turm gemeldet und jede unserer Bewegungen aufmerksam registriert. Aber man hinderte uns nicht am Weitergehen. Als wir jedoch die Runde beendet hatten und den Feldweg zum Parkplatz zurückschlenderten, kam ein Jeep aus dem Lager hinter uns her, während uns ein zweiter, entgegenkommender Wagen den Weg nach vorn abschnitt.

Aus jedem Auto stieg ein deutscher Polizist. Ich bat Schorlemmer, mich die Unterhaltung führen zu lassen, sagte den beiden, dass ich sie erwartet hätte, weil ich natürlich genau wisse, dass Fotografieren verboten sei, erklärte ihnen, wer Schorlemmer war und warum er sich nicht habe von seinem Apparat trennen können. Ich könne aber garantieren, dass er nicht fotografiert habe. Sollten sie den Film fordern, bäte ich, ihn in einer Dunkelkammer herauszunehmen, weil unser Gast während seines Besuches bei uns im Westen viele ihm liebe und unwiederbringliche Eindrücke festgehalten habe.

Die beiden jungen Feldjäger überlegten eine Weile, schauten uns an, stellten ein paar Fragen, entschieden: «Wir glauben Ihnen», und stiegen wieder in ihre Fahrzeuge. Ehe sie die Türen schlossen, winkten sie uns noch einmal zu und riefen: «Na, denn tschüs auch. Kommen Sie gut nach Haus.»

Schorlemmer blickte den beiden recht fassungslos nach und sagte dann zu mir: «Ach, wenn wir doch auch schon so weit wären, dass ein Volkspolizist so einfach nur ‹tschüs› sagte!»

Diese Geschichte, die ich als Erfolgsgeschichte werte,

gehört wie das Abendmahl im Ulmer Münster zu meinen liebsten Erinnerungen an unsere damaligen Aktivitäten, deren meiste Details ich inzwischen vergessen habe. Der ganz persönliche Wert aber, den das im Wort «Mutlangen» zusammenlaufende Friedensengagement für mein Leben gehabt hat, ist geblieben. Ich weiß, wenn es notwendig wäre und ich noch über die unabdingbaren gesundheitlichen Voraussetzungen verfügte, würde ich wieder mitmachen. Denn ich bin nach wie vor davon überzeugt, dass – auch wenn wir die Aufstellung der Raketen nicht verhindern konnten – der Verschrottungsbeschluss von 1987 und der definitive Abzug im Jahre 1990 ohne die jahrelange ständige Präsenz und die Protestaktionen der Friedensbewegung, auch der in Mutlangen agierenden, nicht hätten durchgesetzt werden können. Unser Engagement allein – das ist sicher – hätte diesen Beschluss nicht erreicht, aber ebenso sicher ist für mich, dass er ohne dieses Engagement gar nicht zustande gekommen wäre.

Kapitel 9

JENSEITS DER MAUER

Der Zufall wollte es, dass diese Zeit meines ersten bewusst reflektierten politischen Handelns zusammenfiel mit intensiven DDR-Kontakten. Die Verbindung zu den «Brüdern und Schwestern» war – da wir weder Verwandte noch Bekannte «drüben» hatten – erst relativ spät, gegen Ende der siebziger Jahre, durch eine Einladung der Kirche hergestellt worden. So war es nur natürlich, dass unsere Gastgeber in der DDR im Allgemeinen Angehörige christlicher Friedensgruppen waren, mit denen uns vor allem der Mann bekanntmachte, dem wir in erster Linie unsere Kenntnisse des Landes zwischen Elbe und Oder verdankten: Pfarrer Reiner Bohley.

Wir hatten uns 1979 auf einer Akademietagung in Brechts Buckow kennengelernt, und er blieb bis zu seinem plötzlichen Tod Ende Dezember 1988 unser enger Freund und Gewährsmann. Während der Wende und danach habe ich keinen Menschen so vermisst wie ihn, der fast zehn Jahre lang durch Informationen, Forderungen, Fragen und Diskussionen dafür sorgte, dass uns – meinem Mann und mir – das schon abhandengekommene Land zwischen Elbe und Oder wieder zu einem

Gemeinwesen wurde, dessen Geschichte auch die unsere war.

Er hielt nichts von einem «Brüder-und-Schwestern-Gerede», das keine Folgen zeitigte; er argumentierte pragmatisch: «Wir können nicht zu euch kommen, aber ihr zu uns. Also, bitte, kommt.» Er verlangte es uns einfach ab, in Predigerseminaren, Gemeindezentren und auf Kirchentagen zu reden. Und er stellte auch die Verbindung zu den Universitäten her, weil er keine Berührungsängste hatte, sondern im Gegenteil darauf bedacht war, jeden noch so kleinen Freiraum zu nutzen, um der Abgeschlossenheit durch Austausch und Diskussion zu begegnen. Seinem Mut und seiner Hartnäckigkeit verdanken wir Erfahrungen, die bis heute nachwirken.

So werde ich nicht vergessen, wie nach einem Vortrag über die «Weiße Rose», den ich auf einer Tagung in Bert Brechts Buckow hielt, der Naturwissenschaftler Walter Romberg, ein von mir hochgeschätzter, unbestechlicher Mann – nach der Wende Finanzminister in der Regierung de Maizière –, *coram publico* erklärte, ich hätte diesen Vortrag nie halten dürfen. Die Gefahr, dass einige der vielen Jugendlichen in meinem Auditorium ihn nicht als historische Analyse, sondern als aktuelle Handlungsanweisung für das Leben in einer Diktatur gehört hätten, sei mir als Westlerin zwar nicht bewusst gewesen, aber dennoch so unabweisbar, dass er gegenreden müsse.

Das traf mich hart – und vermittelte mir zum ersten Mal eine Ahnung des Privilegs, in einem Land zu leben, dessen aktuelle Politik ich zwar gelegentlich bekämpfte, das mir aber doch eine Freiheit des Denkens erlaubte, die einer Diktatur offensichtlich gefährlich werden konnte. Ich glaube übrigens auch heute noch nicht, dass Walter Romberg recht hatte mit seinem Vorwurf. Aber darauf kam es nicht an. Wichtig war die Erfahrung, dass eine solche Interpretation meiner Thesen überhaupt möglich war. Ich vergaß sie nicht und prüfte seither vor jedem Auftreten – nicht nur in der DDR –, ob die Vermittlung historischen Geschehens «im Lichte unserer Erfahrung» so geschah, dass sie keinesfalls als Aufruf zu einem ahistorischen Aktionismus zu verstehen war.

Doch auch hinsichtlich unserer konkreten Erfahrungen mit Land und Leuten jenseits des Eisernen Vorhangs gibt es für mich keinen Zweifel daran, dass die Reisen in die DDR, die Konfrontation mit dem Leben unter so anderen gesellschaftlichen Bedingungen, mein politisches Bewusstsein nicht unwesentlich beeinflusst haben: eine sehr nahe Welt, die doch zugleich unendlich fern war. Wir sprachen die gleiche Sprache, aber eine zunehmende Divergenz in der Bedeutung von Worten, die völlig andere Konnotation beispielsweise bei einem Begriff wie «1968», war unübersehbar: Bei uns im Westen dachte jeder, der dieses Datum hörte, selbstverständlich an die Studentenrevolution und ihre Folgeerscheinungen. «Drüben» stand es für den Einmarsch der Sowjets und ihrer Verbündeten in die Tschechoslowakei und bezeichnete das Ende vom Traum einer brüderlich-sozialistischen Gesellschaft. Oder die verschiedenen Zeitrechnungen: «Nach dem VIII. Parteitag» ... für welchen

Westbesucher markierte ein solches Datum einen Einschnitt?

Schon bald erwies es sich als hilfreich, dass wir keine Verwandten «drüben» hatten, sondern – ohne persönliche Voreingenommenheiten – zu Menschen mit uns ähnlichen Grundeinstellungen kamen. Auch das ist Reiner Bohleys Verdienst: Er schickte uns kreuz und quer durch die Republik zu kirchlichen Friedensgruppen, unter deren Angehörigen wir schnell Freunde fanden: Achim und Christiane Lunk in Greifswald, Martin Bartelt in Benz auf Usedom, Friedrich Schorlemmer in Wittenberg oder Christoph Ziemer in Dresden – nicht zu vergessen den Kreis um Reiner in Naumburg und den seiner zahlreichen Brüder in Halle.

Überall trafen wir Menschen, die etwas von uns erfahren wollten, die, wie wir, auf einen geistig-politischen Austausch und nicht etwa auf Kaffee und Nylonstrümpfe hofften. Allerdings waren wir arglos, was die Allpräsenz des Staates anging: Protokolle wie die, die Peter Bohley – Reiners später in die BRD übersiedelter Bruder – nach der Wende in seinen Akten über unsere Besuche fand, hätten wir nicht für möglich gehalten – aber unsere Gastgeber in diesem Maße auch nicht. Wir redeten offen, diskutierten in privaten Zirkeln meist christlicher Provenienz über Raketen, Wiederbewaffnung und die NVA, über Kriegsdienstverweigerer und Bausoldaten, die Sanktionierung von aufsässigen Pfarrern und Lehrern in der Bundesrepublik und die DDR-Haftanstalten in Bautzen, Hoheneck und anderswo.

197

Einmal nahm ich eine Liste mit Namen von Häftlingen mit, die es – nach Ansicht unserer Freunde – freizukaufen galt, weil die zumutbare Haftzeit von drei Jahren überschritten war. Ich unterrichtete zu der Zeit im Rahmen eines Schulversuchs Englisch in der Grundschule und konnte die fremden Namen samt der Strafe (3,2 = drei Jahre, zwei Monate) leicht in einem mit Noten versehenen realen Klassenspiegel unterbringen, den ich ohne Gefahr offen in meiner Tasche transportierte. Von Tübingen aus gelangten sie dann über das Büro von Willy Brandt an die richtige Stelle – und ich erfuhr bei meinem nächsten Besuch, dass «es» problemlos geklappt habe.

Wir hatten nicht nur Kontakt zu regimekritischen Christen, sondern hielten auch Vorträge und Seminare an Universitäten, wozu allerdings ein anderes Einreisevisum erforderlich war. Die Regierenden sahen es nicht gern, wenn eine universitäre Einladung zu Zwecken kirchlicher Veranstaltungen «missbraucht» wurde. Und wir beteiligten uns an Friedensmärschen, an denen, wie 1983 in Halle, oft mehrere tausend Demonstranten teilnahmen. Zwar hatten die Behörden das Kerzentragen untersagt, aber der schier endlose Zug bewegte sich dennoch unbeirrt – allenfalls etwas gespenstisch anmutend – in sternförmigem Anmarsch durch die noch immer vom Krieg gezeichneten Straßen auf die zentrale Moritzkirche zu, in der dann Reden gehalten und der Schlussgottesdienst gefeiert wurde. Gelegentlich kursierten auch Erklärungen, die zu unterschreiben einige Redner aufforderten: Aufrufe zur Solidarisierung mit Ärmeren, Geschundeneren, Verhafteten, Gefolterten. Für einen Westdeutschen gewohnte Praxis. Ich horchte erst auf, als Friedrich Schorlemmer sich ans Mikrophon stellte und das Auditorium bat, es möge sich überlegen, ob es die Konsequenzen dessen, was man hier – beglückt durch die Solidarität der Gleichgesinnten – täte, auch morgen, im Alltag der Arbeitswelt, noch zu tragen bereit sei.

Die Andersartigkeit solcher an sich vertrauten Veranstaltungen, von denen man bereits in der Nachbarstadt nicht mehr erfuhr, dass sie stattfanden, habe ich nicht vergessen. Wir Gäste wurden gebeten, zu Hause nicht öffentlich über das Erlebte zu sprechen: Jede Medienverbreitung im Westen wäre der sichere Tod solcher Demonstrationen, für die man einen bescheidenen Aktionsradius in langen Jahren erkämpft habe. Das stimmte mich nachdenklich und machte mir erneut das Privileg bewusst, in einem trotz gelegentlich gegenteiliger Erfahrungen freien, demokratisch kontrollierten Land zu leben.

Dennoch mussten auch wir nach dem 9. November 1989 schmerzhaft erfahren, dass sich die Gegensätze und Trennungen gelegentlich schärfer bemerkbar machten als zu Zeiten der Mauer. Nur dass sich die neuen Fronten nun zwischen denen abzeichneten, die schon immer gewusst hatten, dass, wenn man «hart» bliebe, die DDR eines Tages untergehen würde, und denjenigen, die der Meinung gewesen waren, man habe unter den nun einmal gegebenen Bedingungen jeden Spielraum ausnutzen, gemäß den eigenen, bescheidenen Möglichkeiten für Erleichterungen sorgen sowie mögliche Kontakte nutzen und pflegen müssen.

Wir gehörten ganz sicher der letzten Gruppe an, fanden aber eigentlich keine der Kategorien so recht zutreffend. Für uns war jeder Besuch «drüben» zunächst eine Bereicherung gewesen. Das Glück, ein verbal und medial zwar ständig präsentes, realiter aber völlig unbekanntes Land kennenlernen zu können, wog gelegentliche Grenzschikanen bei weitem auf: Was zählte ein armer Vopo gegenüber einer dreistündigen Führung durch den menschenleeren Naumburger Dom, gegenüber Freunden, die uns durch ihre Städte begleiteten: durch Greifswald und Rostock, durch Magdeburg mit dem St.-Mauritius-Dom und Halberstadt mit St. Stephanus und St. Sixtus? Was bedeuteten schlechtgelaunte Volksarmisten gegenüber dem Domhügel in Erfurt oder dem Frauenplan in Weimar, wo uns Helga, Walters einstige Braut, und Heinz, ihr Ehemann, ihre Heimat zeigten? Gemeinsam fuhren wir durch Thüringen, wanderten auf dem Rennsteig und ließen uns Tiefurt und das Lauchstädter Theater zeigen. Heinz kannte jeden Winkel.

Mit Friedrich Schorlemmer erwanderten wir uns – auf Luthers Spuren – Wittenberg. Wir nächtigten sogar auf historischem Boden im Augustinerkloster. Der Weg von unseren durch Generationen von Scholaren und Seminaristen der Landeskirche krummgelegenen eisernen Bettstellen über endlose kalte Flure in die Waschräume war so lang, dass er mir in Erinnerung blieb. Doch bereits un-

sere Ankunft war memorabel gewesen. Pfarrer Schorlemmer empfing uns mit der Nachricht, dass Walters geplan-
ter Vortrag von der Parteiführung verboten worden sei.
Walter, etwas gekränkt, replizierte entsprechend: «Dann
fahren wir eben wieder ab.» Schorlemmer lächelte nachsichtig: «Den Teufel werden Sie tun. Diskussion ist erlaubt.» – «Eine Diskussion interessiert mich nicht.» –
«Nur, weil Sie unsere Art zu diskutieren nicht kennen.
Ich werde Sie fragen, was Sie von ‹Martin Luther, dem
Prediger, Poeten und Publizisten› halten, und Sie werden
mir die Frage in einer Stunde beantworten.» So geschah
es. Das Auditorium hörte gespannt zu, die Herren im Le-
dermantel schienen auch zufrieden, und wir waren, nicht
nur was den souveränen Umgang mit der Staatsmacht
betraf, um eine wichtige Erfahrung reicher.

Sie sollte sich bei weiteren Besuchen im «anderen
Deutschland» gelegentlich als nützlich erweisen. So, als
ich während eines Weimar-Aufenthalts versuchte, mich
ordnungsgemäß bei der Polizei anzumelden. Ein Schild
am Fenster der Wachstube ließ mich wissen, dass das Lo-
kal heute erst ab 14 Uhr geöffnet sei. Nun, ich kam nachmittags wieder. Abermals stand ich vor einer geschlosse-
nen Tür. Das Plakat hing noch an derselben Stelle. Ich
klingelte. Mehrmals. Irgendwann geruhte ein Vopo zu
öffnen. «Können Sie nicht lesen?» – «Doch, aber ich war
schon einmal hier, und ich weiß, dass ich mich nicht
noch eine Nacht unangemeldet in Ihrer Stadt aufhalten
darf.» – «Warten Sie!» Nichts geschah. Nach zehn Minuten klingelte ich wieder. Diesmal war ich schon etwas un-

gehaltener und führte den Direktor der Stiftung «Weimarer Klassik» – einen Schüler Hans Mayers – ins Feld, der uns erwarte. Viel Eindruck machte ich damit nicht. Aber immerhin war es mir im Verlauf des Disputs gelungen, ins Innere der Wachstube vorzudringen. Nur machte mein Gegenüber auch hier nicht die geringsten Anstalten, mir den so unentbehrlichen Stempel auf mein Papier zu drücken. Ich redete weiter – nicht ohne immer wieder darauf hinzuweisen, dass man mich durch diese Art der Behandlung zu einer Straftat nötige. Schließlich griff mein Polizist entnervt zum Telefonhörer: «Genosse, komm mal runter und gib der Bürgerin einen Stempel.»

Es fiel mir schwer, ernst zu bleiben: «Mein Gott, hier geht's ja zu wie in der Französischen Revolution.» Aber mein Vopo hatte wohl in der Schule gefehlt, als dieses Ereignis abgehandelt wurde, sodass ich schweigend mein ordnungsgemäß gestempeltes Papier wieder einsteckte und mich mit Dank verabschiedete.

Wenig später fuhren wir nach Dresden. Den Gottesdienst in der Kreuzkirche werde ich nicht vergessen. Walter hielt die Predigt von der hohen Kanzel herab. Während der vorangegangenen, von Kreuzchormitgliedern gesungenen Liturgie hatte Christoph Ziemer der verheerenden Angriffe vom 13. bis 15. Februar 1945 gedacht. Meine Tante war unmittelbar danach mit ihren Kindern zu uns nach Holzminden geflohen.

Am Vorabend des Gottesdienstes hatten wir vor den Trümmern der Frauenkirche gestanden, wo wir mit unseren Gastgebern verabredet waren. Ich sehe den Augenblick noch heute genau vor mir: «Ihr könnt den Platz nicht verfehlen», hatte Reiner gesagt, und es war in der Tat nicht schwer gewesen, die von einer unendlich scheinenden Leere umgebene Ruine zu finden.

Wir waren spät angekommen. Ein leuchtend heller Halbmond stand über dem Kreuz, das man auf der Spitze des Schuttbergs aufgestellt hatte: eindrucksvolles Symbol der untergegangenen Stadt. Ein riesiger, teilweise schon bewachsener Steinhaufen, in dessen Katakomben gelegentlich Gottesdienst gehalten wurde; ein weithin sichtbares Memento, das für mich die untergegangene Vaterstadt mit einschloss. Hamburg und Dresden liegen am gleichen Fluss.

Nein, wir waren nicht eine Minute in Versuchung, die DDR gegen andere Reiseziele auszutauschen, und wir haben es niemals bereut, in der Zeit, als die Mauer noch stand, nicht in die USA, an die Adria oder nach Ägypten gefahren zu sein, sondern nach Sachsen, Mecklenburg oder Thüringen.

Kapitel 10

BERLIN UND DIE WENDE

... als die Mauer noch stand. Vor dem November 1989 war ich gelegentlich, in den Jahren ab 1985 zunehmend häufig in Berlin gewesen. In West-Berlin, wie sich versteht. Hans Mayer hatte während seiner Tätigkeit an der Berliner Akademie der Künste eine Archiv-Kommission ins Leben gerufen, zu deren Aufgaben neben einer Beratung bei neuen Ankäufen vor allem Überlegungen zur Katalogisierung und Nutzbarmachung der alten Bestände gehörten. Ich war in dieses Gremium gewählt worden, weil ich für die Geschichte der Literatur-Sektion bereits mit den Dokumenten gearbeitet hatte und mich ein bisschen in den Sammlungen auskannte. Außerdem interessierten mich die Diskussionen mit den anderen Mitgliedern, die aus völlig verschiedenen Bereichen kamen und oft sehr unterschiedliche Ansichten vertraten. Meistens blieb ich über Nacht und nutzte die Zeit für Theater- und Konzertbesuche, die Teilnahme an akademieinternen Veranstaltungen oder einfach dazu, mal wieder großstädtisches Ambiente zu erleben. Ich war nicht wählerisch, sondern nahm mit, was sich mir anbot, und fühlte mich wohl in dem Kreis der Kollegen (Frauen waren auch hier durchaus noch in der Minderzahl) meines Mannes.

Dennoch bekam ich einen ziemlichen Schrecken, als Walter mich eines schönen Tages im Frühling des Jahres 1988 in meiner Arbeit störte, um mir – nicht ohne Stolz – mitzuteilen, dass man ihn eben aus Berlin angerufen und gefragt habe, ob er bereit sei, die Präsidentschaft der dortigen Akademie der Künste zu übernehmen. Aufgrund meiner Archivarbeiten glaubte ich eine ungefähre Vorstellung von den Anforderungen zu haben, die auf ihn zukommen würden. Er aber war entschlossen, das Amt anzunehmen. An der Universität war er gerade emeritiert worden. Jetzt bot man ihm eine Aufgabe an, für deren erfolgreiche Bewältigung ganz andere Qualitäten als die eines Lehrers und Redners vonnöten sein würden.

Ich war überrascht, dass er sich diesen ihm noch völlig unbekannten Anforderungen spontan gewachsen fühlte, ja, dass ihn die Herausforderung geradezu begeisterte. Aber auch mich freute die Chance, für eine begrenzte Zeit noch einmal in einer ganz anderen Umgebung leben zu können und die «Innenansichten» einer Institution kennenzulernen, deren Geschichte mich von Anfang an fasziniert hatte. Walter flog am nächsten Tag nach Berlin und kam beglückt, voller Tatendrang und kühner Pläne zurück: «Da kann ich etwas machen – du wirst es erleben.»

Nun, ich erlebte es – fast zehn Jahre lang, die – davon bin ich auch heute noch überzeugt – zu den schönsten Zeiten unserer Gemeinsamkeit gehören. Schon die äußeren Gegebenheiten stimmten mich euphorisch. Im Tausch gegen das dem Präsidenten ursprünglich zugedachte große und wunderschöne «Repräsentationszimmer» erhielten wir eines der drei geräumigen, im dritten Stock des Verwaltungsbaus gelegenen Ateliers, die normalerweise Akademiemitgliedern die Möglichkeit boten, eine Zeitlang in Berlin zu arbeiten. Es handelt sich um zweistöckige Appartements: unten – das heißt gleich hinter der Eingangstür – ein riesiger Raum mit einem großen Fenster und noch hellerem Oberlicht, nebst einer Nische für die Malutensilien. Auf der linken Seite führt eine Treppe in den ein Stockwerk höher gelegenen, aber zum unteren Raum hin offenen Wohntrakt: zwei Betten, ein Tisch, drei Stahlstühle mit Rohrgeflecht, Kleiderschrank, eine Küchenzeile mit Geschirrschrank, Frigidaire, zweiplattiger Elektro-Kochgelegenheit und Cromargan-Spüle an der Wand zum Badezimmer – alles hinter einem Vorhang zu verbergen.

Ich war entzückt: das ideale «Gehäuse» für ein Paar, das auch nach über vierzigjähriger Ehe immer noch aus zwei Individualisten mit recht verschiedenen Tagesrhythmen bestand. Dazu ein «Haushalt», der nun wirklich keine Arbeit machen konnte, zumal auch noch jeden Morgen Frau Wernke kam, um zu wischen und zu saugen.

Der untere Trakt, das eigentliche Atelier, wurde zum Arbeits- und Empfangsraum für den Präsidenten eingerichtet. Ich ließ mir ein Bett in der Nische für die Malutensilien aufstellen, Walter adoptierte das Doppelbett im Wohnbereich, in dem auch der Fernseher stand.

Morgens gegen 9 Uhr verließ ich die Akademie und ging bis zum Nachmittag in irgendeine der Berliner Bibliotheken oder in eins der Archive: Stabi, Kennedy-Institut, Geheimes Staatsarchiv, Amerika-Haus; gelegentlich auch nur ein paar Treppen hinab in das Akademie-Archiv am Hanseatenweg. Während ich für die Edition der Thomas-Mann-Tagebücher in Dahlem die Regesten der «New York Times» bemühte, oder – nach einem 20-Minuten-Marsch durch den Tiergarten – in der Staatsbibliothek dicke Nachschlagewerke wälzte, ließ sich Walter durch den Präsidialsekretär Martin Löer in die Geheimnisse der Berliner Kultur- und Verwaltungshierarchie einweisen, empfing Gäste oder hielt Senatssitzungen im Atelier ab, für die Frau Maus, die Seele des Hauses, wunderbar belegte Brote, Tee oder Kaffee heraufbrachte, deren Reste im Allgemeinen auch noch für das Abendbrot selbzweit ausreichten.

Es ließ sich freundlich an: Alles war neu, aufregend und interessant. Abends gingen wir regelmäßig ins Theater, in die Oper oder ein Konzert. Nach vierzig «in der Provinz» verbrachten Jahren genossen wir das Kulturleben der Großstadt. Gelegentlich waren auch Veranstaltungen in der Akademie zu besuchen. Das Angebot war beachtlich, das siebenhundert Plätze umfassende Studio meistens gut gefüllt. Manchmal platzte es sogar aus allen Nähten. Schriftsteller, Musiker, Architekten, Maler, Bildhauer und Filmemacher von überall her stellten ihre Werke vor, große Ausstellungen mussten eröffnet, Diskussionen, Lesungen und Konzerte eingeleitet oder zumindest vom Präsidenten besucht werden. Es war wunderbar. Hinterher traf man sich dann in den Clubräumen – zwanglos, wie es gerade kam, um über das Erlebte, aber auch über Gott und die Welt und den neuesten Klatsch aus der Berliner Szene zu reden.

Über das Wochenende kamen die Museen an die Reihe: natürlich die Staatsgalerie, aber auch «Die Brücke» im Grunewald oder Käthe Kollwitz in der Fasanenstraße. Manchmal gingen wir sogar «rüber» und besuchten das Pergamonmuseum oder die Alte Nationalgalerie.

Ich lernte auch neue Menschen kennen: meistens Künstler – unter ihnen gelegentlich Emigranten wie Joseph Tal, den israelischen Komponisten und – wie ich mir habe sagen lassen – wichtigsten Musikpädagogen seines Landes, mit dem ich mich schnell anfreundete. Er kam zu jeder Mitgliederversammlung, also mindestens zweimal im Jahr, nach Berlin. Als Joseph Grünthal war er hier aufgewachsen – vor fast neunzig Jahren. Ich sehe ihn noch wie einen Jüngling die Treppen der für uns zuständigen U-Bahn-Station Bellevue hinauflaufen – höchstens 1,55 Meter groß, im hellen Sportmantel mit schick sitzendem Gürtel. Was mir zuerst auffiel, war sein überdimensional groß erscheinender Kopf mit den lebhaften, gleichzeitig gütig, forschend und leicht verschmitzt-nachsichtig blickenden Augen. Er kam immer gleich zur Sache – einerlei ob es um die Struktur der Akademie, die moderne Musik, die Möglichkeiten, mit dem Computer zu komponieren, den politischen Kurs Israels, das Palästina-Problem oder – nach der Wende – das neue

Berlin ging. Man konnte wunderbar mit ihm diskutieren, weil er jeden Einwand ganz ernst nahm und schwierige Dinge eingehend explizierte. Einmal sprach er auch vom Sechstagekrieg, in dem einer seiner Söhne sterben musste. Man hatte damals den Vater noch an das Bett des Schwerverwundeten geholt.

Ich berichtete von meiner Arbeit an Thomas Manns Diarien, er erzählte mir aus seinem Leben und von der im Entstehen begriffenen Autobiographie. Später schenkte er sie mir. Manchmal, vor allem in den letzten Jahren, nach der Erkrankung meines Mannes, rief er mich aus Jerusalem an, wo er inzwischen – gemeinsam mit seiner Frau, die ich nie gesehen habe – in einem Altersheim lebte und arbeitete. Ich habe mir sagen lassen, dass das israelische Musikleben ohne ihn nicht zu denken sei. Man kannte ihn als Komponisten von sieben Opern und Wegbereiter elektronischer und experimenteller Musik. Ich mag seine kammermusikalischen Werke und seine Lieder. Vor wenigen Monaten, am 25. August 2008, ist er in Jerusalem gestorben. Am 18. September wäre er 98 Jahre alt geworden.

Auch an die Abende bei Frank Michael Beyer und seiner Frau Sigrid denke ich zurück, da der begeisterte Musiker uns am Flügel das «absolut Neue» der Bach'schen Kompositionen erklärte oder – natürlich wieder mit Live-Demonstrationen – auf musikalisch besonders interessante Momente der gerade auf dem Berliner Spielplan stehenden Opern aufmerksam machte. Ich war fasziniert und übte mich in einer Art des Hörens, für die ich

Frank Michael Beyer noch heute bei jedem Konzert- oder Opernbesuch dankbar bin.

Nein, an Anregungen war in der Akademie-Zeit kein Mangel – schon vor der «Wende» nicht, die ich nun, ein Jahr später, in Berlin natürlich in ganz anderer Weise, als es von Tübingen aus möglich gewesen wäre, «hautnah» erleben konnte.

Am Tag der Maueröffnung allerdings war ich gar nicht dort. Die Szenen am Brandenburger Tor kenne ich – wie meine Tübinger Freunde – nur aus dem Fernsehen. Aber ich habe Ähnliches sehr konkret und unmittelbar miterleben können, weil ich zufällig einen Vortrag in Lübeck hielt. Meine sehr stadtkundige Abholerin wunderte sich über die Unmenge parkender Autos, aber wir waren zunächst noch mit den Modalitäten der bevorstehenden Veranstaltung beschäftigt, sodass wir der Sache wenig Beachtung schenkten. Als wir jedoch nach getaner Arbeit wieder ins Freie traten, war das Chaos unübersehbar geworden. Jetzt schauten wir genauer hin und glaubten zu träumen: Das waren keine westdeutschen Autos, das waren Trabis, zwischen denen es kaum noch eine Handbreit Spielraum gab. Zudem war die Stadt so voller Menschen, dass wir kaum durchkommen und nur auf großen Umwegen mein Hotel erreichen konnten. Dort erfuhren wir dann, dass es seit wenigen Stunden jedem DDR-Bürger freistand, ohne behördliche Erlaubnis die Mauer zu passieren.

Der Trubel im grenznahen Lübeck war unbeschreiblich. Um sicherzugehen, meinen Zug am Nachmittag

nicht zu verpassen, brachte ich am nächsten Morgen zuerst meinen Koffer zum Bahnhof. *Per pedes*; mit dem
Taxi wäre kein Durchkommen gewesen. Dann bahnte
ich mir meinen Weg durch die dichten Menschenmassen
zurück zum Rathaus, wo ich verabredet war. Rechts und
links an den Straßenrändern: Trabis, Trabis, Trabis. Unter die Scheibenwischer waren Botschaften oder Marzi-
panbrote geklemmt: «Herzlich willkommen!» – «Wenn
ihr was braucht, wir helfen euch! Klasse 4 a der Albert-
Schweitzer-Schule.» – «Wenn wir was tun können, ruft
an.» Namen und Telefonnummern. «Bei uns kriegt ihr
zu essen!» Name, Adresse, manchmal mit Wegskizze, an
die Windschutzscheiben geklebt. Einladungen ... noch
und noch: «Kommt vorbei!» – «Sagt Bescheid!» – «Ge-
niert euch nicht!» – «Bei mir könnt ihr schlafen!» Ganz
Lübeck schien auf den Beinen. Die Stadt verabreichte
kostenlos Frühstück und Mittagessen im Rathauskeller.
Etliche Hotels und Gasthöfe schlossen sich an. Ich hatte
nie vorher und habe später nie wieder Vergleichbares gesehen. Es war ergreifend – in des Wortes wahrster Bedeutung, und die Bilder werden mir bleiben.

Am Nachmittag fuhr ich nach Wiesbaden, wo das
Ehepaar Jens für die am nächsten Morgen beginnende
städtische Literaturwoche als Gastgeber zu fungieren
hatte. Als ich spätabends ausstieg, glaubte ich in einer anderen Welt zu sein. Mein Mann holte mich vom Bahnhof ab. Wir gingen ins Hotel: Keine Trabi-Ansammlung
und keine Menschenmenge hinderte uns am Durchkommen. Ich hatte schon unterwegs im Zug bemerkt,

wie die Erregung – aber auch die unmittelbare Anteilnahme meiner jeweiligen Mitreisenden an dem, was geschehen war – mit der Entfernung von der Grenzregion abnahm. In Wiesbaden war die Maueröffnung nicht mehr als eine sensationelle, aber mit großer Skepsis aufgenommene Fernsehnachricht, deren Tragweite man erst langsam begriff.

Eine Woche später waren wir wieder in Berlin. Noch am gleichen Abend gingen wir durch den Tiergarten in Richtung Reichstag, Mauer, Brandenburger Tor. Immer noch spielten sich an den Übergängen rührende Szenen ab. Immer noch fielen sich Menschen, die jahrelang getrennt gewesen waren, ungläubig und tränenüberströmt in die Arme. Auch wir brauchten – wenn ich mich recht erinnere – an jenem Abend keinen Pass mehr vorzuweisen: Der Vopo machte eine nach Osten hin einladende Geste, und wir gingen durch den Torbogen.

Wir haben den abendlichen Spaziergang durch den Tiergarten noch oft wiederholt. Irgendwann begannen Arbeiter, mit schwerem Gerät am Pariser Platz die Platten der Mauer auseinanderzuziehen und abzutransportieren. Auch sie war offensichtlich – jedenfalls an einigen Stellen – ein Plattenbau gewesen. Nachhaltiger als diese Erkenntnis jedoch hat sich mir die Ergriffenheit der Menschen eingeprägt, die dem Schauspiel fast andächtig zusahen: «Mutti, hätt'ste det jedacht, dat wir det noch mal aleben?»

Wenige Tage nach unserer Ankunft versuchte ich, über die Kontrollstation Invalidenstraße zu den Kollegen

in der DDR-Akademie vorzudringen. Ich kannte sie seit
langem. Meine Archivarbeiten hatten mich häufiger
«nach drüben» geführt, und wir hatten den Kontakt auf-
rechterhalten. Es war ein memorables Wiedersehen unter so veränderten Umständen. Der Gast aus dem Westen wurde freudig begrüßt; doch bereits die zweite Frage
galt der unsicheren Zukunft. Was sollte werden? Zwei
gleichartige Institutionen in einer Stadt? Die Angst vor
dem Verlust der Selbständigkeit war – aller Freude und
Erleichterung zum Trotz – bereits bei diesem ersten Besuch nicht zu übersehen. Doch noch überwog die Freude
die Unsicherheit.

Ehe ich die eine S-Bahn-Station von der Invalidenstraße nach Bellevue zurückfuhr, marschierte ich noch
durch die Luisenstraße auf den Friedrichstraßenpalast
zu, hinter dem in einer rechten Seitenstraße, der Ziegel-
straße, in einem ehemals den Herrnhutern gehörenden
Haus seit einiger Zeit die Evangelische Verlagsanstalt residierte, die 1987 meine Edition der Scholl-Briefe für die
DDR übernommen hatte. Mein Lektor war Jörg Hildebrandt gewesen, der seinem ersten Brief eine mehrseitige
Liste mit *monenda* beigelegt hatte, die, was den Nachweis
verdrehter Jahreszahlen, Komma- und Rechtschreibfeh-
ler etc. anging, meinem Editoren-Selbstbewusstsein
recht erheblich zusetzte. Gegen andere Auflagen indes
hatte ich mich vehement zur Wehr gesetzt: Das Verlangen, im Register die Namen Jesus, Hitler und Berdiajew
zu streichen, erschien mir absurd. Jesus – historische Fi-
gur, ja oder nein? Über dies Problem war ich noch zu dis-

kutieren bereit; über die Notierung der anderen Namen keinesfalls. Außerdem weigerte ich mich, aus meinen Literaturangaben all jene Werke herauszunehmen, die in der DDR nicht erhältlich waren. Es wusste schließlich doch jeder «drüben», dass der Horizont auf der anderen Seite etwas weiter gespannt war. Und wenn nicht, dann wollte nicht gerade ich dazu beitragen, ihn in seiner Ahnungslosigkeit zu bestärken.

Ein paar Wochen später war Jörg Hildebrandt dann nach Tübingen gekommen. Zwei Stunden lang hatten wir intensiv und heftig diskutiert, aber stets zur Sache und ohne Polemik. Dafür zunehmend unter Einschluss biographischer Details. Der Pfarrerssohn, Bürgerrechtler, Kriegsdienstverweigerer und Domchorsänger hatte für diese Sitzung eigens eine Besuchserlaubnis bekommen: Er durfte eine Dienstreise nach Frankreich für einige Stunden unterbrechen. Am Ende unseres Treffens hatten wir uns als Freunde getrennt, und seither war ich nie in Ost-Berlin gewesen, ohne ihn zu sehen. Er war stets gut informiert; auf seine Urteile konnte ich mich verlassen. Das war mir jetzt, unmittelbar nach der Maueröffnung, noch hilfreicher als früher. Er kannte das, was gerüchteweise in den Westen drang, oft aus eigener Anschauung. Und da sah manches anders aus als in den offiziellen Verlautbarungen selbsternannter Oppositioneller.

Wenig später waren Walter und ich Gäste bei den Hildebrandts in der Rosa-Luxemburg-Straße, zwei S-Bahn-Stationen von Bellevue entfernt. Schon an jenem ersten

Abend lernten wir auch die Großfamilie kennen: Regine, Jörgs Frau, später Sozialministerin in der Regierung de Maizière und bei Manfred Stolpe, und die drei Kinder: zwei Söhne, eine Tochter, alle eigenwillig, engagiert, neugierig, skeptisch und sangesfreudig. Letzteres offenbar eine Art unverwechselbaren Familienzugehörigkeits-Ausweises. Und dann die Eltern, Schwestern und Schwäger, vielleicht auch Brüder, die auseinanderzuhalten ich erst im Verlauf weiterer Besuche lernte. Alle waren neben ihrem Beruf und der Domchorzugehörigkeit in der christlichen Friedensbewegung aktiv. Das Miteinanderreden ergab sich von allein, stets wurde es spät, weil niemand daran dachte, auf die Uhr zu schauen.

Im Gegensatz zu anderen Beziehungen hat die Verbindung mit dem Hause Hildebrandt die Jahre überdauert. Auch den Umzug der Familie nach Woltersdorf, wo man auf dem Grundstück eines von Regines Vorfahren erworbenen Sommerhäuschens am Flakensee ein stattliches Mehrgenerationenhaus erbaut hatte: ein mutiges Unterfangen, das sich während Regines langer Krebskrankheit bewährte. Ich habe sie dort, wenige Wochen vor ihrem Tod am 26. November 2001, zum letzten Mal besucht. Mit Jörg, der sich nach der Wende in leitenden Funktionen beim ORB und bei Radio Kultur einen Namen machte, habe ich bis zu seiner Pensionierung noch einige Sendungen gemacht. Auch für ihn ist das Haus, in dem er ein riesiges Dachzimmer als Arbeitsrefugium ausgebaut hat, ein Segen, und ich freue mich, auch heute noch gelegentlich einen Gruß von dort zu erhalten.

Doch zurück zur Akademie am Hanseatenweg, wo zu Beginn der neunziger Jahre das Problem einer zeitgemäßen Kooperation mit der Ost-Institution dringlich geworden war.

Es gab verschiedene Vorstellungen, die hier wie dort leidenschaftlich diskutiert wurden. Was die Ost-Akademie betraf, so war ihr vordringliches Anliegen, eine Konzeption zu erarbeiten und – das vor allem! – politisch durchzusetzen, die ihre Unabhängigkeit auch unter den veränderten Umständen garantieren konnte. In der Bundesrepublik waren kulturelle Aktivitäten Ländersache – auf eine zentrale, von staatlicher Fürsorge abhängige Institution hatte man nach den Erfahrungen in der Weimarer Republik wohlweislich verzichtet. In der DDR war die Akademie der Künste eine direkt staatlichen Organen unterstellte Einrichtung gewesen. In einem wiedervereinten Deutschland – das war bereits unmittelbar nach der Wende vorauszusehen – bestanden Überlebenschancen nur für eine Institution, die von einer Landesregierung getragen wurde.

Präzedenzfälle gab es bereits: Die sächsische Akademie der Wissenschaften zum Beispiel hatte sich auf Landesebene neu konstituiert; warum sollte es nicht auch eine brandenburgische Akademie der Künste mit Sitz in Potsdam geben können? Vor allem ein Kreis um Christa und Gerhard Wolf verfolgte dieses Projekt mit großer Energie. Daneben – später: statt seiner – entwickelte Heiner Müller den Plan einer europäischen Akademie mit Sitz in Paris und Berlin, der auch im Westen, das hieß zu dem

Zeitpunkt: in der alten (West-)Berliner Akademie, Unterstützung fand und bald von einer breiten Schicht europäischer Schriftsteller aus Ost und West als eine zwar kühne, doch *au fond* in die einzig mögliche Richtung weisende Idee angesehen wurde. Sie scheiterte an den realen Bedingungen.

Vermutlich war es einfach zu früh, denn zumindest in Berlin zeigte sich schnell, dass alle derartigen Überlegungen von dem zwar nachvollziehbaren, aber doch wenig hilfreichen Bestreben getragen wurden, zunächst einmal die eigene Integrität zu bewahren. Zu groß war im Osten die Angst, vom Westen einfach «geschluckt» und zur Eingliederung in die dort herrschenden Strukturen genötigt zu werden. Die Kategorien von Siegern und Besiegten spukten in den Köpfen zumal der «Ossis», und es gab genügend Beispiele, die diese Angst rechtfertigten.

Auf der anderen Seite aber gab es im Westen viele, die sich nur mit Schaudern an Auflagen und Schikanen erinnerten, denen sie bei ihren gelegentlichen Besuchen «drüben» ausgesetzt gewesen waren und die sie keinesfalls in einer neuen Gemeinsamkeit aufgehoben sehen wollten.

In den letzten Jahren hatte man sich gelegentlich treffen können. Im Zeichen der atomaren Bedrohung waren deutsch-deutsche Symposien möglich gewesen, auf denen versucht worden war, Verbindendes und Trennendes zumindest einmal zu artikulieren. Aber das waren kollegiale Annäherungsversuche vor dem Hintergrund einer Ost und West gleichermaßen betreffenden Bedrohung.

Jetzt stand die Vereinigung von zwei Institutionen zur Debatte, die ihr Profil vorwiegend im Zeichen des Kalten Krieges hatten schärfen müssen.

Wäre es nach den Mitgliedern gegangen, so hätte man zunächst beide Einrichtungen nebeneinander bestehen lassen, den Austausch befördern und gemeinsame Vorhaben auf den Weg bringen sollen. Erst dann – so die allgemeine Meinung – wäre über eine Vereinigung zu reden gewesen.

Doch solche «Stufenpläne» stießen auf den entschiedenen Widerstand vieler in Berlin regierender Politiker, denen – teils aus Angst vor «kommunistischen Relikten», hauptsächlich aber aus finanziellen Gründen – an einer schnellen Auflösung der Ost-Akademie gelegen war. Diesem Schritt allerdings widersetzten sich die Künstler in Ost und West gleichermaßen. Ein Treuhandmodell im Bereich des Geistes: Nein, das durfte es nicht geben. Was aber dann?

Das war in der Tat die Frage, die uns in den nächsten Monaten umtrieb – speziell natürlich meinen Mann, aber seine Sorgen in dieser Richtung gingen mich, schon aufgrund unserer gemeinsamen DDR-Erfahrungen, nicht minder an.

Spätestens seit Beginn des Jahres 1991 war abzusehen gewesen, dass es für eine wie immer geartete autarke Ost-Institution keine Chance gab. Der am 13. Dezember 1991 von den Ministerpräsidenten der fünf neuen Länder und dem Regierenden Bürgermeister von Berlin unterschriebene und im April 1993 durch die Landesregierungen bestätigte «Staatsvertrag über die Auflösung der Akademie der Künste der ehemaligen Deutschen Demokratischen Republik» kodifizierte nur längst Beschlossenes. Er schuf aber auch die Voraussetzungen für ein Zusammengehen der vierzig Jahre lang getrennten Institutionen.

Beide Akademien waren gut vorbereitet auf diesen Schritt. Ihre Führungsgremien hatten in langen, nicht immer einvernehmlich endenden Sitzungen versucht, einen für beide Seiten akzeptablen *modus vivendi* zu finden.

Die von der Politik vorgegebene, von der West-Akademie mitgetragene Bedingung für jede Art des Zusammengehens war, dass sich man sich in der Ost-Institution von den politisch belasteten Mitgliedern trennte. Das geschah in freier und geheimer Wahl auf einer Vollversammlung Anfang Dezember 1991. Nach Stimmauszählung, einigen freiwilligen Austritten und Wahlrechtsverzichten blieben von den bisherigen 120 Zugehörigen noch 69 Künstler übrig, von denen jedoch 22 schon lange vor dem Mauerfall zu Mitgliedern der Akademie am Hanseatenplatz gewählt worden waren.

Dennoch entzündete sich an der Frage, wie den verbleibenden Mitgliedern der Beitritt zu einer gemeinsamen Berliner Akademie ermöglicht werden sollte, eine Grundsatzdebatte, die zeitweilig das ganze Projekt zu gefährden drohte. Die Sozietät am Hanseatenplatz war dadurch bestimmt, dass über die Mitgliedschaft der einzelnen Künstler ausschließlich in freier und geheimer Wahl aller Anwesenden entschieden wurde. Jetzt aber sollte über die Aufnahme einer ganzen Gruppe befunden werden, die sich im Zuge eines neuen Anfangs intern bereits einer solchen Berufungs- bzw. Auswahl-Prozedur hatte stellen müssen. Sollten sich diese Kollegen jetzt von einem zumindest in diesem Augenblick offensichtlich übergeordneten Gremium noch einmal bewerten lassen? Oder wäre es nicht angemessener, angesichts der historischen Einmaligkeit der Situation auch hier, im Kleinen, eine Ausnahme zu machen und die «drüben» bereits bestätigten Kollegen einfach *en bloc* in die zukünftig einzige Berliner Akademie der Künste aufzunehmen?

Was könnte denn passieren bei einem solchen Verfahren? Würde Großzügigkeit von Seiten derer, denen die Geschichte das Recht zu fragen gegeben hatte, nicht zumindest der Sache sehr förderlich sein? Ich weiß noch, dass ich damals recht fassungslos war angesichts der Vehemenz und unbedingten Entschlossenheit, mit der die Positionen aufeinandertrafen, aber auch angesichts der Ängste, der Unterstellungen und Verleumdungen, die diese Auseinandersetzung provozierte. Aber natürlich: Ich hatte all die Jahre nicht in Berlin gelebt, hatte keine Blockade, keine Abhängigkeit von Rosinenbombern erlebt, hatte reisen können, wie und wohin ich wollte, ohne überlegen zu müssen, ob ich aufgrund irgendwelcher mir verborgener Vergehen oder auch nur unbedachter Äußerungen damit rechnen müsste, aus dem Zug geholt zu werden. Ich kannte «den Osten» durch mir vertraute Menschen und als das Land mit den vielen beeindruckenden Sakralbauten. Das war in der Tat zu wenig, um kompetent mitreden zu können.

Aber zumindest etliche derer, die jetzt zu entscheiden hatten, waren auch keine Berliner. Und gerade sie waren am wenigsten bereit, von den bewährten Grundsätzen abzugehen, um einmal, ein einziges Mal, dem Gemeinsamen eine Chance zu geben – selbstverständlich ohne das Trennende unter den Tisch zu kehren.

Damals, 1991/92, verhärteten sich die Positionen. Zudem machte nicht allein der Zuwahlmodus Schwierigkeiten. Auch die Tatsache, dass – den damaligen Bestimmungen des Landes Berlin entsprechend – nicht nur sämtliche Mitarbeiter der Ost-Akademie sich vor ihrer Weiterbeschäftigung durch die Gauck-Behörde auf mögliche Stasi-Kontakte hin überprüfen lassen mussten, brachte Probleme. Noch viel absurder und dem Klima des Zusammenwachsens nicht eben günstig wirkte ein Antrag der Berliner CDU-Fraktion, die Überprüfung auch auf die zur Debatte stehenden neuen Mitglieder auszudehnen.

Diesem Ansinnen allerdings trat mein Mann in einer offiziellen Erklärung der Akademie entgegen, in der er jede Form von Spruchkammer-Mentalität zurückwies und statt der «Arroganz der [...] unbekümmert Siegenden» die «auf dem Gedanken einträchtiger Zwietracht beruhende Liberalität» seines Hauses einforderte. «Glaubt man, die Akademie würde sich dazu verstehen, unter Hohn und Spott der internationalen Kulturwelt bei Ruth Berghaus oder Kurt Masur ‹Persilscheine› einzufordern?»

Seine Philippika machte Eindruck, und dieses Problem jedenfalls war damit vom Tisch. Dennoch denke ich nicht gern an all diese Auseinandersetzungen zurück. Sie haben uns beiden viel Kraft abverlangt und Wunden geschlagen, die sich nur sehr langsam – manchmal auch gar nicht – wieder schlossen. Der Austritt von 26 Mitgliedern der alten West-Akademie ging mit persönlichen Anwürfen und ehrabschneidenden Unterstellungen einher, die nicht nur vom Präsidenten, sondern auch von seiner Frau verkraftet sein wollten.

Beim Nachdenken über unsere damalige Situation fiel mir vor einigen Tagen die Kopie eines Briefes wieder in die Hand, den ich während dieser schwierigen Zeit an Golo Mann schrieb. Da ich glaube, dass er meine Reflexionen und Gefühle recht präzise benennt, füge ich die entsprechenden Passagen hier ein.

Ausgangspunkt meiner aus dem Jahr 1991 stammenden Überlegungen war die Intellektuellenhatz der McCarthy-Ära in Amerika, mit der ich mich anlässlich der Kommentierung von Thomas Manns Tagebüchern der Jahre 1953 bis 1955 auseinanderzusetzen hatte und die mir jetzt in Berlin angesichts der Akademie-Diskussion von geradezu beängstigender Aktualität zu sein schien:

«Es kann sein, daß mich dieses Thema angesichts der sich auch hierzulande immer mehr polarisierenden Auseinandersetzung um den ‹hoffähigen› oder auch nur zu akzeptierenden Intellektuellen, wie sie sich in den Feuilletons des deutschen Blätterwaldes in geradezu absurden Formen darstellt, im Augenblick besonders interessiert. Wer hätte gedacht, daß sich auf der Folie einer seit Jahren *in politicis* freundlich vor sich hin dösenden Kunstakademie noch einmal solche Profilneurosen und Kalte-Kriegs-Komplexe austoben würden? Und das just in einem Augenblick, wo man von einer aktuellen Bedrohung unseres Wertesystems durch den bösen Feind doch wirklich nicht mehr reden kann. Warum bangt man gerade dann um seine Exklusivität und seine Privilegien, wenn die (vorgeschobene?) Bedrohung doch eigentlich vorbei ist?

Und die Stasi muß das Alibi zu allem hergeben. Manchmal denke ich, das, was jetzt mit Hilfe ihrer Akten angerichtet wird, ist ein später Sieg dessen, was wir doch eigentlich überwinden wollten; er wird uns alle noch teuer zu stehen kommen. Welcher Historiker würde sich jemals auf nur eine einzige dubiose ‹Quelle› verlassen? Könnte man nicht andere Maßstäbe anlegen und fragen: Wer hat wem wirklich geschadet? Wer hat wessen Leben zerstört oder zumindest doch empfindlich aus der Bahn geworfen? – Aber Mielkes Generäle kann ich im Fernsehen, in ihren Kleinbürgervillen sitzend, reden hören, während dem kleinen Mann, ist er einmal in Verdacht geraten, kaum etwas anderes bleibt, als sich aufzuhängen. (So ein Bekannter aus Jena vorgestern – der allerdings kein ‹kleiner Mann› war.)

Und während all dies geschieht, haben die Intellektuellen nichts Wichtigeres zu tun, als zur Gewinnung eines eigenen, zeitgemäßen Profils aufeinander loszuschlagen … und dabei noch nicht einmal zu merken, wie sehr ihre Rächer- oder Märtyrerrolle bereits wieder von handfesten Interessen instrumentalisiert wird. Nein, schön ist das alles nicht.»

Nein, es war wirklich nicht schön. Wie mir meine damaligen Briefe an Golo Mann zeigen, machte uns zudem das Verhalten einiger Künstler zu schaffen, die noch vor dem Mauerbau in den Westen übersiedelt waren und sich jetzt nur schwer mit der Vorstellung abfinden konnten, in Zukunft wieder mit denen, die ihnen damals nicht beigestanden hatten, an einem Tisch sitzen zu sollen. Nachdem die erste Euphorie abgeklungen war, wurde viel schmutzige Wäsche gewaschen, und meiner – zugegeben sehr parteiischen – Meinung nach überschritten die Abrechnungen gelegentlich das Maß des Erlaubten. War es wirklich nötig, Parteigängerschaft für die DDR mit Parteigängerschaft für Hitler gleichzusetzen? Für den Sozialismus konnte man sich doch – zumindest in den ersten Jahren der Republik – engagieren, ohne es später verleugnen zu müssen. Aber all das durfte man, wie mir schien – zumindest in der ersten Zeit nach der Wende –, eigentlich nicht laut sagen. «Die SPD verleugnet ihr SED-Papier», schrieb ich damals empört an Golo Mann, «obwohl es doch einen großen Anteil an der Entwicklung hin zur Freiheit gehabt hat, und jeder, der später ausgewiesen wurde oder freiwillig ging, will nicht mehr wahrhaben, daß auch er einmal an den Sozialismus geglaubt und dem Ausdruck verliehen hat. Stasi-Akten dienen Leuten, die niemals den Umgang mit Dokumenten gelernt haben, als Beweis-, Denunziations- und Überführungsmaterial. Bürgerrechtler verübeln es

31 – Walter und ich, 1968

32 – Mein erster Verleger Günther Neske (links) mit seinem
Autor Ernst Bloch, um 1970 bei uns zu Haus

33 – Mit unserem Freund Wolfgang Hildesheimer

34 – Sylt 1970

35 – Kindlers Vertreterkonferenz bei uns in der Sonnenstraße, 1976. Vorn
Helmut Kindler (2. v. l.), rechts neben ihm seine Frau Nina.

36 – Protest gegen die Nachrüstung

37 – Mit Walter bei der «Prominentenblockade» in Mutlangen,
1. September 1983

38 – Angeklagt wegen «Nötigung» vor dem Amtsgericht
Schwäbisch Gmünd, 1985

39 – Reiner Bohley in Tübingen, Herbst 1986

40 – Freund und Nachbar: Hans Küng, 2002

41 – Eine nicht alltägliche Auszeichnung: das «Gautschen» im Tübinger Marktbrunnen, August 1989. «Gautschen» ist eine traditionelle Form des Lossprechens von Druckerlehrlingen.

42 – Eines meiner Hobbys: Führerin durch die «kleine große Stadt» Tübingen

43 – Beim Internationalen PEN-Congress in Hamburg, 1986

44 – Erster gemeinsamer Talkshow-Auftritt mit Walter: zusammen mit Senta Berger (3. v. r.) als Gast bei «3 nach 9» in Bremen, moderiert von Lea Rosh (ganz links)

45 – Mehrsprachige Diskussionen sind anstrengend.

46 – Wilhelm-Hausenstein-Ehrung für kulturelle Verdienste,
verliehen von der Bayerischen Akademie der Schönen Künste 1999:
Präsident Wieland Schmied überreicht mir die Urkunde.

47 – Bei Werner Stötzer im Oderbruch

48 – Der lang ersehnte Augenblick, September 1993: Ratifizierung
der Urkunden für die vereinigte Akademie der Künste in Berlin.
Von links: Stephan Hermlin, Wilhelm Wemmer, Ulrich Roloff-Momin,
Hinrich Enderlein und Walter Jens.

49 – Mit Joseph Tal bei Richard von Weizsäcker im
Schloss Bellevue, 1994

50 – Immer wieder: auf den Spuren der Manns. Präsentation
des achten Bands der Tagebücher Thomas Manns im Fischer Verlag,
Frankfurt 1991, gemeinsam mit der Verlegerin Monika Schoeller
und Cheflektor Arnulf Conradi.

51 – Seminarleiterin auf der Terrasse von Thomas Manns einstigem
Ferienhaus in Nidden, heute Nida/Litauen, 1999

52 – Mit «Frau Thomas Mann» und der Moderatorin
Luzia Braun auf dem Blauen Sofa des ZDF, Leipziger
Buchmesse 2003

53 – Zwischen Walter und «ihm» auf dem Balkon des Hotels Elephant
in Weimar, 2003

54 – In unserer Bibliothek, Februar 2002

55 – Mozarts Requiem in der Rostocker Heiliggeistkirche, 1. Dezember 2006. Walter und ich am Lesetisch vorn rechts.

56 – Mit Paula, geboren am 2. Juli 2004

57 – Nach getaner Arbeit

Manfred Stolpe, daß er sie nicht hat zu Märtyrern werden lassen usf. Dafür ist Antikommunismus ‹angesagt›: undifferenziert, ahnungslos, zur Spruchblase verkommen, aber so wirkungsvoll und erfolgversprechend wie kaum etwas anderes.

Manchmal habe ich das Gefühl, daß all die Leute, die jetzt schon immer gewußt hatten, wo es langgehen mußte und – natürlich – in ihrem persönlichen Leben auch langgegangen war, ganz einfach einen Feind brauchen, um leben und mit ihren Problemen zurechtkommen zu können.»

Zwar sei der Kommunismus nun ja wirklich für alle sichtbar zusammengebrochen, aber als Feindbild tauge er offensichtlich noch immer – musste er taugen, sonst schien die Orientierung zu versagen. «Dummheit und Opportunismus, gemischt mit Angst und nicht auszutreibender Autoritätsfixiertheit: All das sollte jetzt ‹deutsch› sein», schrieb ich mit, wie mir heute scheint, ein bisschen zu viel empörter Emphase, an den Historiker-Freund. «Der Nationalismus feiert fröhliche Urstände, und all das, was wir in vierzig Jahren glücklich überwunden glaubten, ist plötzlich wieder ‹in›. Natürlich war er nie tot, das hatte niemand geglaubt. Aber er konnte nicht so dreist daherkommen, wie's heut nach der Wende plötzlich wieder gesellschaftsfähig ist – und leider auch unter Leuten, die ich bis dahin eines Sinnes bzw. einer Grundhaltung mit mir geglaubt hatte.»

Letzteres schmerzte mich offensichtlich am meisten. Fragte man mich allerdings heute nach Namen, wüsste ich keine mehr zu nennen. Nur noch so viel glaube ich zu erinnern: dass der Einschnitt quer zu allen bisherigen «Fronten» verlief und sich damals aufbrechende Meinungsverschiedenheiten nie wieder ganz ausgleichen oder gar rückgängig machen ließen.

Doch wie immer damals meine Gefühle und mein Engagement gewesen sein mögen: Ich habe es nie bedauert, diese auch persönlich nicht leichte Zeit in unmittelbarer Nähe zu den großen Ereignissen verbracht zu haben. Die tägliche Konfrontation mit den Schwierigkeiten, die bereits die Vereinigung zweier Kunstakademien mit sich brachte, vermittelte mir eine sehr konkrete Ahnung von den Problemen, denen sich die politische Wiedervereinigung der über vierzig Jahre lang von zwei gegensätzlichen Weltanschauungen geprägten Teilstaaten gegenübersah.

Unser persönliches Glück war, dass wir diese so entscheidenden Jahre in ihrer Großartigkeit, aber auch in allem Kläglichen und Verletzenden gemeinsam erleben konnten. Einer von uns behielt meistens einen klaren Kopf. Ernst Rowohlts Mahnung bewährte ihre Alterslosigkeit. Auch wenn das ewige Auf und Ab oft anstrengend war und Euphorie und Verzweiflung, Hoffnung und Resignation nah beieinanderlagen, möchte ich die Zeit nicht missen. Nicht ihre großen Momente, aber auch nicht die vielen Kleinigkeiten, die ungewollte Komik mancher Episoden und die zahllosen kleinen Schritte, unter denen – so, wie Kafka es einst beschrieb – die Stufen aufwärtswuchsen.

In solchen Momenten war es nicht nur gut, dass wir zu

226

zweit waren, sondern auch und vor allem, dass es Martin Löer gab, den Diplomatensohn und – im Gegensatz zu uns – mit allen Erscheinungsformen politischer Willensäußerung vertrauten Präsidialsekretär, der es mit unendlicher Geduld und fast liebevollem Mutmachen immer wieder schaffte, Walter von der Notwendigkeit freundlichen Aufeinanderzugehens auch dann zu überzeugen, wenn der zu Besuchende ein politischer Gegner war oder von der *fama* als «arroganter Pinsel», «harter Knochen» oder auch nur «entsetzlicher Kerl» eingestuft wurde. «Sie werden sehen, Herr Jens, so schlimm ist der gar nicht. Sie werden sich ganz gut verstehen.» Meistens war es dann auch so, und Walter kam heiter, zufrieden und entspannt selbst aus schwierigen und in der Sache harten Verhandlungen zurück.

Manchmal, wenn es ganz prekär wurde, bat mich Martin Löer um Hilfe. Er war schier unerschöpflich im Konstruieren neuer Brücken, die wir dann mit vereinten Kräften für den Präsidenten begehbar machten.

Einmal, in einer besonders schwierigen Situation, gelang es ihm sogar, den Regierenden Bürgermeister Eberhard Diepgen davon zu überzeugen, dass es sehr hilfreich wäre, wenn er einen offiziellen Besuch in Stuttgart mit einem inoffiziellen Abstecher nach Tübingen verbinden würde. In der Abgeschiedenheit der Provinz sei manches einfacher zu besprechen als im terminbesetzten Berlin. So geschah es: ein Vier-Augen-Gespräch ... zum Nutzen aller, offenbar. Ich versorgte inzwischen den Fahrer, dem der Aufenthalt auf meiner Terrasse sichtlich gefiel.

In Berlin konnte ich gelegentlich auch meine alter-
probten Beziehungen nach «drüben» einsetzen, um gewisse Vorfelder minenfrei zu machen. Ich ging ohnehin
so oft «rüber», um in den dortigen Archiven zu arbeiten,
dass es nicht auffiel, wenn ich – sehr selten und quasi
«nebenbei» – mich bemühte, ein Missverständnis auszu-
räumen.

Zudem verband mich mit Ulrich Dietzel, der jahr-
zehntelang für das Akademie-Archiv verantwortlich gezeichnet hatte und nach der Wende zeitweilig kommissa-
rischer Leiter der Ost-Akademie gewesen war, ohnehin
ein vertrautes Verhältnis. Ich kannte ihn seit 1960, als ich
für meine erste Edition, Thomas Manns Briefe an Ernst
Bertram, auch in seinen Schätzen recherchierte. Zuletzt
hatte ich ihn 1988 getroffen, als Walter und ich Gäste der
großen, die korrespondierenden Mitglieder einschlie-
ßenden Jahrestagung der DDR-Akademie gewesen waren – ein für mich in jeder Weise interessantes Erlebnis.
Wir konnten damals Arbeitsgruppen auswählen, an denen wir teilnehmen wollten. Ich hatte mich um die Veranstaltungen beworben, die Archivproblemen gewidmet
waren.

Am frühen Morgen des folgenden Tages jedoch, es
war – das erinnere ich genau – sieben Uhr, teilte man mir
telefonisch mit, dass es sich bei diesen Aussprachen nur
um sehr langweilige Verwaltungsangelegenheiten handeln würde und ich besser täte, mich an der für Gäste
vorgesehenen literarischen Stadtrundfahrt zu beteiligen.

Ich verstand und bekam an der Stelle von Archivein-

228

blicken nun also Einblicke in die Garage des Schriftstellers und ehemaligen Kultusministers Johannes R. Becher und seine mir bis dahin nicht recht gegenwärtige Liebe für Autos und Motorräder sowie seine sonstigen sportlichen Leidenschaften, von denen mir die in der Garage aufgehängten Bilder erzählten. Der Blick in seine Bibliothek hingegen war so kurz bemessen, dass er wenig Erkenntnis vermittelte. Auch der Besuch auf dem Dorotheenstädtischen Friedhof musste aus Zeitmangel ausfallen. Immerhin teilte der Busfahrer uns im Vorbeifahren mit, dass dort «Bert Brecht und Gattin ruhten». Dass noch sehr viele andere, für die deutsche Geschichte nicht eben unbedeutende Menschen dort «ruhen», war ihm offenbar nicht geläufig.

Nun, für mich erwies sich seine Ignoranz – meiner anfänglichen Verärgerung zum Trotz – als außerordentlich hilfreich. Denn als ich nach unserer Rückkehr beim Mittagessen den Kollegen von der Literaturabteilung vom Gewinn der vormittäglichen Angebote berichtete, organisierten sie ein Auto und boten mir an, die ausgefallene Demonstration jetzt sofort *privatim* nachzuholen. Das war natürlich viel interessanter. Zudem sagte Ulli Dietzel mir spontan zu, mich durch seine Stadt zu führen, wann immer ich käme.

Ich habe viel Gebrauch von seiner Großzügigkeit gemacht. Wir waren auf den jüdischen Friedhöfen in Weißensee und an der Oranienburger Straße, standen an den Gräbern von Samuel Fischer und Max Liebermann, über dessen einsame Beerdigung Walter dann etwas später, nach der Maueröffnung, während eines Vortrags im alten Museum berichtete, und wir blickten vom ersten Stock des unmittelbar an die Mauer grenzenden Akademiegebäudes am Pariser Platz hinüber in den für die hier im Haus Arbeitenden unerreichbaren Tiergarten. Wir öffneten die Fenster und hörten die Freiheitsglocke läuten; dann stiegen wir in die Katakomben, wo Ulli Dietzel mir die vor Jahren von Meisterschülern ausgemalten Kohlenkeller zeigte, in denen man Fasching feierte.

Einer der malenden Eleven war, wie ich jetzt erfuhr, Werner Stötzer gewesen. Mein Mann hatte verschiedentlich von dem im Oderbruch ansässigen Bildhauer erzählt, den ich unbedingt kennenlernen müsse. Er sei ein zauberhafter Mensch, ebenso originell wie liebenswert versponnen; ein loyaler Verfechter der angestrebten Vereinigung von Ost- und West-Künstlern außerdem.

Nun, bereits der erste Kontakt mit ihm war memorabel. Natürlich hatte auch er mit Akademie-Querelen zu tun, aber doch auf eine sehr eigene – eben typisch Stötzer'sche – Weise. Es war kurz vor Weihnachten, ich denke 1991, als uns in Tübingen ein Päckchen aus Alt Langsow erreichte, Leninstraße 7. Der Name des Absenders war nicht vermerkt. Aber die Adresse wies mich nach Osten. Während des Auspackens stieg mir ein verheißungsvoller Duft von geräucherten Würsten und durchwachsenem Speck in die Nase. Mit so nahrhaften Dingen hatte uns bisher noch niemand bedacht. Ich öffnete den beiliegenden Brief – eine Malerepistel, deren Sujet, schnell und mit wenigen Strichen skizziert, ein paar Würste nebst einer Speckseite bildeten. Der Text empfahl uns, dem Ärger und den Schwierigkeiten, von den persönlichen Verleumdungen zu schweigen, mittels einer nahrhaften Suppe zu begegnen: Zur fachgerechten Durchführung dieser Therapie solle – so Werner Stötzer – der aus eigener Schlachtung stammende Inhalt seines Grußes beitragen. – Es hätte der Würste nicht bedurft, um unser Stehvermögen zu stärken. Der Einfall und die Geste allein genügten.

Irgendwann traf ich Stötzer dann in Berlin. Er erzählte mir von der Zeit, da er als Stipendiat der DDR-Akademie im zerbombten Gebäude am Pariser Platz studiert hatte. Immer mit Blick auf den Tiergarten und die Siegessäule. Nur einen Steinwurf entfernt und doch, durch die unmittelbar am Haus entlanglaufende Mauer, durch Äonen getrennt. Eigentlich aber wollte er mit mir über Thomas Mann sprechen. Er hatte eine Abhandlung über die Tagebücher gelesen. Jetzt interessierte er sich für das dort erkennbare Bild des Autors im Verhältnis zu dem Eindruck, den seine Romane oder Novellen vermitteln. Ich schickte ihm aus Tübingen das gerade erschienene Buch, und er dankte abermals mit einem Malerbrief. Seither habe ich ihm immer einen Band mitgebracht, wenn wir ihn im Oderbruch besuchten. Er revanchierte sich, indem er mir die Sehenswürdigkeiten seines Dorfes zeigte: angefangen von besonders schönen Weiden und seltenen Gehölzen bis zum alten preußischen Schulhaus, das jeden Sonntag zu einem Kirchraum umgestaltet werden konnte. Wir haben in seinem Garten gesessen und zwischen Steinblöcken und noch unfertigen Skulpturen gegessen. Er zeigte uns, woran er gerade arbeitete – draußen oder im Atelier –, und er zeigte uns die Stelen, von denen er sich noch nicht hatte trennen können.

Doch das war alles erst nach der Wende. Als ich damals – es dürfte 1988 gewesen sein – mit Ulrich Dietzel im alten Atelier der Stipendiaten stand, in dem nicht nur der junge Werner Stötzer, sondern auch Fritz Cremer an seinem Buchenwald-Mahnmal gearbeitet hatte, regnete es in Strömen. Es war nicht leicht gewesen, durch den Schlamm zwischen Hauswand und Stacheldraht watend, den überdachten engen, im Augenblick unseres Kommens von schutzsuchenden Volkspolizisten völlig besetzten seitlichen Eingang zu erreichen: die einzige Möglichkeit, das weitgehend zerstörte, aber, wie ich von meinen Arbeiten her wusste, einst sehr repräsentative Gebäude am Pariser Platz zu betreten.

An diesen ersten Besuch musste ich denken, als ich sechs Jahre später, 1994, nach vollzogener Vereinigung der Akademien Ost und West, wiederum mit Ulrich Dietzel an der gleichen Stelle stand, um den Einzug der Mitglieder in das renovierte Haus zu feiern. Den Stacheldrahtzaun gab es nicht mehr, und auch sonst bot das Gebäude einen recht anderen Anblick. Aber das konnte natürlich nur derjenige sehen, der es in seinem alten Zustand gekannt hatte.

Ich hatte meinen Cicerone gesucht, weil mir die Herablassung nachging, mit der ein West-Mitglied die

Räume inspiziert und das alte Mobiliar als «scheußlich», «total unbrauchbar» und ästhetisch «unzumutbar» abgetan hatte. In diesem Augenblick hatte ich begriffen, dass mit der nominellen Vereinigung zwar sehr viel erreicht worden war, die eigentliche «Arbeit» jedoch noch bevorstand und von einem Zusammengewachsen-Sein noch keine Rede sein konnte.

Dennoch dachte ich gern an jenen 24. September 1993 zurück, da im noch unrenovierten großen und kalten Atelier des alten Gebäudes der Gründungsvertrag für die neue, von den Ländern Berlin und Brandenburg getragene Institution endlich unterzeichnet werden konnte – unmittelbar neben den Zellen, in denen vor dem Mauerfall die Wachposten Flüchtlinge arretierten, die vergeblich versucht hatten, die deutsch-deutsche Grenze zu überwinden.

Zunächst freute ich mich für meinen Mann, ohne den, davon war und bin nicht nur ich überzeugt, es diese spektakuläre und durch die Wahrung der beiderseitigen Interessen in der politischen Landschaft recht einsam dastehende Vereinigung einer Ost- mit einer West-Institution nicht gegeben hätte. Ich wusste, wie oft er aufgrund der immer heftiger tobenden und vor keiner Unterstellung zurückschreckenden Schlammschlachten und persönlichen Diffamierungen nahe daran gewesen war aufzugeben. Und nun war es ihm und Heiner Müller schließlich doch noch gelungen, die Vision des gemeinsamen Hauses zu realisieren. Kein Zweifel, Walter hat durch diese Vereinigung ein bleibendes Zeichen für

«Auch-Mögliches» gesetzt und das Modell für ein anderes, humanes Miteinander gleich berechtigter und gleich verpflichteter Künstler geschaffen. Einige Gazetten sprachen von einem historischen Verdienst.

«Historisches Verdienst»: Wie oft benutzte auch ich in Darstellungen und Diskussionen diesen Begriff, wenn es darum ging, den Erfolg langjähriger Anstrengungen zu benennen, die ein Einzelner auf sich genommen hatte, um ein zunächst utopisch anmutendes Ziel zu erreichen. Aber erst jetzt wusste ich, wie viele Klippen zu überwinden, wie viele Verletzungen zu ertragen und wie groß die Möglichkeiten waren, auf dem langen und steinigen Weg zu scheitern, ehe die Welt bereit war, dem «Macher» ein «historisches Verdienst» zuzuerkennen.

Ich freute mich aber auch um der vielen Mitglieder willen, die Walter unterstützt hatten, gelegentlich sogar um den Preis alter Freundschaften. Die Zahl derer, die glaubten, den Kurs ihres Präsidenten nicht mitmachen zu können, und der Akademie deshalb den Rücken kehrten, war groß, und es waren bedeutende Künstler wie Bernhard Heiliger, Günter Kunert und György Ligeti unter denen, die austraten. Die Gefahr, dass die altehrwürdige Institution an den sehr grundsätzlichen Meinungsverschiedenheiten zerbrach, hatte mehr als einmal bestanden. Das wussten wir beide.

Dennoch – vielleicht auch: gerade deshalb – denke ich gern und dankbar an diese Zeit zurück. Gerade angesichts des Schicksals meines Mannes, seines Entschwindens aus den uns zugänglichen Bereichen der Realität,

auch denen des öffentlichen Lebens, gewinnt sie als viel-
schichtige Erinnerung noch einmal eine ganz neue Bedeutung. Wir haben sie – allen Schwierigkeiten, dem politischen Tauziehen, den Diffamierungen, Unterstellungen, üblen Nachreden und langwierigen internen Sitzungen zum Trotz – genossen. Sie hat uns Bereiche erschlossen, die uns bis dahin nicht vertraut waren.

Was wussten wir von diplomatischen Usancen und
politischen Gebräuchen? Wir kannten Ausnahmesitua-
tionen: Walter hatte auf Parteitagen geredet und Walter
Scheel für eine Rede beraten, die er als Staatsoberhaupt
vor Schriftstellern halten wollte. Er hatte Wahlkampf für
Willy Brandt gemacht und sich zusammen mit mir und
anderen Schriftstellern in der SPD-Wählerinitiative engagiert.

Sogar Gäste im Palais des Bundespräsidenten waren
wir einmal gewesen: in der Villa Hammerschmidt in
Bonn, als es galt, Hans Werner Richters achtzigsten Geburtstag zu feiern. Ich weiß noch, dass mir die Idee,
den Fischersohn aus Bansin, der sich als Gründer der
«Gruppe 47» um die Entstehung einer jungen demokratischen deutschen Literatur ein «historisches Verdienst»
erworben hatte, auf diese Weise freundlich zu ehren, gefiel. Sie stand quer zu all den vielberedeten Streitigkeiten
zwischen Literatur und Politik und brachte mir die Ein-
ladenden, die ich zu diesem Zeitpunkt nur von Zeitungs-
bildern her kannte, näher. Ich begann, mich auf den Tag
zu freuen.

Nach unserer Ankunft in Bonn schlenderten Walter

und ich den Rhein entlang zum Sitz des Bundespräsidenten. Die Gastgeber begrüßten uns am Fuße einer Treppe in der Halle stehend. Ich erinnerte mich der Unterweisungen meiner Mutter und bedankte mich bei der Frau des Hauses für die Einladung: Der Einfall, diesen Geburtstag in diesem Ambiente zu feiern, habe mir gefallen. Frau von Weizsäcker sah mich etwas ungläubig an: «Meinen Sie das im Ernst?» – Jetzt war das Erstaunen an mir, und ich fragte zurück, welchen Grund ich denn haben sollte, ihr, der ich doch gerade zum ersten Mal begegnete, dergleichen zu sagen, wenn ich es nicht so empfände. Sie schien mir zu glauben, denn sie erzählte nun ihrerseits, sie und ihr Mann hätten große Angst gehabt, dass kein Schriftsteller ihrer Einladung folgen würde.

Nun, es gibt Augenblicke, in denen man mehr erfährt als in langen Unterhaltungen. Ich konnte Frau von Weizsäcker nur entgegnen, dass ja schließlich alle, von Günter Grass bis Günther Eich, von Walter Kolbenhoff bis Walter Höllerer, gekommen waren und dass die Sache in dem Augenblick, da Hans Werner Richter die Einladung angenommen habe, auch für die anderen entschieden gewesen sei. Richters Autorität wäre unanfechtbar. Außerdem seien Schriftsteller neugierige Menschen, die – jedenfalls in ihrer Mehrzahl – eine Einladung vom Bundespräsidenten durchaus als eine Ehre und Anerkennung ihres Tuns und Seins interpretierten. Meine Gastgeberin schien erleichtert, und ich begriff, worüber ich nie nachgedacht hatte: dass es nämlich auch für «die da oben» gelegentlich schwierig sein konnte, sich in fremdem Milieu zurechtzufinden, «die da oben» folglich auch gar nicht so weit von uns entfernt waren, wie ich – in autoritär strukturierten Zeiten herangewachsen – es offenbar unreflektiert vorausgesetzt hatte.

Jetzt – nach der Vereinigung – zog das Ehepaar von Weizsäcker von der Villa Hammerschmidt ins Schloss Bellevue – in die unmittelbare Nachbarschaft der Akademie im Tiergarten. Es wurde eine gute Nachbarschaft. Den Bundespräsidenten interessierte der ungewöhnliche Weg, auf dem die Akademien versuchten zueinanderzufinden, die Vereinigung ohne Sieger und Besiegte, die Chance, die verschiedenartigen Erfahrungen von zwei gleichberechtigten Partnern zu etwas Neuem zusammenzufügen, das nach dem Debakel der letzten sechzig Jahre als moderne Institution den fast dreihundertjährigen Bemühungen um die kulturelle Entwicklung des Landes neue Impulse geben sollte. Er ließ sich regelmäßig berichten und half meinem Mann in vielen Gesprächen. Das Gelingen dieses recht singulären Unterfangens lag ihm am Herzen. Auch wenn ich ihn allein auf irgendeiner Veranstaltung traf, beschwor er mich zum Schluss unserer Unterhaltung: «Sagen Sie Ihrem Mann, er soll durchhalten. Das Gerede gibt sich, er darf nicht aufgeben.» Er sollte recht behalten.

Doch nicht nur die Politik führte uns ins Schloss Bellevue. Ich erinnere hinreißende Abende in den unaufdringlich geschmackvoll eingerichteten Räumen: Konzerte mit hochrangigen Musikern, die, inspiriert vom *genius loci*, nach dem Ende des offiziellen Programms in wechselnden Besetzungen zu improvisieren begannen; einen Abend mit dem vom Schlossambiente animierten Loriot und seiner nicht minder beflügelten Partnerin Evelyn Hamann; oder den «akademischen» Dialog zwischen dem allerdings nicht sehr erfolgreichen Akademiesekretär Theodor Fontane und dem Präsidenten Max Liebermann, dargestellt von Otto Sander und Walter Jens als Akteuren.

Gleich nach der Vereinigung war auch «die Akademie» zu Gast im benachbarten Palais – ein Ereignis, dem zumindest die Hälfte der Künstler nicht ohne Skepsis, ein paar sogar mit dezidierter Zurückhaltung entgegengesehen hatten und von dem kein Einziger unzufrieden zurückkam. Richard von Weizsäcker hatte sich viel Zeit für die Gespräche mit den renommierten Nachbarn genommen, und die Gäste zeigten sich verwundert und beglückt über den herzlichen und von keiner Etikette eingeengten Empfang, der ihnen die Möglichkeit bot, sich mit dem Bundespräsidenten ganz normal zu unterhalten.

Kapitel 11

DIE NEUNZIGER JAHRE

Doch auch in der glücklich wiedervereinten Akademie selbst gab es Abende, an die ich mit Vergnügen zurückdenke. 1995 galt es, Dietrich Fischer-Dieskau zu seinem siebzigsten Geburtstag zu gratulieren. Die Art und Weise, in der das geschah, eröffnete mir Zugang zu bis dahin nicht geahnten Fähigkeiten des von Jugend an bewunderten Sängers. Zunächst gab es eine Geburtstagsfeier in konventionellem Stil – mit einer schönen Laudatio von Walter und einer mich sehr berührenden Rede von Aribert Reimann, der bekannte, sich nicht vorstellen zu können, wie er mit dem Wissen, dass der Freund seine Lieder und Partien nicht mehr singen würde, überhaupt noch komponieren solle. Aber das war noch nicht alles, denn zusätzlich schenkte die Akademie dem Sänger eine Ausstellung seiner Bilder, die nach dem Festakt eröffnet wurde. Ich hatte bis dahin überhaupt nichts von dieser zweiten Begabung gewusst und mir die – für mich nicht immer sofort zugänglichen – Exponate entsprechend neugierig und aufmerksam angesehen. Vor allem ein Bild faszinierte und erschreckte mich, weil es sich mir als Ausdruck einer recht wilden Verzweiflung präsentierte. «Gefällt es Ihnen?» Ich war etwas irritiert, ich hatte Dietrich Fischer-Dieskau nicht kommen hören. «Nein – eigentlich nicht, es macht mir Angst.» – «Das kann ich verstehen. Kommen Sie.» Er zeigte mir noch einige andere Bilder: Kreise und Linien und Farben … aber nicht so wild ineinander verschlungen wie auf dem einen, vor dem wir uns getroffen hatten, entwirrter, überlegter, ja, teilweise sogar experimentierend anmutend und in helleren Farben.

Wenig später waren Walter und ich Gäste in der Charlottenburger Lindenallee, in jener großen Eckvilla, die Dietrich Fischer-Dieskau mit seiner Frau, der Sängerin Julia Varady, bewohnt, wenn er in Berlin ist. Die Haustür stand, wie noch heute, wenn ein Gast erwartet wird, sperrangelweit offen, sodass man nicht umhinkann, sich willkommen zu fühlen. Ich glaube, es war schon bei diesem ersten Besuch, dass die Herren beschlossen, doch einmal gemeinsam aufzutreten: als Richard Wagner und Franz Liszt. Der Briefwechsel lag vor, Walter erbot sich, den entsprechenden Text zu schreiben, Fischer-Dieskau reklamierte die Rolle Wagners, zitierte singend die bekanntesten Motive und gab Proben seines heimatlichen Sprechduktus: Er war in Thüringen geboren.

Es wurde ein vergnügliches Programm: Die beiden Akteure steckten sich gegenseitig an mit ihrem Spaß am komödiantischen Auftritt. «Scherz, Ironie und tiefere Bedeutung»: alles akribisch geprobt und mit dem Flair des Spontanen über die Bühne gebracht. Julia Varady und ich saßen im Publikum. Auch nach dem Ende der gemeinsamen Tourneen riss die Verbindung nicht ab. Nur zu dem immer wieder versprochenen Besuch von Walter und mir in dem schönen, inmitten eines riesigen Parks gelegenen Haus in Berg, hoch über dem Starnberger See, ist es nicht mehr gekommen. Seit ich ihn im letzten Jahr allein nachgeholt habe, tut es mir doppelt leid, dass wir niemals gemeinsam dort gewesen sind. Dennoch war es schön für mich, zu erfahren, dass ich auch allein willkommen war.

Ich werde wieder hinfahren und diesmal auch «die Loriots» – Vicco von Bülow und seine Frau Romy – besuchen. Bei ihnen sind Walter und ich noch gemeinsam gewesen – von der Lauterbacher Mühle aus, einem Sanatorium unweit von Seeshaupt, wo wir uns im Spätsommer 2005 von den Strapazen erholten, die mit dem Schreiben und Vorlesen unseres unerwarteten Bestsellers über «Frau Thomas Mann» verbunden gewesen waren.

Mit Loriot verbanden Walter viele gemeinsame Auftritte, bei denen die beiden Herren als Friedrich II. und Voltaire agiert hatten. Die Autorin Karin Kiwus, Sekretär der Literaturklasse an der Berliner Akademie, hatte ein durch die Publikation des Briefwechsels abgesichertes Charakterogramm der Beziehung zwischen dem Staatsmann und dem Philosophen entworfen, das Loriot in der Rolle Friedrichs II. und Walter als Voltaire mit Hilfe der Briefe konkretisierten. Ich kannte die Texte fast auswendig und hörte sie doch mit nie nachlassendem Vergnügen jedes Mal neu. Eine glücklichere Konstellation hätte sich kaum denken lassen. Vicco von Bülow las mit penibler

Akkuratesse und umwerfend süffisanter Eleganz. Er hatte den Ehrgeiz, sich nie zu versprechen, und schaffte das auch meistens. Auf seine fast schon stereotype Selbstkritik *post festum*: «Wieder fünf Patzer», konnte ich immer nur replizieren, dass jedenfalls mir nicht mehr als ein einziger Versprecher aufgefallen war.

Walter ging großzügiger mit sich um. Ich gewann oft den Eindruck, dass er nach dem Begrüßungsbeifall und einem prüfenden Rundblick ins Publikum seine Identität wechselte und sich – nunmehr ganz Voltaire – ausschließlich dem Spiel hingab: bemüht, seinem König so konzentriert, geistreich-devot und dennoch von oben herab zu begegnen, wie es der Text nur irgend hergab. Loriot war ihm der bewunderte Profi, mit dem gleichzuziehen er sich große Mühe gab. Im Gegensatz zu seinem Partner störten ihn jedoch kleine Versprecher nicht im Mindesten, und er scheute sich auch nicht, einen Satz gelegentlich anders als auf dem Papier vorgesehen zu Ende zu führen. Hierin war er eher Dietrich Fischer-Dieskau ähnlich als seinem durch und durch distanziert und soigniert agierenden König. Doch wie auch immer: Es waren hinreißende Abende – getragen von hohem Respekt und – das war vermutlich das Wichtigste – großer Sympathie füreinander.

Neben den Lesungen und den persönlichen Gesprächen faszinierte mich auch der von Loriot und Dietrich Fischer-Dieskau so völlig unterschiedlich gehandhabte Umgang mit der Technik. Natürlich war es unumgänglich, sich vor jeder Vorstellung mit den Bedingungen des

Hauses vertraut zu machen, also Bühne und Zuschauerraum in Augenschein zu nehmen, Licht und Ton angemessen regulieren zu lassen, Tisch und Sessel auf die richtige Höhe hin zu überprüfen und Auftritt und Abgang
festzulegen. Mit Fischer-Dieskau nahm der ganze Vorgang maximal zehn Minuten in Anspruch; mit Loriot
verbrachten wir oft nahezu eine Stunde im Theater. Er
war ein Perfektionist, und es war faszinierend, ihm zuzu-
schauen, wie er die Unverrutschbarkeit etwaiger Tisch-
decken und Stuhlauflagen überprüfte, bei Bedarf die
Beine der Sessel erhöhen oder die des Tischchens verkür-
zen ließ, den richtigen Winkel des Lichts festlegte und
schließlich die im Saal anwesenden Techniker oder, bei
Bedarf, auch Romy und mich bat, die Verständlichkeit
des gesprochenen Worts von mindestens vier Stellen aus
zu kontrollieren.

Mit Karin Kiwus und dem Ehepaar von Bülow oder
den Fischer-Dieskaus durchquerten wir die Republik.
Zumindest mir wurde es nie zu viel, aber ich hatte durchaus den Eindruck, dass es den Akteuren auch immer wieder Spaß machte – obwohl Loriot vor jedem Auftritt angespannt wirkte. Dafür war dann aber das anschließende
Zusammensitzen ein umso größeres Vergnügen.

Ehe ich die Chronik der neunziger Jahre endgültig be-
ende, sollte ich noch zwei weitere Vorkommnisse aus jenen Tagen erwähnen, die ebenfalls, wenn auch auf sehr
unterschiedliche Weise, Spuren in meiner Biographie
hinterlassen haben.

Das erste ist die Geschichte mit den Deserteuren. Mitten in die schwierigen Verhandlungen in Sachen Akademie platzte Anfang August 1990 die Nachricht vom Ausbruch des zweiten Golfkriegs. Sie sorgte dafür, dass jenseits der lokalen Querelen auch wieder weltpolitische Ereignisse in unser Blickfeld rückten.

In unserer Tübinger Friedensgruppe, die sich seit Mutlanger Zeiten immer noch regelmäßig traf, wurde heftig diskutiert. Gottlob enthielt unsere Verfassung noch die *Out-of-area*-Bestimmung, das hieß: eine Klausel, die Bundeswehr-Einsätze im Ausland verbot. Doch der Umfang der deutschen Waffenlieferungen in das Krisengebiet empörte uns und provozierte Überlegungen für einen wirkungsvollen Protest. Die Wogen schlugen hoch – nicht nur in unserer Gruppe, sondern auch an der Universität, wo sich die Studenten zu recht unterschiedlichen Aktionen rüsteten.

Wir trafen uns damals vorwiegend mittags – meistens zum Essen. So auch an einem Tag des August 1991. Der katholische Theologe Norbert Greinacher war nach seiner Vorlesung von einigen Studenten gebeten worden, zwei amerikanischen Soldaten zu helfen, die sich der drohenden Versetzung in den Irak durch Untertauchen entzogen hatten. Er hatte für sich persönlich keine Hilfsmöglichkeit gesehen, deshalb bat er jetzt uns um Unterstützung. Es ging um einen farbigen Mann und eine weiße Frau, die dringend eine Unterkunft brauchten. Walter und ich sahen uns an. Wir dachten das Gleiche: Georg Heisler! Der flüchtige KZ-Ausbrecher aus Anna

Seghers' Roman. «Das siebte Kreuz» war eines der ersten Bücher gewesen, die er mir 1951 in die Hand gedrückt hatte. Ich hatte es verschlungen. Jetzt forderte das Damals Konsequenzen. Fast gleichzeitig sagten wir zu. Es war kein schwerer Entschluss.

Zwei Tage später standen die beiden dann wirklich vor unserer Tür. Ich hatte offenbar vergessen, wie jung Soldaten sind. Angst verspürte ich keine. Ich erschrak nur, weil mich plötzlich der Gedanke durchzuckte: «Mein Gott, das könnten ja deine Kinder sein.» Meine Zugehfrau brachte ähnliche Gefühle wenig später – nüchtern und unsentimental – auf den Begriff: «Die g'höret au ebbam» – auch diese Kinder haben Menschen, die sich um sie sorgen.

Der Aufenthalt von Mike und Tracy bei uns verlief freundlich und ohne nennenswerte Schwierigkeiten. Irgendwann einmal fragten sie mich, warum wir sie aufgenommen hätten. Ich versuchte es ihnen zu erklären, indem wir zusammen zwei große, in der DDR erschienene Bildbände mit Fotografien der im Krieg zerstörten deutschen Städte anschauten. Ich erzählte den beiden Soldaten von meinen Erfahrungen. Ob sie mich ganz verstanden, weiß ich nicht. Aber sie begriffen, warum es mir ernst war mit meiner Hilfe für die, die sich weigerten, an solcher Verwüstung mitzuwirken.

Nach vierzehn Tagen verließen sie uns. Von mir aus hätten sie bleiben können, bis der Krieg zu Ende war. Aber sie entschieden sich anders, und ich verstand sie.

Den Aufenthaltsort zu wechseln war nötig geworden,

weil die für die Betreuung der *conscientious objectors* – der Kriegsdienstverweigerer also – zuständige amerikanische Organisation dringend neue Quartier-Angebote brauchte und uns deshalb gebeten hatte, öffentlich über unsere Erfahrungen mit den beiden Verweigerern zu berichten. Danach sollten die beiden selbst zu Wort kommen. Ich zögerte, aber Mike und Tracy waren so überwältigt von der Vorstellung, einmal im Fernsehen auftreten zu dürfen, dass sie sich keinen Argumenten mehr zugänglich zeigten. Stundenlang stand Tracy vor dem Spiegel, präsentierte mir alle Variationen, die sie mit ihrer spärlichen Zivilkleidung zustande brachte, und beriet immer aufs Neue mit Mike, welche Kombination ihr denn wohl am besten stünde. Mir blieb nichts, als vor so viel unvernünftigem Glück zu kapitulieren.

Nun, die Aktion wurde ein großer Erfolg. Die *Warresisters*-Organisation bekam viele Angebote, und zumindest Tracy war unendlich glücklich. Mike nahm die Sache gelassener, aber auch er war unverkennbar stolz darauf, dass er sich zu seiner Überzeugung öffentlich hatte bekennen können.

Wir allerdings wurden «denunziert». Nachdem man, Monate später, Mike und Tracy bei ihrer Rückkehr in die USA verhaftet und vor Gericht gestellt hatte, griffen viele Zeitungen die Geschichte auf. Sie nannten auch Namen. Da erinnerte sich ein freundlicher, mir persönlich unbekannter Mann aus der weiteren Nachbarschaft plötzlich an unsere Gäste und setzte die Staatsanwaltschaft, die sich – das sei zu ihren Ehren gesagt – sehr

bemüht hatte, eine Anklage auf Beihilfe zur Fahnenflucht zu vermeiden, so unter Druck, dass sie handeln
musste.

Zunächst hatte nur mein Mann eine Vorladung erhalten. Erst als ich empört protestierte und nachfragte, ob
man denn wirklich der Meinung sei, dass die Frau des
Hauses in einem solchen Fall unbeteiligt und nichtwis-
send abseitsstehen könne, wurde auch ich einer Anklage
für würdig befunden. Allerdings musste ich noch einmal
sehr nachdrücklich darauf hinweisen, dass wir aus einem
gemeinsamen Entschluss heraus gehandelt hatten.

Schließlich jedoch machte man uns beiden den Prozess – sogar am gleichen Tag. Die Sache kam uns teuer zu
stehen. Einschließlich der Übersetzungskosten – man
hatte Mike und Tracy in den USA über ihre Tübinger
Zeit verhört – hatten wir circa 25 000 Mark zu zahlen.
Das war sehr viel Geld. Auch die Versicherung, dass die
Strafe an die Bosnienhilfe gehen dürfe, was doch sicherlich in unserem Sinne sei, half da wenig.

Schmerzhafter als die Geldstrafe aber bewegte uns die
Tatsache, dass alle unsere Bemühungen, Mike und Tracy
in den USA aufzufinden, erfolglos blieben. Wir hätten
Mike gern geholfen, die von ihm erträumte Ausbildung
zum Sozialpädagogen zu absolvieren. Um sie zahlen zu
können, hatte er sich für fünf Jahre als Soldat verdingt:
mit dem Versprechen einer Abfindung, die den Aufwand
gedeckt hätte. Nach seiner Desertion war die Prämie hin-
fällig. Ich weiß nicht, was aus ihm geworden ist. Auch
Tracy haben wir aus den Augen verloren. Sie hatte einen

kleinen Sohn in Chicago, dessen Vater, wie sie mir erzählte, bei einer der in ihrem Milieu offenbar nicht seltenen Straßenschlachten zwischen rivalisierenden *gangs* in
ihren Armen verblutet war.

Die Reaktion der Öffentlichkeit auf unsere Verurteilung war überwältigend. Uns war sie eher peinlich. Wir
hatten weder Juden versteckt noch Widerstandskämp-
fern Unterschlupf geboten. Den immer wieder bemühten Vergleich mit Menschen, die während der NS-Zeit
Verfolgte aufgenommen hatten, fanden wir indezent:
Die Georg Heisler geleistete Fluchthilfe war uns Vorbild
gewesen – aber nie hätten wir gewagt, unser Tun auch
nur in die Nähe dessen zu rücken, was damals geleistet
worden war. Wir haben zwei Soldaten versteckt – nein,
nicht versteckt: Das war im friedlichen Tübingen, wo
man an jeder Straßenecke weiße, gelbe oder schwarze Ju-
gendliche treffen kann, bei Gott nicht nötig; unsere
Gäste konnten sich in dieser Stadt völlig frei bewegen.
Nicht versteckt also, sondern aufgenommen. Aufgenommen, weil ein martialisch gesinnter Truppenkomman-
deur ihnen das gesetzlich garantierte Recht auf Berück-
sichtigung einer Gewissensentscheidung verweigerte.
Aufgenommen aber vielleicht auch deshalb, weil es für
uns ein Gebot der Selbstachtung und der Achtung gegenüber allen jenen war, die sich gelegentlich an unserem
Verhalten zu orientieren suchten. Hätten wir die beiden
fortgeschickt, wäre unser ganzes bisheriges Reden und
Handeln unglaubwürdig geworden. Sich dem auszuset-
zen wog weit schwerer als eine Verurteilung wegen Bei-

hilfe zur Fahnenflucht. Ein Verdikt, das sich übrigens – sozusagen als Satyrspiel – in den Urteilssammlungen hartnäckig als eine «Verurteilung wegen Beihilfe zur Fahrerflucht» hält.

Das zweite Ereignis betraf wieder ein editorisches Projekt. Der letzte Band der Thomas-Mann-Tagebücher erschien 1995. Das heißt: Meine Arbeit war 1994 im Wesentlichen abgeschlossen, und eigentlich fühlte ich mich nicht gedrängt, gleich wieder etwas Neues zu beginnen. Dennoch sagte ich nicht «Nein», als man mich um Mithilfe bei einem Projekt bat, an dessen grundsätzlicher Planung ich nicht unbeteiligt gewesen war.

Es ging um die Geschichte der ehemaligen DDR-Akademie. Bis zur Feier des 300-jährigen Bestehens der 1696 gegründeten Anstalt sollten sowohl die ehemalige Ost- als auch die einstige West-Institution ihre Geschichte während der Zeit des geteilten Deutschland aufarbeiten und die Ergebnisse in zwei als «Reader» konzipierten Dokumentationen vorstellen. Durch meine jahrelangen Recherchen in DDR-Archiven kannte ich die beiden Ost-Wissenschaftler, die diese Aufgabe für ihre Institution übernommen hatten, sehr gut. Und als Gudrun Geißler und Ulrich Dietzel mich baten, sie durch Mitlesen und Kritik zu unterstützen, habe ich gern zugesagt.

Der mit großer persönlicher Offenheit geführte Diskurs zunächst über die Auswahlkriterien, dann über Stellenwert und Aussagekraft der einzelnen (aus circa 100 laufenden Metern Akten ausgewählten) Dokumente oder – nicht selten – die richtige Interpretation der stets mitstenographierten Diskussionsbeiträge gewann für unsere Ost-West-Trias im Laufe der Zeit mehr und mehr die Bedeutung eines deutsch-deutschen Dialogs, der uns das in vierzig Jahren gewachsene Trennende oft recht drastisch von Augen führte. Das begann für mich bei dem mir oft schwer verständlichen Sprachduktus und den Schwierigkeiten, gewisse Passagen «richtig» – will sagen, im zeitgenössischen Kontext – zu «entziffern», und hörte bei der mir aus früheren Diskussionen mit DDR-Freunden bereits bekannten Notwendigkeit des «Vokabel-Lernens» nicht auf. Trotzdem möchte ich diese Arbeit nicht missen, und wir waren alle drei nicht nur erleichtert, sondern auch ein wenig betrübt, als mit dem «Imprimatur», dem Vermerk zur Druckfreigabe auf dem letzten Korrekturabzug, die Zeit der gemeinsamen Anstrengung endete und jeder an seinen eigenen Schreibtisch zurückkehrte.

Der meine, das war klar, würde nur noch für kurze Zeit in Berlin stehen. Walter hatte lange angekündigt, dass er 1997 nicht mehr für eine dritte Berliner Amtsperiode zur Verfügung stünde. Was er für die Akademie hatte tun können, war getan. Wir räumten «unser» Atelier für György Konrád, den ersten Präsidenten nichtdeutscher Nationalität, und lebten – wenn auch zunächst noch mit intensiven Kontakten nach Berlin – wieder vorwiegend in Tübingen.

Kapitel 12

NOCH EINMAL
KATHARINA PRINGSHEIM

Im Rückblick will es mir scheinen, als habe die kurze, aber doch sehr intensive Beschäftigung mit der Geschichte der Ost-Akademie neben allem Zugewinn an historischen Kenntnissen für mich auch den Vorteil gehabt, dass sie eine definitive Zäsur zu der fast ein Jahrzehnt langen Beschäftigung mit Thomas Mann setzte. Und als ich mich – wenig später und zunächst nicht ohne Bedenken – dann doch wieder seinem Umkreis näherte, galt mein Interesse nicht ihm, sondern seiner Frau.

Immer wieder hatte ich an die Begegnung von 1960 gedacht. Der Eindruck der damals 77-Jährigen auf die 33-jährige Anfängerin war präsent geblieben, obwohl ich inzwischen fast so alt war wie damals sie. Jetzt, wo ich so lange über *ihn* gearbeitet hatte, wollte ich endlich präzise wissen, wer diese von mir so bewunderte Frau jenseits *seiner* Interpretation und über meinen kurzen Eindruck hinaus eigentlich gewesen war. Ich wollte *ihre* Gefühle, *ihre* Wünsche kennenlernen und erfahren, was sie selbst gedacht oder empfunden hatte – nicht nur, was ihr Mann glaubte, dass sie dächte oder empfände. Mich interessierten ihr Elternhaus, ihre Lernmöglichkeiten, das Verhältnis zu ihrem Mann und den Kindern, kurz: ihr Lebensentwurf und die Frage, wie weit sie ihn verwirklichen konnte.

Zunächst schwebte mir eine Edition ihrer Briefe vor: eine Auswahl aus den viele tausend Seiten füllenden Episteln, die authentisch zeigen, wer und wie Katia Mann war. Aber dieses Vorhaben erwies sich schnell als undurchführbar: So gut und spannend diese Frau schreiben, so witzig und süffisant sie die Dinge auf den Begriff bringen konnte – die Wiederholungen ermüdeten. War die Lektüre ihrer ersten Klage über den ständigen Dienstbotenärger noch ein großes, kulturgeschichtlich interessantes Vergnügen, so provozierte die zweite bereits ein gewisses Déjà-vu-Gefühl, und beim dritten Mal war das Interesse gleich null. Es gab keinen Zweifel: Für eine lesbare Edition hätten die Briefe so stark gekürzt werden müssen, dass ein dokumentarischer Anspruch des Buches nicht hätte eingelöst werden können.

Doch wie dann? Mit großem Zögern – ich fühlte mich so gar nicht als Schriftstellerin – näherte ich mich dem Plan einer dokumentarisch abgesicherten Biographie. Seit den neunziger Jahren hatte ich mich mit wachsendem Interesse den Frauenporträts von Carola Stern zugewandt: zunächst ihrer eigenen Biographie, dann denen über Dorothea Schlegel, Rahel Varnhagen oder Johanna Schopenhauer und schließlich auch ihren Analysen berühmter Paarbeziehungen. So wie Carola würde ich es nie können. Mir fehlte, das wusste ich sehr wohl, die selbstverständliche Beherrschung des schriftstellerischen Handwerks, die Souveränität, die nötig ist, um verschiedene Handlungsebenen miteinander zu verknüpfen, die Eleganz der Formulierungen, die es möglich machte, über Lücken in den erhaltenen Zeugnissen hinwegzufabulieren. Carola brauchte keine Konvolute authentischer Schriftstücke. Wenige typische Dokumente genügten ihr. Sie besaß eine starke Vorstellungskraft und, vor allem, große sozialgeschichtliche Kenntnisse nebst einem untrüglichen Sinn für die jeweils richtige Fragestellung.

Das alles hatte ich nicht. Ich war weder Schriftstellerin noch Journalistin. Natürlich traute ich mir zu, mich in Probleme und Personen hineindenken zu können – aber die Sammlung und minuziöse Auswertung biographischer Zeugnisse war unerlässliche Voraussetzung für mich, um überhaupt eine Zeile schreiben zu können. Carola praktizierte eine völlig andere Art des Herangehens. Es müsste interessant sein, sich mit ihr zu unterhalten.

Da ich aber noch mit anderen Dingen beschäftigt war, trat dieser Gedanke bald in den Hintergrund. Er tauchte erst wieder auf, als eines Sonntagmorgens in meinem Arbeitszimmer das Telefon klingelte: Carola Stern. Ob sie mich um einen Gefallen bitten dürfte. – «Natürlich, gern.» Ich war ehrlich erfreut.

Sie erzählte mir, sie säße an der Lebensgeschichte von Fritzi Massary, der weltberühmten Soubrette und Operettendiva; ich wisse vermutlich ... Nun, ich wusste tatsächlich. Da ich Thomas Manns Tagebücher edierte, kannte ich mich ganz gut aus im Ambiente der kalifornischen Emigration, zu der auch Fritzi Massary mit ihrem zweiten Ehemann Max Pallenberg und ihrer Tochter Elisabeth gehörten: Liesl, die ihrerseits mit Bruno Frank verheiratet war. Die Franks wiederum waren nahe Freunde der Familie Mann ... usw. Ja, Golo Mann hatte nicht zu Unrecht immer von «Deutsch-Kalifornien» gesprochen: So viel Gesellschaftsklatsch wie in München gab es am Pazifischen Ozean allemal, vor allem natürlich in und um Hollywood / Los Angeles. Und ich als Editorin hatte nicht umhingekonnt, ihn jedenfalls so weit zur Kenntnis zu nehmen, wie er in den mir zur Bearbeitung anvertrauten Texten eine Rolle spielte. – Kurz und gut: Ich konnte Carola die gewünschten Auskünfte geben und ihr etwas später beim Entziffern einiger in der Tat nicht ganz leicht lesbarer Briefe helfen.

Von da an sahen wir uns öfters oder tauschten zumindest telefonisch unsere neuesten Arbeitsergebnisse und sonstigen Erkenntnisse und Ansichten über die Zeitläufte aus.

Besonders gern denke ich an einige gemeinsam im Umfeld von Carolas Jugend in Ahlbeck verbrachte Tage auf Usedom zurück, als Walter und ich eine Woche Ferien in Heringsdorf machten. Carola und Jutta Wachowiak, Schauspielerin am Deutschen Theater und mir als Akademie-Mitglied bekannt, holten uns gemeinsam mit Martin Bartelt, dem Pastor von St. Petri in Benz, von dem kleinen Flugplatz ab. Es war eine originelle Crew, die uns da empfing und mit der wir viele Stunden verbrachten: wandernd auf dem Steilufer oder am Strand entlang, vorbei an den Villen der Kaiserbäder zum Fremdenheim der Familie Assmus und zur großen Seebrücke von Ahlbeck. Oder durch Moor und Wald ans Achterwasser und zu Carolas Haus bei Balm. Martin Bartelt führte uns zu einem abgelegenen Forsthaus, in dem es schon zu DDR-Zeiten den wunderbarsten Kuchen auf der ganzen Insel gegeben habe, oder in die Küche seines Pfarrhauses in Benz, wo Heinz Zöger, Carolas Mann, eines Abends für uns alle kochte und anschließend unter den großen Bäumen des alten Gartens aus seiner Zeit im Zuchthaus Bautzen erzählte.

Die gemeinsame Zeit auf Usedom intensivierte unsere Beziehung. Außerdem wohnten Zögers seit geraumer Zeit in Berlin, was den Austausch erleichterte. Nach unserer Rückkehr nach Tübingen rief Carola mich zunehmend häufig an. Sie tat sich schwer mit ihrem neuen literarischen Projekt, das wieder einem Paar, dem Berliner Verleger Friedrich Cohn und seiner Frau, der Schriftstellerin Clara Viebig, gelten sollte. Ich versuchte, ihr in langen, detaillierten Gesprächen Mut zu machen.

Zuletzt sah ich sie bei der Feier zu ihrem 80. Geburtstag in der Bremer Landesvertretung in Berlin, die ihr Freunde, Kollegen und politische Weggefährten ausgerichtet hatten: «Und alle, alle kamen.» Ich werde den Abend nicht vergessen. Nie vorher und nie nachher wieder habe ich so viele sichtlich kranke, zum Teil sogar auf den Rollstuhl angewiesene Festgäste gesehen wie an Carolas Achtzigstem. Die Freude, mit der sie begrüßt, und die Selbstverständlichkeit, mit der sie integriert wurden, waren beeindruckend. Die gemeinsame Vergangenheit bestimmte das Zusammensein. Es wurden wunderbare Reden gehalten. Sie galten einer unerschrockenen, mutigen Frau, die sich über Jahrzehnte hin in vielen Funktionen für die Verfolgten und Benachteiligten engagiert und durch keine Drohung hatte einschüchtern lassen; die sich einen Platz in der deutschen Nachkriegspublizistik, ja, Nachkriegspolitik eroberte und ihre Stellung zugunsten derer nutzte, denen man die Möglichkeit, selbst zu reden, vorenthielt.

Es war eine eindrucksvolle Biographie, die da an diesem Abend entworfen wurde. Walter stellte den Solon-Satz: «Ich aber war wie ein Fels mitten auf umkämpftem Gefild und hielt stand», in den Mittelpunkt seiner schönen Laudatio. Die letzte Rede hielt Johannes Rau. Er sprach als einer ihrer eng vertrauten, langjährigen Weggefährten. Es wurde ein bewegender Abschiedsgruß. Jeder der Anwesenden spürte es. Walter und ich saßen mit dem Ehepaar Rau an einem Tisch. Auch wir wussten: Es ist das letzte Mal.

Dass dieser Geburtstag auch das letzte Fest mit Carola sein würde, ahnten wir nicht. Sie war recht krank gewesen und hatte mich ziemlich häufig angerufen in dieser Zeit. Vor allem, um über die Schwierigkeiten mit ihrem neuen Buch zu reden. Ich hatte ihr geraten, eine Pause zu machen und über Weihnachten mit ihrer Freundin Ursula Setzer nach Usedom zu fahren.

Zwischen Weihnachten und Neujahr kam dann der

Zusammenbruch, von dem sie sich nicht mehr erholen sollte. Martin Bartelt und Ursula Setzer brachten sie nach Berlin zurück. Dort im Krankenhaus habe ich sie noch einmal gesehen, am Tag, ehe sie das Bewusstsein endgültig verließ. Ich hatte das Privileg, täglich mit dem diensthabenden Arzt telefonieren zu können. Ursula Setzer hat sie besucht, bis zum letzten Tag. Wir waren erleichtert, dass es ihr erspart blieb, ein Leben führen zu müssen, in dem sie nicht mehr im Vollbesitz ihrer geistigen Kräfte gewesen wäre. Davor hatte sie, die so Furchtlose, sich gefürchtet.

Blicke ich heute zurück auf die Anfänge unserer Verbindung, so muss ich dankbar konstatieren, dass ich Carola genau im richtigen Moment traf: Die Unterhaltungen mit ihr machten mir Mut und, vor allem, Lust, es vielleicht doch mit einer Katia-Mann-Biographie zu versuchen. Jetzt fehlte eigentlich nur noch der letzte Anstoß. Und den erhielt ich wenig später – und wiederum, wie so oft in meinem Leben, eher beiläufig.

Diesmal fiel die Entscheidung am Ende eines Schwarzwald-Spaziergangs, auf dem ich mit Eckhard Heftrich, dem Thomas-Mann-Spezialisten, über meine Situation gesprochen hatte. «Machen Sie's», hatte Heftrich gesagt. «Sie können es. Schreiben Sie im Stil Ihrer Edition fortlaufende Anmerkungen, und Sie werden sehen: Es geht.»

Nun, «es» ging. Und es ist, wie an der «Pringsheim-Trilogie» abzulesen, mein Genre geblieben – weil es mir zum einen eine Fortsetzung der so sehr geliebten Archivarbeiten, zum anderen aber auch eine Kooperation mit meinem Mann ermöglichte. Er hatte, angesteckt von meiner Begeisterung über immer neue Dokumentenfunde, zusehends das Interesse an seiner eigentlich geplanten Autobiographie verloren und mir vorgeschlagen, meinen Plan doch in ein gemeinsames Projekt umzuwandeln. Anfangs war ich nur zögernd bereit gewesen, meine Autonomie preiszugeben. Dann aber erfuhren wir schnell, dass die gemeinsame Arbeit noch einmal eine ganz neue, interessante, wenn auch nicht unproblematische innerfamiliäre Konstellation schuf, die wir so nicht erwartet hatten.

Meine Rolle beschränkte sich nicht mehr – wie es noch bei der Universitätsgeschichte der Fall gewesen war – auf die gern (ein einziges Mal sogar von meinem Mann) als «Zubringerdienst» abqualifizierte Arbeit der Recherche, sondern jetzt war ich zumindest gleichrangige – wenn nicht sogar, jedenfalls was die konzeptionelle Arbeit betraf, durch meinen pragmatischen «Wissensvorsprung» gelegentlich führende – Partnerin. Zudem Co-Autorin, die, auch was die Niederschrift der einzelnen Kapitel anging, ihren Part beanspruchte. Dass das nicht ohne Konflikte abgehen konnte, wurde schnell deutlich. Aber wir haben uns immer einigen können, und die vielen, oft heftigen Diskussionen haben unser Leben noch im Alter interessant und spannend gemacht.

Dass sie darüber hinaus auch Früchte in Form von – wie ich finde, besonders ansprechend – gedruckten und von einem breiten Publikum sehr gut aufgenommenen Büchern zeitigen würden, hatten wir zwar gehofft, in dem dann eingetretenen Maß jedoch in unseren kühnsten Träumen nicht erwartet.

Mich hat dieser Erfolg am meisten hinsichtlich der Biographie von Hedwig Pringsheim, «Katias Mutter», gefreut, deren Leben sich mir zunehmend als repräsentativ für das Schicksal jenes deutsch-jüdischen Großbürgertums darstellte, das in den Jahrzehnten um die Wende vom 19. zum 20. Jahrhundert das kulturelle Leben in unserem Lande prägte und heute nahezu aus dem Bewusstsein der Deutschen verschwunden ist. Nicht zuletzt, weil es kaum noch Zeugnisse gibt, die von ihm erzählen könnten. Hier – davon bin ich überzeugt – hat unser Buch Pionierarbeit geleistet. Allerdings konnten wir nur erzählen, weil wir das Glück hatten, im Umkreis eines emigrierten Nobelpreisträgers noch Dokumente aufspüren zu können, die vermutlich allein durch die Prominenz Thomas Manns vor der Vernichtung bewahrt geblieben sind.

Ähnliches gilt für die Quellen des traurigen Satyrspiels von Hedwig Pringsheims «Suche nach dem verlorenen Sohn», des dritten und letzten Bandes unserer «Trilogie». Er erzählt das Schicksal von Katia Manns ältestem Bruder Erik, der als Tunichtgut und Versager das bürgerliche Ansehen der Familie bedrohte und deshalb – einem damals nicht nur in Deutschland verbreiteten Brauch folgend – an einen möglichst weit entfernten Ort, in unserem Fall nach Argentinien, verbannt und vor die Alternative gestellt wurde, sich durchzusetzen oder aber zugrunde zu gehen.

Erik Pringsheim starb in der Fremde. Seinem Schicksal nachzugehen war ebenso spannend wie schwierig und wäre ohne kompetente Helfer kaum möglich gewesen. Denn nicht nur präsentierte sich Eriks Geschichte immer mehr als aufregender Kriminalfall – auch die Recherchen erforderten viel kriminalistisches Gespür. So entwickelte sich zwischen mir und meinen beiden wichtigsten Helfern, dem in Argentinien geborenen und aufgewachsenen Tierpsychologen Juan Delius und dem bei der Hamburg Süd beschäftigten «Hobby-Archivar» Malte Witt, ein E-Mail-Austausch von neuaufgefundenen Dokumenten und Spekulationen, der uns über ein Jahr lang in Atem hielt und von allen Beteiligten mit ebenso viel Scharfsinn wie Vergnügen am Geschichten-Spinnen betrieben wurde. Diese Form der Recherche war auch für mich neu. Sie hat uns Beteiligten so gut gefallen, dass meine beiden Helfer sie immer noch weiter betreiben und mich von Zeit zu Zeit über ihre neuesten Funde unterrichten. Vielleicht muss ich der dritten Auflage noch einmal einige Seiten hinzufügen, nachdem schon das vor einem Jahr erschienene Taschenbuch circa 20 Seiten neue Erkenntnisse bot. *Work in progress* im wahrsten Sinne des Wortes – auch das eine neue Erfahrung.

Im Großen und Ganzen aber ist der Pringsheim-Komplex für mich seit etwa zweieinhalb Jahren, ungefähr seit Ende 2006 also, abgeschlossen. Das hat mehrere Gründe. Zum einen wollte ich eine Zeitlang wirklich frei sein und allenfalls kleine Aufträge übernehmen, bei denen ich – wegen des jeweils eingrenzbaren Themas – sicher sein konnte, dass sie mich nicht über Jahre hin beanspruchen würden. Ich sehnte mich danach, endlich den großen Vorzug des Alters zu genießen, nichts mehr zu müssen, jedoch noch ziemlich viel zu können und zu dürfen.

So habe ich neben kleineren Vorträgen über Themen aus dem Umkreis der Familie Mann wie zum Beispiel «Katias Reisen» oder die Geschichte des Sommerhauses im litauischen Nida / Nidden den Reiz einer Zusammenarbeit mit Musikern entdeckt. Mein Mann hatte sich diesem Genre schon Jahre vorher zugewandt und Zwischentexte zu Haydns Passionsmusik «Christi sieben letzte Worte am Kreuz» sowie zu Mozarts «Requiem» geschrieben. Ich liebte diese Musik-Wort-Veranstaltungen und freute mich oft monatelang vorher auf sie. Da war es naheliegend, sich Gedanken zu machen, ob es denn nicht auch möglich sein könnte, in einer vergleichbaren Art an die Musikkultur im Bürgertum des ausgehenden 19. Jahrhunderts zu erinnern. Seit ich von den Wagner-Adaptationen Alfred Pringsheims wusste und Bilder des Frieses kannte, den Katias Vater von Hans Thoma für seinen häuslichen Musiksaal hatte anfertigen lassen, war ich auf der Suche nach den Noten gewesen. Mit Erfolg: Die Partituren von vier Klaviertrios und drei Klavierquintetten lagen in einem Bord meines Arbeitszimmers – einschließlich der Stimmen. Jetzt fehlten mir nur noch die Musiker. Meine Redakteurs-Freundin Christel Freitag versprach Assistenz, und ich konzipierte mit Hilfe der mir vorliegenden musikalischen und literarischen Zeugnisse eine Veranstaltung, die seither unter dem Titel «Musik im Hause Pringsheim» einige Beachtung gefunden hat: Markus Hadulla und das Tomasini-Quartett spielen Wagner-Bearbeitungen des Hausherrn, und das Ehepaar Jens liest Texte, die den Zuhörern das damalige Ambiente, aber auch seine Vernichtung durch Hitler und sein Regime wieder vor Augen führen.

Wir begannen im großen Kirchsaal der Psychiatrie in Winnenden und waren in verschiedenen Schlössern zu Gast. Einmal – leider nur einmal – waren wir sogar von den Originalbildern des Thoma-Frieses umgeben, den die Staatsgalerie in Stuttgart für einen Tag aus ihrem Depot geholt und an den Wänden ihres Vortragssaales aufgehängt hatte. Das war eine Sternstunde für alle, die noch einen Platz in dem hoffnungslos überfüllten Raum gefunden hatten.

Auch im Musikzimmer Richard Wagners in der Bayreuther Villa Wahnfried bekamen wir Gelegenheit, an jene heute vergessene Kultur zu erinnern. Markus Hadulla durfte seinen Part sogar auf dem berühmten Flügel spielen. Ich denke, keiner der in Stuttgart oder Bayreuth Anwesenden – die Akteure eingeschlossen – wird diese Stunden vergessen.

Und sonst? Nun, es entstanden Zwischentexte zu Gustav Mahlers «Lied von der Erde» – eine Auftragsarbeit, die mir abermals eine Kooperation mit Musikern, in diesem Fall der Bayerischen Kammerphilharmonie, ermöglichte. Und als mich Markus Hadulla neulich fragte, ob ich Lust hätte, sein den Liedern der Josephine Lang gewidmetes Programm mit einigen Texten zu begleiten, habe ich gern «Ja» gesagt. Die mit Felix und Fanny Mendelssohn befreundete und von ihnen sehr geförderte Tübinger Musikerin, Frau des 1856 dreiundvierzigjährig verstorbenen Professors der Jurisprudenz und Lyrikers Christian Reinhold Köstlin, hatte mich schon während der Arbeit an der Universitätsgeschichte interessiert. Ihre Briefe und ihre Vita zu studieren wird nun also mein nächstes Geschäft sein.

Vor einem halben Jahr habe ich auch noch eine – nicht sehr aufwendige, aber dennoch vielleicht ganz interessante – Edition der vierzig erhaltenen Briefe von Katia Mann an ihren Tommy nebst einer Einleitung fertiggestellt, in der ich versuchte, noch einmal das zusammenzufassen, was mich an dieser Frau fasziniert und bewegt hat.

Was dann kommt? Ich weiß es noch nicht. Es hängt nicht mehr allein von mir, meinen Interessen und meinen Kräften ab, es wird sich auch zunehmend an dem Gesundheitszustand meines Mannes zu orientieren haben. Er ist seit fünf Jahren krank.

Kapitel 13

IN GUTEN UND IN
SCHLECHTEN TAGEN

Schon im Verlauf des Jahres 2002 waren mir gewisse Veränderungen in Walters Reaktionen aufgefallen. Ich hielt sie für Symptome eines allmählichen Älterwerdens. Immerhin würde er 2003 seinen achtzigsten Geburtstag feiern. Da erschienen mir Anzeichen einer veränderten «Zugriffigkeit», eines gelegentlichen Nachlassens von Konzentration und Strukturierungsvermögen zwar schmerzlich, aber nicht sonderlich beunruhigend. Ich schlug ihm lediglich vor, seine Auftritte in der Öffentlichkeit etwas zu reduzieren und sich nur noch an Diskussionen zu beteiligen, die ihn von der Sache her interessierten und in deren Themenumkreis er sich gut auskannte. Dennoch erschrak ich, als ich während einer Veranstaltung bei Sabine Christiansen über Probleme der deutschen Sprache merkte, dass er über dieses ihm doch sehr vertraute Sujet nur noch recht allgemein und ohne die gewohnte Präzision – von Brillanz zu schweigen – sprach.

Auch die Geschichte mit der Autobiographie machte nicht nur ihm, sondern auch mir zu schaffen. Er hatte sich lange nicht entschließen können, mit der Niederschrift dieses wohlerwogenen und mehrfach variierten Plans zu beginnen, für den sich seit einiger Zeit auch der Rowohlt Verlag interessierte. Die Behauptung, der Stoff langweile ihn, konnte ich ihm nicht recht glauben. Selbst der Einwand, die interessantesten Dinge habe er bereits in unzähligen Beiträgen zu irgendwelchen Sammelbänden gesagt, vermochte mich nicht zu überzeugen. Uwe Naumann, sein Lektor, versuchte es mit einem differenziert ausgearbeiteten Fragenkatalog. Ohne Erfolg. Die Skizzen und Brouillons wollten sich nicht zu einem Ganzen fügen. Walter, der stets Aktive, sozial Engagierte und Zuversichtliche, wirkte plötzlich freudlos, niedergeschlagen und ohne jede Perspektive, auf ungute Weise nur auf sich und seine in den Proportionen völlig verzerrten Probleme bezogen.

Zunächst «rettete» ihn die Arbeit an dem gemeinsamen Buch über Katia Mann. Bereits die Idee hatte ihm seine alte Lust am Planen, Disponieren und Schreiben zurückgegeben. Mit Bravour und Können stürzte er sich in die Arbeit, die er jetzt am liebsten nur nach seinen eigenen Vorstellungen, das heißt in diesem Fall: mit Hilfe der ihm vertrauten Rollenverteilung, durchgeführt hätte. Von Niedergeschlagenheit oder gar Depression jedenfalls war keine Rede mehr. Allerdings war er in seiner schlechten Phase bei einem Psychiater gewesen und lebte seither mit einem Mix von mehr oder minder regelmäßig eingenommenen Medikamenten, was mich merkwürdigerweise aber wenig beunruhigte.

Auch die vielen Lesereisen, die sich an das Erscheinen des Katia-Buches im Frühjahr 2003 anschlossen, absolvierte er ohne größere Schwierigkeiten. Er las gern und gut vor und freute sich – mit mir – am Beifall unserer immer dichtgedrängt sitzenden Auditorien. Im Gegensatz zu ihm hatte ich allerdings an den zum «Programm» gehörenden Diskussionen mehr Vergnügen als an den eigentlichen Lesungen. Ich gab mir viel Mühe, meinen Zuhörern zu erklären, warum ich Katia Mann für eine in ihrer Zeit erstaunlich emanzipierte Frau hielt, obwohl sie doch – auf den ersten Blick jedenfalls – ihr Leben fast ausschließlich in den Dienst ihres Mannes gestellt hatte. Und es befriedigte mich, zu sehen, dass vor allem die weiblichen Zuhörer mit Hilfe meiner Interpretationen begannen, zusammen mit den Gedanken über Katia Manns Art der Lebensbewältigung auch ihre eigenen Probleme zur Sprache zu bringen. Das interessierte Walter nicht sonderlich, aber er ließ es geschehen und beteiligte sich auch nur in Maßen an den Diskussionen.

Die Krise schien im Wesentlichen überstanden, als sich «Der Spiegel» im November 2003 der Erkenntnisse eines Marbacher Forschers annahm, der ein Jahr zuvor auf Karteikarten gestoßen war, die eine NSDAP-Mitgliedschaft verschiedener deutscher Intellektueller dokumentierten. Auch Walter Jens befand sich unter den Inkriminierten: Man warf ihm vor, er sei 1942 in die Partei eingetreten; selbst die Mitgliedsnummer war angegeben. Mein Mann war fassungslos. Was sollte er tun? Er selbst war sich absolut sicher, niemals einen Aufnahme-Antrag unterschrieben zu haben.

Mir setzte die ganze Angelegenheit eigentlich nur um seinetwillen zu. Ich sah, dass sie sein ganzes Selbstbild in Frage stellte, und ich fragte mich, warum. Konnte es nicht sein, dass das Ganze damals ohne sein Wissen und seine Mitwirkung über die Bühne gegangen war? «Jahrgangsweise eingezogen»: Das war doch eine gängige Praxis gewesen. Er klammerte sich an diese Vermutung wie ein Ertrinkender an einen Strohhalm. Aber die Historiker waren einhellig der Meinung, dass eine Aufnahme in die Partei ausnahmslos nur nach einem eigenhändig unterschriebenen Antrag erfolgt wäre. Meine Frage, ob es denn nicht möglich sei, dass er den ganzen Vorgang einfach vergessen habe, wehrte er ab. Undenkbar: Er habe sie doch gehasst, diese Nazis. Außerdem hätte er dergleichen schon um seiner Mutter willen nicht tun können.

Ich versuchte, ihm Brücken zu bauen: Es sei damals nichts Besonderes gewesen, das sich lohnte, im Gedächtnis zu behalten. Man sei doch nicht extra gefragt worden. Ich selbst sei mir zum Beispiel keineswegs sicher, ob nicht auch ich, gemeinsam mit «allen» meines Jahrgangs, in die NSDAP «überführt» worden sei. Und wenn nicht, dann deshalb, weil die 1927 Geborenen erst 1945 «dran gewesen» wären – im April, zur Feier von «Führers Geburtstag», als die Verantwortlichen andere Sorgen hatten als die Rekrutierung von Parteinachwuchs. Aber er blieb bei seinem «Nein». Er war sich seiner Sache absolut sicher, und ich glaubte ihm.

Dennoch irritierten mich der Tenor und die Art der Statements, die er – teilweise notgedrungen, teilweise aber auch freiwillig – den Medien gab. Von der ihn stets auszeichnenden Fähigkeit, Probleme exakt und in überzeugendem Kontext zu analysieren und die konstitutiven Fakten und Umstände präzise herauszuarbeiten, war nichts, aber auch gar nichts mehr zu spüren. Auch von dem Witz und dem Scharfsinn nicht, mit dem er stets formuliert hatte. Ein alter Mann verstand die Welt nicht mehr und beklagte fahrig-larmoyant die ihm zugefügte ungerechte Kränkung.

Nein, das war nicht seine Art, mit Anwürfen umzugehen. Er hatte Übung im Umgang auch mit ungerechten Anschuldigungen, hatte sich oft genug mit Argumenten und Gegenangriffen gewehrt. Sowohl im Einstecken als auch im Austeilen von «Freundlichkeiten» war er nie zimperlich gewesen. Und Selbstmitleid war ihm zeitlebens fremd. Woher also jetzt diese Hilflosigkeit?

Von heute aus gesehen denke ich, dass Walter schon damals kränker war, als ich es hatte wahrhaben wollen. Die zwischenzeitliche Besserung war vielleicht mehr, als ich es geahnt hatte, dem Interesse und der Freude am gemeinsamen Projekt zu verdanken, das ihm jedenfalls für kurze Zeit die Illusion vermittelt hatte, seine alte Produktivität wiedergewonnen zu haben.

Ich hatte inzwischen begonnen, Materialien für unser nächstes Projekt, «Katias Mutter», zu sammeln, in dem es um die Lebensgeschichte der Hedwig Pringsheim gehen sollte. Wie bei der Recherche für das Katia-Buch war

Walter auch jetzt ungemein interessiert an dem, was ich bei meinen Archivbesuchen zutage förderte. Vor allem meine Arbeiten in Meiningen begleitete er mit großer Anteilnahme und wartete jedes Mal fast mit Ungeduld auf meine Rückkehr. Er selbst hatte vor einigen Jahren über das dortige, im letzten Viertel des 19. Jahrhunderts hochberühmte Theater und seinen *spiritus rector*, den Herzog Georg II., geforscht. Der Vortrag, in dem er damals während einer Festwoche «vor Ort» seine Ergebnisse zur Diskussion stellte, hatte uns zum ersten Mal in das thüringische Residenzstädtchen geführt. Die dreidimensionale Präsentation der alten Bühnenbilder, für die man nach der Wende ein eigenes Museum gebaut hatte, war schuld daran, dass wir uns in der nächsten Zeit erneut mit diesem zwei Dezennien lang vermutlich renommiertesten Theater der Welt beschäftigten, an dem gespielt zu haben sich von Josef Kainz bis zu Ludwig Barnay, Adele Sandrock, Albert Bassermann oder Max Grube die größten Schauspieler der Zeit in ihren Erinnerungen rühmten. Die Korrespondenz zwischen dem nicht nur theaterbesessenen, sondern auch sachkundigen und mit allen technischen Bühnenmöglichkeiten vertrauten Herzog Georg II. und seiner «rechtmäßigen, wenn auch linkshändigen Gattin» (wie Hedwig Pringsheim mit der ihr eigenen prägnanten Süffisanz formulierte), der einstigen Schauspielerin Ellen Franz, faszinierte uns beide. Und die Vorstellung, dass nicht nur Johannes Brahms, sondern auch Max Reger, Hans von Bülow und Richard Strauss in dieser kleinen Stadt als Kapellmeister gewirkt und ihre Musiker in jedem August das Orchester des nahen Bayreuth unterstützt hatten, fügte sich gut in die Geschichte der von uns gern und regelmäßig besuchten Festspiele. Dennoch wunderte es mich, dass Walter sein Interesse so ganz unproportional gerade der Meininger Zeit unserer Heldin zuwandte.

Etwas später gab es dann allerdings noch einen weiteren Zeitgenossen, dessen Spuren er mit großer Hingabe nachging. Für die Biographie von Hedwig Pringsheim waren ihre Freundschaft mit dem Starjournalisten der Kaiserzeit, Maximilian Harden, und seine Zeitschrift «Die Zukunft» von großer Bedeutung. Wochenlang studierte Walter alle Jahrgänge, die ihm die Mitarbeiter der Tübinger UB auf großen Wagen in den Lesesaal karrten. Aber die Frau selbst blieb – dem charmanten Witz ihrer Briefe zum Trotz – merkwürdig uninteressant für ihn.

Nein, das ist falsch. Ihr Schicksal bewegte ihn durchaus – nicht zuletzt, weil es stellvertretend für Glanz und Elend des deutschen Kulturbürgertums stand. Aber – und das beunruhigte mich – er fand keinen geeigneten *modus*, dies alles darzustellen. Seine Lust, es zu beschreiben, das Bedürfnis, seinen potenziellen Lesern die Person dieser Frau anschaulich vor Augen zu führen, war ihm abhandengekommen.

Mir wurde klar: Ich durfte die Verschlechterung seines Zustands nicht länger ignorieren – so wenig wie seinen erschreckenden Verbrauch an Psychopharmaka, die er sich von verschiedenen Ärzten hatte verschreiben lassen. Ich musste irgendetwas tun. Ein Freund stellte die Ver-

bindung zur Freiburger Universitätspsychiatrie her, wo
Walter dann eine – auch von seiner Seite mit großer
Energie und Tapferkeit vorangetriebene – Behandlung
absolvierte. Ich zweifelte nicht an seinem Willen, um jeden Preis gesund zu werden. Die Klinik hatte mich gebeten, ihn in dieser schwierigen Situation nicht allein zu
lassen. So fuhr ich ihm nach – nicht gern, denn ich hatte
gehofft, in der Zeit seines Wegseins ungestört an unserem Buch schreiben zu können.

Jetzt musste ich die Arbeit auf die Zeit nach seiner
Rückkehr vertagen. Aber es gelang mir jedenfalls, abends
im Hotel das noch Ausstehende genau vorzubereiten.
Nachdem wir wieder zu Hause waren, fanden wir nach
einigen Schwierigkeiten noch einmal eine neue Rollenverteilung, und auch dieses Buch wurde fertig.

Die Behandlung in Freiburg machte es zudem möglich, noch einmal Lesereisen zu absolvieren. Aber dennoch war diesmal vieles anders. Zwar genoss Walter
immer noch die abendlichen Auftritte vor einem stets
zahlreichen Publikum. Aber im Gegensatz zu früher hielt
die Euphorie nicht lange an. Meistens war er, wenn wir
abends ins Hotel zurückkehrten, traurig und in sich ge-
kehrt. Er schlief schlecht und lief nachts oft unruhig im
Zimmer umher. Zu Hause war ich dergleichen seit Jahren gewöhnt, aber auf Reisen war es neu. Auch bemerkte
ich zum ersten Mal, dass er gelegentlich nicht mehr recht
wusste, wo er sich befand, und es ihm bei Unterhaltungen manchmal schwerfiel, den Argumenten seiner Ge-
sprächspartner zu folgen. Wenn ihm sein Ungenügen be-

wusst wurde – und das war fast immer nach nur kurzer
Zeit der Fall, versuchte er, den Eindruck mit Hinweis auf
seine Müdigkeit zu relativieren, und zog sich ganz gegen
seine Gewohnheit früh zurück. Allgemeine Probleme interessierten ihn nicht mehr, und über besondere Ereignisse war er zunehmend schlecht informiert. Die früher
bei ihm so dominante Neugier war fast völlig erloschen.

Viele Monate hatten wir und die ihn behandelnden
Ärzte dieses Desinteresse, den Verlust alles Zupackenden,
die so ungewohnten Gedächtnisausfälle bei unübersehbar
traurig-resignativer Grundstimmung als charakteristisch
für eine – vielleicht durch die vielen Anforderungen verstärkte – Depression angesehen.

Die Diagnose erschreckte mich nicht. In erster Linie
vermutlich deshalb nicht, weil Walter bereits im Herbst
und Winter 1987/88 einen ersten, sehr heftigen Ausbruch dieser Krankheit in relativ kurzer Zeit und ohne
nachfolgende Einschränkungen überstanden hatte und
uns der häufig phasenhafte Verlauf depressiver Erkran-
kungen seither bekannt war.

Damals hatte der behandelnde Internist den Psychiater Hans Heimann – Direktor der Tübinger «Klinik für
Gemüts- und Nervenkranke» (wie noch über der Ein-
gangspforte zu lesen ist) – eingeschaltet. Er war bekannt
als hervorragender Pharmakologe. Dennoch wunderte
ich mich über seine Therapie, die so ganz anders verlief,
als ich sie mir vorgestellt hatte. Sie bestand nämlich ausschließlich in einer geradezu artistisch auskalkulierten
Verabreichung von Psychopharmaka.

Zunächst hatte Herr Heimann meinem Mann vorge-schlagen, jedenfalls für die ersten Wochen der Behand-lung in die Klinik zu übersiedeln. Walter lehnte ab: ulti-mativ und ohne jede Bereitschaft zu einem Kompromiss. Der Arzt schaute mich an: «Trauen Sie sich zu, ihn bei sich zu behalten?» Ich konnte die Frage guten Gewissens bejahen: Ich hatte nicht den geringsten Zweifel, dass, wenn Walter gesund werden sollte, ich bei ihm bleiben musste. Damals wusste ich noch nichts oder kaum etwas von der Krankheit, aber dass wir sie nur zusammen in den Griff bekommen könnten, wusste ich vom ersten Augenblick an.

Herr Heimann respektierte meinen Entschluss. Abends allerdings rief er mich an und gab mir seine pri-vate Telefonnummer: «Der Apparat steht an meinem Bett. Sie sollten mir versprechen, mich sofort anzurufen, wenn Sie irgendetwas ängstigt in seinem Benehmen. An-sonsten: Jeden Morgen um 10 Uhr möchte ich Sie bei mir in der Klinik sehen.»

Der Psychiater war offenbar gewohnt, seine Patienten allein zu sprechen, und schien nicht sonderlich begeistert davon, dass ich einfach mitkam. Aber er wies mich auch nicht zurück, und so bildete sich langsam ein Behand-lungsritual heraus, das sich im Laufe der Zeit als für alle Beteiligten nützlich und für das Prozedere hilfreich er-wies. Zuerst ließ der Arzt sich von Walter den Tagesver-lauf und sein Befinden berichten, dann fragte er mich. Es schien ihn nicht zu irritieren, dass sowohl unsere Darstel-lungen als auch die Beurteilungen gelegentlich vonein-

273

ander abwichen. Er hörte einfach zu, stellte Fragen und legte die neue Dosierung der Medikamente fest. Im Allgemeinen behielt er recht; die Kurve von Walters Befinden verlief analog der am Anfang entworfenen Skizze; die kalkulierte Reduzierung der Tablettendosis provozierte äußerst selten unliebsame «Einbrüche». Besondere Irritationen blieben die Ausnahme.

Für Walter und mich jedoch verlief das Leben in einem völlig neuen Rhythmus. Die starke Agitiertheit des Patienten, sein schier unbändiges Bedürfnis nach «Auslauf», kombiniert mit einem nicht weniger mächtigen Verlangen, zu reden, zu erzählen, auch: zu klagen und zu weinen, konnte ich nur durch endlose Spaziergänge auffangen. Nie zuvor und nie wieder in meinem Leben bin ich so viel gelaufen, niemals später habe ich so lange den stets gleichen Erzählungen und verzweifelten Beschwörungen zugehört, mit denen mein Mann versuchte, seiner Ängste Herr zu werden. Immer wieder sprach er – oft ohne erkennbaren Zusammenhang – von seiner Mutter. Er verdankte ihr viel: Sie hatte das vom zweiten Lebensjahr an schwer asthmakranke Kind bis an den Rand ihrer Kräfte gefördert, ihm den Spaß am Lernen und Lesen vermittelt und Selbstbewusstsein gegeben. Sie war mit Recht stolz auf ihre Erfolge gewesen. Doch sie hatte ihn nur schwer gehenlassen können und seine zunehmende Sicherheit und Unabhängigkeit mit ambivalenten Gefühlen verfolgt. Der Sohn wusste, was er ihr verdankte. Aber jetzt, in der Krankheit, quälte ihn das Gefühl, ihr etwas schuldig geblieben zu sein. Jetzt –

so glaubte er – fordere sie das Versäumte ein. Das bedrohte ihn: «Du gehst der Mutter dunklen Weg! Du gehst der Mutter dunklen Weg!» Wie oft habe ich diesen autosuggestiven Satz von ihm gehört, wie oft ihre Aufforderungen: «Komm zu mir!», «Geh mit mir!» – immer mit der Betonung des letzten Worts.

Etwas später begann er, sich in der UB alle verfügbaren Lehrbücher der Psychiatrie zu besorgen. Seine Krankheit als Gegenstand wissenschaftlicher Explikationen: Das faszinierte ihn. «Das musst du lesen! Diese Darstellungen sind in einer ganz anderen Sprache geschrieben, als man sie sonst in Lehrbüchern findet. Da ist vom ‹bedauernswerten Patienten› die Rede. Das gibt's nicht einmal bei der Beschreibung von Krebskranken.» Da wusste ich, dass er es schaffen würde.

Bei dieser Vorgeschichte lag es nahe, dass wir uns jetzt – das heißt vor ungefähr fünf Jahren, als ich an Walter Symptome beobachtete, die mich an «damals» erinnerten – an die Diagnose «Depression» klammerten, obwohl sich das, was ich erlebte, nur in Teilen mit dem Zustand von damals deckte.

Die Ärzte der Freiburger Klinik erklärten mir, dass man in Walters Alter hirnpathologische Veränderungen in die diagnostischen Überlegungen miteinbeziehen müsse. Das leuchtete mir ein, ohne dass ich in der Lage gewesen wäre, mögliche Konsequenzen zu bedenken. Selbst als unser Hausarzt mir viel später sagte, dass mein Mann offensichtlich auf dem Weg in die Demenz sei, habe ich die Tragweite dieser Prognose nicht begriffen,

auch nicht, als er kurz darauf ein Antidementivum ver-
ordnete, um den inzwischen auch klinisch gesicherten
Prozess einige Monate hinauszuschieben.

Er kam auch tatsächlich ins Stocken oder verlief jedenfalls langsamer. Dass das Medikament für meinen Mann
von Nutzen war, wage ich zu bezweifeln: Es verlängerte
die ohnehin schon entsetzliche Zeit, in der er das Abnehmen seiner geistigen Kräfte zu realisieren begann, in der
er merkte, dass ihm gewisse Dinge entglitten, sich ver-
selbständigten, eine eigene Gesetzmäßigkeit entwickelten und sich keinem Kontext mehr fügten. Die Arbeiten
an unserem letzten Buch über den «Verlorenen Sohn»
waren qualvoll gewesen. Jetzt war es nicht mehr das ge-
nerelle Desinteresse, das Walter gegenüber fast allen Einzelheiten der Lebensgeschichte von Hedwig Pringsheim
an den Tag gelegt hatte, das mir zu schaffen machte, sondern die Tatsache, dass er, im Gegenteil und ganz gegen
seine Gewohnheit, plötzlich auf Details beharrte und
viele Seiten über Einzelheiten schrieb, auf die hinzuweisen interessant, die zu eigenen Erzählungen auszuweiten
aber – im Rahmen unserer Geschichte – absolut sinnlos
und den Kontext sprengend war. Wir gerieten uns in die
Haare. Er: zutiefst verunsichert durch mein Unverständ-
nis für seine Ideen und die – zugegeben immer harscher
werdende – Zurückweisung dessen, was er mühselig zu
Papier gebracht hatte; ich: ratlos und unfähig zu jedem
Kompromiss. So etwas hatte es zwischen uns nie gegeben. Tilman versuchte, die extremen Positionen seiner
Eltern einander anzunähern. Er sah den Weg in die

Krankheit, den sein Vater gehen würde, klarer als ich. Es gelang ihm, zu vermitteln. Das Buch wurde fertig.

Wir haben noch in verschiedenen Städten daraus vorgelesen. Aber es wurde schwieriger. Am liebsten hätte ich alles abgesagt. Doch Walter hing an diesen Veranstaltungen. Die Bühne, das Rednerpult waren bis zuletzt die Orte, an denen er sich sicher fühlte. Im Augenblick, da er zu sprechen begann, fielen die Ängste von ihm ab. Doch auch das veränderte sich im Laufe der Zeit. Wir begannen, den Text vor jeder Lesung mehrfach zu rekapitulieren, und ich übernahm von Veranstaltung zu Veranstaltung mehr von seinem Part.

In der Vor-Adventszeit 2006 haben wir noch an vier Konzertabenden in Potsdam, Berlin und Rostock mitgewirkt, die – für mich – den unwiderruflichen Abschied markieren. Hinterher gab es nur noch drei Lesungen: in Kirchzarten nahe Freiburg, in Tübingen und in Pliezhausen – einem kleinen Ort im Neckartal. Aber das waren Nachspiele, bei denen sein Part schon auf wenige Passagen beschränkt war. In Pliezhausen merkte ich, dass es Walter beim Signieren plötzlich nicht mehr gelang, seinen Namen zu schreiben: «Mach du, ich bin müde.»

Trotz dieser Epiloge: Der eigentliche Abschied meines Mannes von der Öffentlichkeit wird für mich mit den vier Aufführungen des Mozart'schen Requiems in Potsdam, Rostock und Berlin verbunden bleiben. Walter hatte die Texte, die er jetzt las, zehn Jahre zuvor für eine Tournee mit ebendem Chor geschrieben, der ihn nun auf seinen letzten Auftritten begleitete.

Ich verständigte mich mit dem Dirigenten, Kristian Commichau. Gemeinsam fanden wir einen *modus*, der uns sowohl für Walter als auch für das Auditorium tragbar erschien: ein Tisch, an dem wir beide Platz hatten, bedeckt mit einem Tuch, das vorn bis auf den Boden reichte, sodass wir uns dahinter – für die Zuhörer unsichtbar – auch während des Konzerts durch Handzeichen verständigen konnten. Die sechs Textteile hatten wir zwischen uns aufgeteilt. Aber gelegentlich überfiel Walter auch während des Lesens die Angst, oder er war plötzlich unfähig, überhaupt zu beginnen. Dann konnte er mir unauffällig signalisieren, dass ich einspringen sollte. Es gab keine peinlichen Pausen oder gar Pannen, aber es blieb – zumindest für mich – jeden Abend ein Unternehmen mit unsicherem Ausgang. Vielleicht aber war es gerade dies – das unsicher Fragende, die unübersehbare Angewiesenheit auch der Akteure auf Hilfe –, was das Gesamte so eindrucksvoll machte: Ein von Alter und Krankheit gezeichneter Mann bedenkt den Tod und lässt sich ein auf einen anderen, dessen Requiem ihm seine eigenen Ängste spiegelt, der ihm aber auch die vertrauensvolle Bitte um ein gnädiges Urteil vorspricht.

Danach ging es rapide bergab. Noch wusste Walter, wer er war und wo er sich befand, aber die Zeichen zunehmender Orientierungslosigkeit waren nicht zu übersehen. Noch stieg er ohne Hilfe die zwei Treppen in seine Bibliothek empor, setzte sich in seinen vertrauten Sessel und begann, zu lesen. Aber wenn ich nach ihm schaute, sah ich, dass er das Buch verkehrt herum hielt. Noch machte er Pläne, versprach Gutachten und kam mit voll-gekritzelten Seiten in mein Arbeitszimmer, um mir den «Text» zu «diktieren». Aber es gab keinen Text.

«Text»: Das Wort allein entwickelte sich zu einer Art Obsession. Walter wollte stets «Texte» herstellen. Eine Zeitlang versuchte ich, mit ihm gemeinsam am Compu-ter zu formulieren, machte Vorschläge und veränderte das Diktierte so, dass es einen Sinn ergab. Doch dann durchschaute er den Doppelbetrug und gab auch dieses letzte Refugium tief verzweifelt, aber klaglos auf.

Dennoch zog es ihn auch weiterhin fast zwanghaft in mein Arbeitszimmer. Es war schrecklich; doppelt schrecklich, weil ich zunehmend nur noch gereizt reagie-ren konnte und meine Zurückweisung neue Aggressio-nen provozierte. Dazu kam eine wachsende nächtliche Unruhe, die mich zur Verzweiflung trieb. Er geisterte durchs Haus, plünderte den Kühlschrank und suchte nach Schokolade. Gegen Morgen schlief er ein; so fest, dass es noch gegen halb zehn mühsam war, ihn zu we-cken. Aber er war – im Unterschied zu heute – voll an-sprechbar: Er begriff, was ich sagte, und konnte auf Fra-gen antworten. Auch war er durchaus noch in der Lage, Pläne zu entwerfen und angemessen zu reagieren.

Das änderte sich auf dramatische Weise, als ihn der Hausarzt nach einem spontanen Ausbruch heftiger Ag-gressionen in die Tübinger Psychiatrie einwies. Dort brachte man ihn medikamentös zur Ruhe. Auf den tägli-chen Spaziergängen, zu denen ich ihn in der Klinik ab-holen konnte, erlebte ich einen anderen Mann: Er war friedlich und zugewandt und sprach auch vorwiegend in zusammenhängenden, in sich stimmigen Sätzen. Aber dem, was er erzählte, vermochte ich nur noch in einzelnen Teilen zu folgen. Seine Geschichten entstammten einer Welt, die mir verschlossen blieb. Es waren komplizierte Zusammenhänge, die er mir mitzuteilen versuchte: Schilderungen, in denen er reale Ereignisse mit Assoziationen verband, die Angelesenes und irgendwann einmal Gehörtes zu für mich undeutbaren, für ihn aber furchterregenden Bildern mischten. Das Fazit blieb mir verborgen, obwohl deutlich wurde, dass es sich um eine Art Verschwörung handelte, in die er – mal als Opfer, mal als Mittäter – verwickelt war oder werden sollte. Die Akteure waren in ihren Konturen unscharfe, aber exakt benannte historische Personen, die an verschiedenen, diffus kombinierten, im Einzelnen jedoch durchaus verifizierbaren «Tatorten» handelten. Er nannte Namen: Hans, vor allem aber Sophie Scholl, Willi Graf und sich selbst (er sagte: «ich»). Ort des Geschehens war meistens Holland, Hintergrund: der Attentatsversuch in Hitlers Wolfsschanze.

Diese falsche Kombination – Wolfsschanze und Holland – kannte ich aus Thomas Manns Tagebüchern. Ich hatte meinem Mann seinerzeit davon erzählt und auch Überlegungen angestellt, wie es zu solchen Fehlinformationen hatte kommen können. Aber warum reproduzierte er den *per se* doch so belanglosen Vorgang gerade jetzt und mit Bezug auf seine eigenen Ängste? Denn dass der emotionale Kontext, in dem er seine Geschichten erlebte, durchaus negativ akzentuiert war, zeigten die Adjektive, die er benutzte: «schrecklich», «unglaublich», «gemein» usf. Aber auch von hier aus fand ich keinen Zugang zu seinen «Albträumen», obwohl sie über Tage hin der gleichen Grundstruktur folgten. Ich fragte mich und etwas später die Ärzte in der Klinik, ob sich das Ganze durch Halluzinationen begünstigende Medikamente erklären ließe. Die Antwort blieb – jedenfalls für mein laienhaftes Verständnis – im Vagen. Heute weiß ich, dass psychotische Vorstellungen zum Krankheitsbild gehören.

Nach wenigen Tagen gelang es mit vereinten Bemühungen verschiedener Instanzen, Walter ins Paul-Lechler-Krankenhaus zu verlegen, dessen Name für uns immer noch für die freundschaftliche Zuwendung von Werner Röllighoff und der Diakonisse Frieda Beninga stand, deren Obhut ich Walter so oft anvertraut hatte, wenn ich mit seinem Asthma allein nicht mehr zurechtkam.

Das war vor fast fünfzig Jahren gewesen. Schwester Frieda und Werner Röllighoff waren längst tot. Dennoch hoffte ich, dass Walter hier, in der altvertrauten Umgebung, am ehesten in die Realität zurückfinden würde.

Doch die Hoffnung trog, die Verwirrung wurde eher stärker, wozu vielleicht auch Medikamente beitrugen, die man ihm gab, nachdem er wiederholt Fluchtversuche unternommen und man ihn eines Tages völlig desorientiert circa 300 Meter vom Haus entfernt aufgefunden hatte. Es gibt in dieser Klinik keine geschlossene oder auch nur abschließbare Station.

Immerhin aber bot mir Walters Aufenthalt im Tropenheim die Möglichkeit, die Situation neu zu überdenken und die Tatsache zu realisieren, dass auch meine Kräfte begrenzt waren. Denn auch ich hatte inzwischen meinen achtzigsten Geburtstag gefeiert. Es war seit Beginn unserer Zweisamkeit das erste Fest ohne meinen Mann gewesen. Ich hatte lange gezögert, es zu feiern, zumal sich die Hoffnung, ihn jedenfalls für Stunden dabeihaben zu können, schon bald als illusorisch erwies.

Heute bin ich froh, dass ich es wagte. Ich denke gern an den Tag zurück, der dank meiner Gäste so verlief, wie Walter und ich es in der Weihnachtszeit noch gemeinsam hatten planen können: heiter und lebensfreundlich, getragen von Dankbarkeit für ein interessantes und erfülltes Dasein, der Erinnerung und dem Vorausblicken gleichermaßen Raum gewährend.

Lese ich heute die Rede, mit der ich damals – zum ersten Mal allein – Nachbarn und Freunde willkommen hieß, erstaunt mich die illusionslose Analyse der Situation, die ich meinen Zuhörern zumutete: «Walter hat seine Ideen nicht mehr in die Tat umsetzen können», hieß es da. «Er ist sehr krank geworden, liegt augenblicklich im Tropenheim und wird, soweit man so etwas voraussagen kann, auch dort nicht wieder gesund werden. Aber er wird verständnis- und liebevoll umsorgt und kann bleiben, bis wir zu Hause die notwendigen Umorganisationen und Neuinstallierungen abgeschlossen haben. Dann holen wir ihn in seine vertraute Umgebung in der Sonnenstraße zurück.»

Ich verhehlte meinen Gästen nicht, dass ich mir lange überlegt hatte, das Fest abzusagen, und erklärte, warum ich es schließlich doch nicht tat: «Ich merke, dass es mir im Augenblick mehr denn je ein Bedürfnis ist, mich des Daseins von Freunden zu vergewissern, deren Hilfe ich in der zurückliegenden Zeit dankbar in Anspruch genommen habe und deren Zuspruch mir auch in Zukunft guttun wird. Warum also sollte ich just den heutigen Tag allein verbringen?»

Ganz offensichtlich war es mir ein starkes Bedürfnis, mich angesichts der dramatischen Veränderungen gewisser Traditionen zu erinnern, die unser gemeinsames Leben strukturiert hatten: «Die Kontinuität eines variablen Grundmusters, das Zurückgreifen-Können auf ein Vertrautes, das Neues zuließ, war uns wichtig; das Basteln an der Konzeption eines Festes, die Koordinierung unserer Einfälle hat uns stets Spaß gemacht. Und so empfinde ich meine Geburtstagsfeier als ein Zusammensein, das von Walters Ideen und seiner Freude, Gäste um sich scharen zu können, wesentlich mitbestimmt ist.»

Heute, fast auf den Tag genau zwei Jahre später, bin ich erstaunt zu sehen, dass ich mir bereits damals sicher war, auf eine auch durch die Krankheit nicht zerstörbare Vergangenheit rekurrieren zu können, ohne in ihr versinken zu müssen. Das hatte ich zeitweilig vergessen.

Nicht vergessen hingegen habe ich den Wert von Freundschaft, den ich noch nie so konkret erfahren hatte wie an jenem Festabend. Und wenn ich seither eines ganz sicher weiß, dann dies: Ohne meine Kinder und ohne

Freunde hätte ich die letzten Jahre nicht durchgestanden. Dass ich zudem das Glück hatte, parallel zu vielen schmerzlichen Verlusten neue Menschen zu treffen, die mir wichtig wurden, hat mich Dankbarkeit gelehrt. Es ist wunderbar, dass man mit nahezu achtzig Jahren noch Freundschaft schließen kann.

Kein Zweifel, das Fest hatte mir gutgetan, und ich sah – zunächst jedenfalls – mit etwas mehr Vertrauen in die Zukunft. Tatsächlich klappte das Zusammenleben nach Walters Entlassung aus dem Krankenhaus auch etwas besser als vorher. Er war medikamentös gut eingestellt, physisch zunächst allerdings sehr schwach. Aber er konnte noch gehen und sich im Haus – auch auf den Treppen – ohne Hilfen bewegen. Die Angst, er könnte fallen, war zwar stets gegenwärtig und erklärt vielleicht auch ein Stück weit mein unverhältnismäßiges Angespannt-Sein. Doch wie immer: Ich fuhr mit dem Auto an den Waldrand hinter Waldhausen und ging langsam mit ihm spazieren. Manchmal klappte es sogar mit einer kleinen Unterhaltung – vor allem dann, wenn Gäste da waren.

Was den äußeren Rahmen unserer Existenz betraf, so hatte ich mir zusätzliche Hilfen organisiert und Frau Hespeler angestellt, um mich jedenfalls von der Hausarbeit zu entlasten. Ich hatte Glück gehabt mit meiner Wahl, denn schon bald zeigte sich, dass sie eine bemerkenswert gute und sichere Art hatte, mit den Orientierungsstörungen und gelegentlichen Seltsamkeiten meines Mannes umzugehen. Diese Fähigkeit, zusammen mit der Hilfe durch einen morgens und abends ins Haus kommenden Pflegedienst, schuf mir ein wenig Luft, um jedenfalls das Dringendste dessen, was so täglich an Post, Mails und Telefonaten ankam, zu erledigen.

Das war nicht immer ganz leicht. Denn obwohl ich stets den Löwenanteil der Korrespondenz, all die vielen Nachfragen, Bitten und Verabredungen, recht eigenständig erledigt hatte, fiel es mir anfangs schwer, zu realisieren, dass ich Walter – und zwar nicht nur für eine kurze Zeit, sondern für den Rest meines Lebens – nie mehr nach Prämissen und Zusammenhängen einzelner Vorgänge, Forderungen oder Bestätigungen würde fragen oder mit ihm über anstehende Entscheidungen würde reden können. Bisher hatten wir versucht, alle wichtigen Probleme in Absprache miteinander zu regeln, selbst dann, wenn sie primär in seine Kompetenz gefallen waren. Jetzt war ich auch hier plötzlich auf mich selbst zurückverwiesen und musste sehen, wie ich mit mir und seiner anwesenden Abwesenheit klarkam.

An guten Tagen genügte es, wenn ich im Hause war. Walter stand vor den Büchern in seiner Bibliothek und interessierte sich nicht für das, was ich tat. Meistens allerdings war es anders: Er wollte beteiligt sein, wenn er auch nicht mehr wusste, woran. Er bestand auf Erklärungen und reklamierte Aufmerksamkeit. Lesen und schreiben konnte er schon lange nicht mehr, aber er war noch fähig, verständlich zu artikulieren und in vollständigen Sätzen zu reden, die allerdings gelegentlich nicht verbergen konnten, dass er dem Verlauf der Gespräche nicht

mehr folgte, sondern gewisse Stichworte ihn veranlassten, seine Gedanken eigene Wege gehen zu lassen.

Seine jeweiligen Interessen bestimmten den Gang der
Dinge – nicht nur in der Unterhaltung, sondern auch im
konkreten Tagesablauf. So lehnte er es zum Beispiel mit
großer Entschiedenheit ab, den eigens für ihn neu eingerichteten Schlaf-, Sanitär- und Wohnbereich im unters-
ten Stockwerk zu beziehen. Er weigerte sich, sein altes
kleines Zimmer unter dem Dach zu verlassen. Lieber zog
er mit Kissen und Decke durchs ganze Haus, als dass er
das neue Bett und die ihm noch unvertraute Umgebung
akzeptierte.

Natürlich fügte ich mich seinem Willen und ließ ihn
gewähren – aber seine Uneinsichtigkeit setzte mir zu. Ich
schämte mich meines Zorns: Ich wusste doch, dass er
krank war. Dennoch reagierte ich heftig, wenn er mich
Nacht für Nacht durch sein Herumgeistern störte oder
gar plötzlich vor meinem Bett erschien. Warum hatte er
immer just dann das dringende Bedürfnis, irgendein
Problem mit meiner Hilfe zu lösen, wenn ich schlafen
wollte? Auch trug es kaum zu einem freudigen Tagesbe-
ginn bei, wenn die Küche morgens wie ein Schlachtfeld
aussah und erst einmal in Ordnung gebracht werden
musste, ehe das Leben weitergehen konnte.

Langsam – vermutlich aus Selbsterhaltungstrieb –
lernte ich, ein bisschen nachsichtiger zu sein. Aber es fiel
mir schwer. Er war krank: Das war wirklich nicht mehr
zu übersehen. Aber gegen die logische Folgerung, dass
mich diese Erkenntnis veranlassen sollte, seinen Wün-

schen Rechnung zu tragen, weil ihn die Krankheit innerhalb unserer Beziehung zum eindeutig Schwächeren machte, lehnte ich mich auf. Warum? Weil ich Angst hatte, nach über fünfzig gemeinsamen Jahren nun doch noch in eine Rolle gedrängt zu werden, gegen die ich mich zeitlebens – und, wie ich dachte, auf eine «sozial gut verträgliche» und von meinem Mann unterstützte Weise – gewehrt hatte? Ich weiß es bis heute nicht genau. Aber ich weiß, dass ich die Rollenzuschreibung der überfürsorglichen Mutter stets abgelehnt habe, obwohl mir in lebenspraktischen Entscheidungen häufig nichts anderes übriggeblieben war, als mich ihr gemäß zu verhalten.

Als wir heirateten, wurde die Verbindlichkeit des traditionellen Rollenmusters für eine «gute» Ehe kaum angezweifelt. Für uns aber hatte das immer nur bedingt gegolten. Unsere Erwartungen an das gemeinsame Leben waren nicht durch die so häufig missverstandene biblische Weisung: «Er soll dein Herr sein», sondern durch das Ideal einer Partnerschaft geprägt, die sich im ständigen Dialog zwischen zwei gleichberechtigten, wenn auch verschieden veranlagten und mit unterschiedlichen Fähigkeiten ausgestatteten Menschen zu bewähren hatte. Und sie hat sich bewährt. Über fast sechzig Jahre hinweg ist die Zwiesprache zwischen uns nicht unterbrochen worden. Länger als ein halbes Jahrhundert führten wir ein Gespräch miteinander, das – jedenfalls vorsätzlich – keinen Bereich ausklammerte.

Natürlich war es vorgekommen, dass einer für den anderen «einspringen», das heißt den Part des anderen mit übernehmen musste, und ebenso natürlich hatten sich «Spielregeln» herausgebildet, Vorlieben und Zuständigkeiten, die das Zusammenleben *in praxi* strukturierten. Selbstverständlich gab es auch eine Art «Autoritätsgefälle»: Die Interessen meines Mannes, sein Arbeitsrhythmus, auch sein Asthma bestimmten unser beider Lebensraum – nicht absolut und um jeden Preis, sondern aus Gründen, die einsehbar waren. Darum war es nicht schwer, sie zu akzeptieren, so wenig wie die Veränderungen, die später durch die Kinder jedenfalls eine Zeitlang notwendig wurden.

Außerdem: Profitierten wir nicht alle von seiner Art, die Dinge anzugehen? Machten seine Arbeitsfreude, seine Phantasie, der Elan und die strukturierende «Zugriffigkeit», mit der er die Probleme anging, seine Entschiedenheit und Disziplin nicht auch unser Leben aufregend und interessant? Ich jedenfalls hatte die vielen Anregungen genossen und, obwohl mir fast alles neu und zunächst fremd gewesen war, schnell Zugang zu Walters Welt gefunden. Mir gefiel das Leben mit ihm, in dem später auch die Kinder – jedenfalls nach meiner damaligen Überzeugung – zu ihrem Recht kamen.

Zugegeben: Es wäre «vernünftiger», vielleicht sogar förderlicher gewesen, wenn wir Christoph nicht ins humanistische Gymnasium, sondern auf die Gesamtschule geschickt hätten. Es war vorauszusehen, dass ihm die Beschäftigung mit der lateinischen und griechischen Sprache in seinem späteren Leben wesentlich weniger bedeuten würde als seinem Bruder. Aber er besuchte die Schule nicht etwa, weil der Vater es wollte, sondern weil er selbst damals nur den einen Wunsch hatte, dort zu sein, wo seine Freunde hingingen. Und die gingen nun einmal aufs «UG»: das Uhland-Gymnasium.

Vielleicht setzte Walter zu selbstverständlich voraus, dass seine Söhne ähnliche Interessen hätten wie er selbst, und ließ sie deshalb sehr früh an seinen eigenen Vorlieben teilnehmen. Doch er übte niemals Zwang auf sie aus. Das schließt nicht aus, dass ihm ein Sich-Entziehen oder gar eine Verweigerung zu schaffen machte. Er hatte gelernt, seine eigenen Kindheits-Wünsche und -Vorlieben für eine lange Zeit in Übereinstimmung mit denen seiner Mutter zu sehen. Die Interessen seiner Söhne aber waren nicht immer mit denen des Vaters identisch. Selbstverständlich auch nicht mit denen ihrer Mutter. Aber ich konnte mit dieser Erfahrung leichter umgehen als mein Mann.

Doch das schadete nicht, denn wir konnten ja darüber reden. Wir hatten wenig Geheimnisse voreinander. Dennoch konnte jeder seinen Eigenraum wahren. Vielleicht musste ich mich etwas mehr anstrengen, den meinen vor Walter zu schützen, als er den seinen vor mir. Seine Neugier war stets größer. Und er war – im Gegensatz zu mir – ehrlich betrübt, wenn er merkte, dass ich gewisse Bereiche meines Lebens nicht teilen wollte. Dennoch hat es auch in dieser Hinsicht niemals ernste Konflikte zwischen uns gegeben.

Das drohte jetzt, in der Krankheit, anders zu werden. Denn wenn ich inzwischen auch ihren Namen kannte, so wusste ich dennoch im Grunde nichts von ihr und erst recht nichts von den Veränderungen, die sie bei dem Kranken auslöste. Ich sah nur, wie Walter langsam ein anderer wurde. Er begann, vielleicht aus der Angst heraus, gewisse Dinge nicht mehr mitzubekommen, zu insistieren und bestand recht ultimativ, ja, gelegentlich auch rücksichtslos auf Teilhabe. Etwas zu erfahren, eine Sache, einen Zusammenhang «in den Griff» zu bekommen: das war sein Lebenselixier gewesen. Jetzt drohte ihm alles zu entgleiten.

Er begann, sich zu wehren. Er wich mir nicht von der Seite, reklamierte «Mitarbeit» und gab Anweisungen. Weigerte ich mich, sie zu befolgen, begann er, um sich zu schlagen. Zunächst mit Worten. Später dann, als ihm die Fähigkeit, zu sprechen und schließlich auch das Vermögen, Gesprochenes zu verstehen, abhandengekommen war, auch *de facto*.

Das überforderte mich. Ich fühlte mich gedemütigt. Gewiss, er war krank, aber bedeutete das denn wirklich einen Freibrief für sein Benehmen? Füreinander zu sorgen, aufeinander einzugehen «in guten und in schlechten Tagen»: ja und noch einmal ja. Aber nicht so!

Doch ich schämte mich auch: Er wäre vielleicht nicht so, wenn ich ihn nicht so abweisend behandeln würde. Ich gab doch vor, zu wissen, wie es um ihn stand. Er wollte nicht undankbar sein, er wollte nur die eigene Hilflosigkeit nicht wahrhaben. Warum also suchte ich nicht nach Wegen, ihm zu helfen, sondern in erster Linie nach Möglichkeiten, zumindest mal eine Stunde allein zu sein? Es gab doch immerhin Augenblicke, in denen er sich freute, wenn ich auf ihn einging, seine Einwürfe und Pläne ernst nahm und versuchte, «etwas aus ihnen zu machen». Nur: was, und, vor allem, wozu?

Doch war das wirklich so wichtig? Genügte es nicht, ihm das Gefühl zu geben, dass er etwas geschafft hatte? – Ich war so wenig gewohnt, ihn anzulügen. Er würde die Demütigung außerdem sofort bemerken, und alles wäre schlimmer, als es vorher gewesen war.

Zum ersten Mal war ich ratlos. Völlig erschöpft und zutiefst verunsichert wusste ich nicht mehr, wie es mit unserem Zusammenleben in Zukunft weitergehen sollte. Ich sah die physischen Grenzen meiner Möglichkeiten, so für ihn zu sorgen, wie er es verdiente. Ja, ich war mir nicht einmal sicher, ob ich überhaupt fähig sein würde, seine Bedürfnisse zu erraten, geschweige denn, ihnen gerecht zu werden. Ich wusste nur eines – das allerdings sehr genau: dass ich ihn niemals würde verlassen können. Vor mehr als fünfzig Jahren hatte ich versprochen, bei ihm zu bleiben, «bis dass der Tod uns scheide». Das galt.

Aber wie sollte ich dieses Versprechen einlösen? Mein Nicht-Wissen machte mich wütend – zunächst auf ihn, dann auch auf mich selbst. In meiner Erinnerung sind diese ersten Monate des Jahres 2007 die schlimmsten im bisherigen Verlauf der Krankheit.

Doch noch einmal meinte es das Schicksal gut mit mir. Der Orthopäde Kuno Weise, der mir vor zehn Jahren ein künstliches Hüftgelenk eingesetzt und mich dadurch zu einem wieder bewegungs- und leistungsfähigen Menschen gemacht hatte, legte mir seit Monaten nahe, endlich auch die andere Seite operieren zu lassen. Jetzt zeigte er mir anhand der Röntgenbilder, dass es wirklich keine Alternative zu einem zweiten Eingriff mehr gäbe. Ich war sofort einverstanden, ja, ich war erleichtert: Damit hatte ich die Legitimation, jedenfalls für ein paar Wochen dem häuslichen Dilemma zu entfliehen.

Diese Aussicht gab mir plötzlich wieder Kraft, mich den Problemen zu stellen und eine Entscheidung, jedenfalls für die nächsten Wochen, zu treffen. Mir war klar: In Tübingen konnte Walter nicht bleiben. Er hätte Mittel und Wege gefunden, in die Klinik zu gelangen und sich an mein Bett zu setzen. Und ich hätte ihm nicht erklären können, warum just das eben nicht sein durfte. Es begann eine mühselige Suche nach einem Platz, an dem er für einige Wochen bleiben konnte. Ich fand ihn in einem Basler Spital. Walter fühlte sich unglücklich dort. Ich hatte nicht bedacht, dass die fremde Sprache – sprich: das Schwyzerdütsch – das Gefühl der Heimatlosigkeit verstärken würde. Aber die ärztliche Versorgung und auch die Betreuung waren gut. Und wo hätte er sich wohl gefühlt?

Er wollte nach Hause, und er wollte zu mir. Ich konnte ihm diesen Wunsch nicht erfüllen. Ich musste, jedenfalls für einige Zeit, allein sein – unerreichbar für ihn. Das war ausschließlich von mir aus gedacht. Ich wusste es. Aber ich brauchte die «Auszeit» – das wusste ich auch. Anderenfalls wäre ich mir selbst abhandengekommen. Nur auf mich allein gestellt, konnte ich das «Aus-der-Welt-Sein» nutzen.

Es hat mir gutgetan. An den Klinikaufenthalt in Tübingen schloss sich noch eine vierwöchige Reha in Bad Krozingen an. Noch nie in meinem Leben hatte ich so viel Zeit gehabt, mich fast ausschließlich mit mir und meinen Problemen zu beschäftigen. Sicherlich: In der Klinik verlangte man Disziplin, und der «Stundenplan» war mit «Anwendungen» und Übungen aller Art gut gefüllt, aber ab 17 Uhr war meistens Ruhe. Dann ging ich in den offenbar unendlichen Park, in dem ich lernen sollte, wieder «richtig» zu laufen. Er wurde mein *locus amoenus* mit seinen riesigen, aus allen Weltregionen stammenden Bäumen, den vielen blühenden, zum Teil stark und exotisch duftenden Büschen und Sträuchern und dem freundlich dahinplätschernden Bach. In dessen glasklarem Wasser konnte man die Forellen beobachten, bei jedem Regenguss aber verwandelte er sich sofort in ein reißendes, dreckiges Flüsschen. Es war faszinierend.

Bald hatte ich meine Lieblingsbänke gefunden. Jeden Tag ging ich ein Stückchen weiter und entdeckte neue Bezirke. Nach drei Wochen stellte ich fest, dass das Areal gar nicht so riesig und der im Prospekt liebevoll empfohlene, mit einheimischen Pflanzen bestückte «Staudengarten» gar nicht so unerreichbar war, wie ich anfangs geglaubt hatte.

Nach dem Abendspaziergang legte ich mich in mein Bett und las. Niemand störte mich, bis mir ein Gute-Nacht-Gruß aus Freiburg nahelegte, nicht zu vergessen, dass auch der Schlaf ein Teil der Therapie sei.

Wenige Tage vor dem Ende meiner Krozinger Zeit

kehrte Walter nach Tübingen zurück. Frau Hespeler hatte sich bereit erklärt, seine Versorgung zu übernehmen. Er war glücklich, wieder daheim zu sein. Kurz darauf stürzte er. Tilman rief mich an: Es sei nichts Lebensbedrohendes, doch habe man ihn wegen einer Hirnblutung in die Klinik bringen müssen. Sein Bewusstsein sei getrübt, was indes nichts Gravierendes bedeuten müsse. Die Reaktionen und die Beweglichkeit seien – soweit das Wort bei seinem Zustand überhaupt zutreffend wäre – «normal»; der weitere Verlauf müsse zeigen, ob ein operativer Eingriff nötig sei. Er bat mich aber, auch im Namen seines Bruders, die wenigen noch vorgesehenen Tage in Krozingen zu bleiben und die Reha ordnungsgemäß zu beenden. Meine sofortige Anwesenheit in Tübingen sei – so wie die Dinge nun einmal stünden – nicht erforderlich, weil sie den Vater, wenn er sie denn überhaupt erfassen könnte, vermutlich eher beunruhigen würde. Er läge auf der neurochirurgischen Intensivstation und sei gut betreut.

Nun, die weiteren Bilder des Computertomographen zeigten, dass man mit der Operation zuwarten konnte. Vielleicht würden sich die Blutungen von allein zurückbilden. Als mich Christoph und seine Frau, Isabel, wenig später in Bad Krozingen abholten, war Walter bereits aus der Klinik entlassen. Er lag unten in dem neu eingerichteten Zimmer, in dem er noch vor wenigen Wochen nicht hatte bleiben wollen. Jetzt gab es keine andere Wahl. Nur von hier aus war es möglich, ihn adäquat zu versorgen. Aber er hätte sich auch nicht wehren können: Als ich

heimkam, lag er mit offenen Augen in seinem Kranken-
bett. Sprechen konnte er nicht mehr; ich hatte auch nicht
den Eindruck, dass er mich erkannte. Ich setzte mich zu
ihm, doch er reagierte nicht. Ja, er schien kaum etwas zu
bemerken; auch meine Krücken nicht, die der Situation
für mich einen etwas komisch-gespenstischen Anstrich
gaben. Er schaute in eine andere Richtung.

Bald merkte ich, dass er allein weder gehen noch auch
nur stehen konnte. Man musste ihn füttern. Das Trinken klappte allenfalls mit Hilfe einer Schnabeltasse. Nie
hätte ich damals geglaubt, dass er wieder fähig sein
würde, sich allein in der Wohnung bewegen und – zumindest in Maßen – auch orientieren zu können.

Wir kämpften um ihn. Frau Hespeler richtete ihn auf,
gab ihm zu essen und sorgte dafür, dass er nicht austrock-
nete. Wenige Tage später ließ sie ihn gestützt vorm Bett
stehen, und schließlich gelang es ihr, ihn – gemeinsam mit
einem Helfer – ins gegenüberliegende Bad zu bringen.
Mit immer neuen Einfällen brachte sie ihn dazu, seine
Beine zu bewegen, um der Atrophierung der Muskulatur
entgegenzuwirken. Sie sprach mit ihm, als ob er jedem
ihrer Worte folgen könne. Und er lernte wieder, zu verstehen, was sie meinte. Wir wagten es, einen Rollstuhl zu
kaufen. Sie fuhren ihn in den Garten. Ich setzte mich zu
ihm. Manchmal kam auch Besuch. Walter erkannte ihn
so wenig wie mich. Nachmittags setzte seine Betreuerin
ihn – gemeinsam mit ihrem Freund – in ihr Auto, packte
den Rollstuhl in den Kofferraum und fuhr an den Waldrand. Dort, wo die Sonne am längsten schien, schoben sie

ihn auf dem Sträßle an den Obstbaumwiesen entlang. Nahe der warmen Bank am Parkplatz halfen sie ihm, den Wagen zu verlassen und die paar Schritte dorthin zu Fuß zu bewältigen. Dann durfte er eine Zeitlang ausruhen.

Trotzdem dauerte es Monate, bis er sich wieder selbständig bewegen konnte. Frau Hespeler ließ nicht locker. Sie investierte viel Geduld, Energie und, vor allem, Zuwendung. Aber schließlich konnte er wieder laufen. Zunächst in der Wohnung, dann auf immer längeren Spaziergängen, die er bis heute tagtäglich absolvieren muss. Lange Zeit stand der Rollstuhl noch griffbereit auf dem Flur, vor ungefähr einem halben Jahr haben wir ihn in den Keller verbannt. (*Addendum* bei Abgabe des Manuskripts: Seit einigen Tagen steht er wieder in der Wohnung. Wir brauchen ihn für längere Spaziergänge im Freien.)

Mein Mann lernte auch wieder, selbständig zu essen und zu trinken. Es geschieht nur noch selten, dass er sein Glas auf den vollen Teller zurückstellt. Wir wagten es wieder, vertraute Freunde zu den Mahlzeiten einzuladen, denn wir haben den Eindruck, dass ihn «Tischgespräche» erfreuen. Dabei ist es für sein Wohlbefinden nicht nötig, das Wort ständig an ihn zu richten. Es genügt, ihn anzuschauen und so in die Unterhaltung einzubeziehen. Er versteht zwar nicht, was gesagt wird, er kann auch keinem komplexen Handlungsablauf oder Zusammenhang folgen. Er orientiert sich nicht an dem, was, sondern daran, wie etwas gesprochen wird. Die Satzmelodie, der phonetische Duktus und die gestische Zuwendung entscheiden, ob er sich zugehörig oder ausgeschlossen fühlt. Muss er befürchten, dass das Gespräch über ihn hinweg geführt wird, reagiert er aggressiv; wird er einbezogen, kann es passieren, dass er sich mit Einwürfen, Halbsätzen oder auch mit Wortfolgen beteiligt, die zwar unverständlich artikuliert und ohne erkennbaren Sinn bleiben, aber den Ton der Unterhaltung aufnehmen und weiterführen. In solchen Augenblicken wirkt er einverstanden und entspannt, manchmal scheint er sogar Freude zu empfinden.

Und ich? Ich weiß: Angesichts solcher Entwicklung habe ich allen Anlass, dankbar zu sein. Über weite Strecken bin ich es auch. Aber ich werde die Angst nicht los, mit den körperlichen Fähigkeiten könnte ihm auch ein tieferes Bewusstsein für seine Situation zurückkehren. Freunde und Ärzte sagen mir, dass das unmöglich sei. Und sie erklären mir auch, warum. Ich glaube ihnen, ihre Beweisführung überzeugt mich. Ich weiß, meine Angst ist unbegründet. Und trotzdem: Wenn er weint und in fast vollständigen Sätzen klagt: «Es ist alles schrecklich», «Ich habe Angst», «Ich will nicht mehr», «Ich bin so traurig», wenn er sagt: «Ich bin verzweifelt», «Ich bin so allein», oder wenn er mich in immer neuen Variationen auffordert: «Hilf mir!», «Hilf mir doch endlich!», könnte ich eigentlich nur noch heulen. Aber da das eben nicht geht, ohne dass er sich vollends hilflos fühlen würde, sage ich irgendetwas, was mir gerade einfällt. Ich frage – völlig sinnlos, denn was sollte er antworten? –: «Warum hast du denn Angst?», und ich versuche, ihn zu trösten: «Wir sind doch alle da.» Gelegentlich rede ich

297

ihm auch ein, dass sein Leben doch so schrecklich eben nicht sei; bemühe mich, je nach Jahreszeit, entweder den Tannenbaum und das warme Kerzenlicht, den zu erwartenden Geburtstagsbesuch oder das Frühjahr mit den ersten Blumen, vielleicht auch schon den Sommer, wenn es schön warm sein wird, zu beschwören als Ereignisse, die er demnächst erleben und mit Sicherheit genießen wird. Manchmal erreiche ich ihn so, manchmal ist es möglich, ihn mit Hilfe eines Stückchens Schokolade oder Kuchen einfach abzulenken.

Ich weiß, es wäre besser, ich ginge nicht auf seine Ängste ein, sondern erzählte ihm von etwas ganz anderem. Manchmal gelingt es mir. Dann finde ich ein Wort, einen Satz, eine Geste, die in ihm eine Assoziation wecken und ein «Gespräch» in Gang bringen. In solchen Momenten ist alle Trauer vergessen. Der Tonfall, in dem Walter dann reagiert, verrät, dass er ganz «bei der Sache» ist. Jetzt bin ich es, die keinen Kontext erkennt und nur gelegentlich erraten kann, was ihm durch den Kopf geht. Doch das ist belanglos. Wenn es mir gelingt, mich auf seinen Sprachrhythmus einzustellen, ist die Logik Nebensache: Er antwortet auf die Modulation, unterscheidet, ob ich meinen Worten einen mehr bestätigenden oder aber einen fragenden Ton unterlege. Beides regt ihn offenbar zu entschiedenen Antworten an: «Das dachte ich auch», «Genau», oder: «Auf jeden Fall», «Ja, so machen wir's». Oder eben: «Nein, das will ich keinesfalls», «Das will ich nicht hoffen» und «Das denke ich nicht». Nach einiger Zeit wird er müde und beendet das Gespräch: «Okay», «Ist das klar?». Manchmal schläft er auch einfach ein, und wenn er wieder aufwacht, ist alles vergessen.

Ich weiß inzwischen: «Präsent» ist er auch in seinen guten Momenten nicht. Er realisiert nicht, was er sagt, erfasst weder die Situation, um die es in der Unterhaltung geht, noch seine eigene. Aber kann ich sicher sein, dass er auch sein Ungenügen nicht empfindet? Warum ist er denn so oft traurig und verzweifelt? Werde ich je eine Antwort finden, die meine Sorge zum Schweigen bringt, dass ich ihm mit meiner Interpretation seines Zustandes eigentlich immerzu Gewalt antue, auch und vielleicht sogar gerade dann, wenn ich es «gut mit ihm meine» oder «sein Bestes will»?

Weiß ich denn überhaupt, was «sein Bestes» ist? Sicher: Er muss an die Luft, er muss seine Beine bewegen, wenn er «gesund» bleiben soll. Aber wenn er nun viel lieber nicht gesund wäre? Oder wenn er jetzt nicht «gehen» und nicht wegfahren, sondern lieber im Sessel vor sich hin dösen möchte? Woher nehme ich die Berechtigung, ihn von morgens bis abends mit Dingen zu «erfreuen», von denen er sich unter Umständen eher belästigt fühlt? – Essen tut er gern – das ist unübersehbar. Selbst Dinge, die er früher nicht angerührt hätte, schmecken ihm heute vorzüglich. Auch das Autofahren liebt er im Allgemeinen sehr, und neue Eindrücke und Menschen erfreuen ihn meistens. Er lacht und winkt mir und den anderen zu.

«Meistens» und «im Allgemeinen»: Kann ich denn

immer richtig beurteilen, ob das «Jetzt» mit den «im Allgemeinen» vorherrschenden Bedürfnissen übereinstimmt? Und selbst, wenn meine Einschätzung der konkreten Situation zutrifft: Richte ich mich nicht allzu häufig mehr nach meinen Plänen mit ihm als nach seinen Wünschen? Tröste ich mich oder ihn mit dem Hinweis, dass es «ganz bestimmt gut», ja sogar «besonders schön» werden würde, wenn er mir jetzt folgte? Ich weiß es nicht.

Ich weiß es so wenig, wie ich eine Antwort auf die Frage habe, ob es wirklich Todeswünsche sind, wenn er wiederholt und sehr deutlich artikuliert: «Ich will nicht mehr», «Ich möchte tot sein», «Bitte, lass mich sterben». Ich kann nicht sicher sein, dass er wirklich meint, was er sagt, und ob ihm das Problem des unwiderruflichen Endes, des «Nie mehr wieder» überhaupt «bewusst» ist. Aber es ist ihm, zumindest auf der Gefühlsebene, zeitweise sehr ernst mit dieser Bitte ums Nicht-mehr-sein-Wollen und Endlich-aufhören-Dürfen. Das weiß ich genau.

Warum komme ich diesem Wunsch nicht nach? Wir waren uns doch einig: ich für ihn, er für mich. Nun hat es mich getroffen. Und was mache ich? Ich denke darüber nach, wie ich ihm sein Weiterleben so erträglich, ja, so schön wie irgend möglich gestalten kann. Hat er das gewollt?

Vor einigen Jahren haben wir – mein Mann und ich – eine «Betreuungs- oder Vorsorgevollmacht» unterschrieben, in der wir den jeweils anderen (und in späterer Abfolge dann unsere beiden Söhne) ermächtigen und

300

verpflichten, dafür zu sorgen, dass unsere Verfügung hinsichtlich der medizinischen Versorgung und des Beistands im letzten Abschnitt unseres Lebens auch wirklich in die Tat umgesetzt wird, wenn klar ist, dass der Prozess des Sterbens unumkehrbar oder ein durch Schmerzen oder geistige Umnachtung sich selbst entfremdetes Leben unzumutbar wird.

... ein durch geistige Umnachtung sich selbst entfremdetes Leben: Die Verfügung präzisiert, was wir zum Zeitpunkt unserer Unterzeichnung darunter verstanden haben wollten. «Wenn ich geistig so verwirrt bin, dass ich nicht mehr weiß, wer ich bin, wo ich bin, und Familie und Freunde nicht mehr erkenne», heißt es dort, «dann verlange ich, dass alle medizinischen Maßnahmen unterbleiben, die mich am Sterben hindern.»

Weder er noch ich konnten damals wissen, wie es sein würde, wenn einer von uns wirklich nicht mehr weiß, wer und wo er ist; wenn er wirklich weder lesen noch schreiben, ja, wenn er nicht einmal mehr sprechen kann. Walter hat es inzwischen erfahren. Aber sein Zustand macht es ihm unmöglich, mir diese Erfahrung mitzuteilen. Ich kann – auch nach einem langen Lernprozess – bestenfalls ahnen, was er erlebt. Der Rest ist und bleibt Interpretation.

Vermutlich aber werde ich es sein, die entscheiden muss, ob, wenn er akut krank wird, medizinische Maßnahmen getroffen werden sollen, die zu einer Verlängerung seines Lebens beitragen könnten. Jeder Atemwegsinfekt kann bei einem Asthmatiker die Frage «Antibiotika ja oder nein?» zu einer Frage auf Leben und Tod werden lassen.

Nach wie vor bin ich entschlossen, den damaligen Willen meines Mannes zu respektieren. Aber wird es mir gelingen? Was werde ich tun, wenn ich sehe, dass er sehr leidet, dass er nach Luft ringt und ein Antibiotikum ihm die Luftnot mit hoher Wahrscheinlichkeit nehmen würde?

Heute weiß ich: Ich werde es vermutlich erst dann entscheiden können, wenn es wirklich so weit ist. So lange – und nicht nur dann, wenn es um sogenannte letzte Fragen geht – muss ich mich bemühen, so «vernünftig» wie möglich, das heißt Erleichterung oder Belastung für ihn gegeneinander abwägend, zu handeln. Ich habe erkennen müssen, dass es nicht immer hilfreich ist, allzu viel über meine Befindlichkeiten zu grübeln. Ich sollte besser lernen, ohne großes Nachdenken das zu tun, was der jeweiligen Situation angemessen ist.

Das heißt aber auch: Ich sollte zufrieden sein, wenn mein Mann plötzlich wieder über Fähigkeiten verfügt, die ihm längst – und, wie es schien, endgültig – abhandengekommen waren. Ist es nicht schön, dass er wieder nach mir fragt: «Wo ist meine Frau?», und wenn er mich kommen sieht, freundlich-erleichtert konstatiert: «Ach, da bist du ja»? Ich denke, er weiß nicht, was «meine Frau» bedeutet, aber monatelang hatte er weder meine Anwesenheit zur Kenntnis genommen noch bemerkt, wenn ich nicht da war.

Auch die Tatsache, dass er gelegentlich wieder voll-

ständige Sätze formuliert und auf Fragen angemessen
antwortet: «Wie heißt Ihre Frau?» – «Frau Dr. Inge
Jens», sollte mich – jedenfalls einen Augenblick lang –
freuen. Ich muss vielleicht gar nicht immer – und möglichst noch im gleichen Atemzug – nach den Ursachen
dieses Phänomens fragen. Theoretisch «weiß» ich doch
längst, wie so etwas möglich sein kann. Auch wenn mich
die unerwartete Wiederkehr gewisser Fähigkeiten immer
wieder erschreckt.

Ja, ich sollte mir ernsthaft Mühe geben, mich mit diesem «Wissen» zu bescheiden und mich nicht immer neu
durch Unvorhersehbarkeiten irritieren zu lassen. Manchmal hoffe ich, zumindest auf dem Weg dahin zu sein. In
unserer Sprache gibt es das schöne alte Wort «anheim-
stellen». Ich beginne, es für mich neu zu buchstabieren,
und ich weiß inzwischen, dass ich trotz der alles verän-
dernden Krankheit meines Mannes immer noch zu den
Privilegierten gehöre.

So traurig, ja schrecklich und quälend vieles ist – die
Umstände, unter denen ich es bewältigen muss, erleich-
tern mir das tägliche Leben in einem Maße, wie es vermutlich nur wenigen Schicksalsgenossinnen vergönnt
ist. Ich habe Menschen gefunden, deren Hilfe es mir ermöglicht, Walter zu Hause zu behalten. Er muss seine
Tage nicht in einem Pflegeheim verbringen. Die ihm seit
Jahrzehnten vertraute Umgebung erleichtert die Orientierung, auch wenn er das Haus, in dem er seit über vierzig Jahren lebt, oft nicht als sein «Zuhause» erkennt.
Wenn die Bilder in seinem Kopf das Hier und Jetzt ver-

lassen, heißt «zu Hause» für ihn: bei Vater und Mutter und bei Günter, dem kleinen Bruder, in der Etagenwohnung der Husumer Straße, Hamburg-Eppendorf, unweit des Sportplatzes: Geborgenheit im Ambiente der Kindheit. Nachts verlangt er gelegentlich von mir, ich möge ihn dorthin bringen. Man warte auf ihn. Das muss ich akzeptieren.

Aber ich weiß auch: Sein Haus in der Tübinger Sonnenstraße ist der Ort, an dem er sich unter den jetzigen Umständen am sichersten fühlen kann. Er kennt jede Treppenstufe und weiß, wo seine Bücher stehen. Sie findet er auch dann, wenn er nicht realisiert, wo er eigentlich ist. Ein Buch in der Hand zu halten befriedigt ihn, auch wenn er es nicht mehr lesen kann.

Vielleicht sollte ich nicht immer meinen, ihm vorlesen zu müssen. Denn wenn ich ihm vorlese, kann er nicht folgen. Er hört nur Worte, die sich ihm nicht mehr zu einem Sinn zusammenfügen. Aber wenn ihm der Klang bekannt erscheint, spricht er sie nach. Der Duktus des Vorgelesenen, der Rhythmus der Sprache scheint Assoziationen zu wecken, vor allem dann, wenn nicht ich, sondern sein einstiger Schüler Kurt Oesterle ihm vorliest. Dann hört er häufig intensiv zu. Dass er schon Minuten später nicht mehr weiß, was er gehört hat, ist ohne Belang. Er genießt die Melodie der Sprache auch ohne «Sinn».

Sprache: Das war sein Werkstoff; mit Sprache arbeitete er. Hört er heute Sätze, die er einst schrieb, Texte, die er übersetzte, wird er ruhig. Vor zwei Jahren, als er es gerade noch leisten konnte, sind wir mit dem Auto nach Heidelberg gefahren, zur Premiere einer Inszenierung seiner «Oedipus»-Übersetzung. Die vielen Menschen machten ihm Angst. Ich musste ihn an beiden Händen halten. Als der Vorhang aufging, schaute er mit leerem Blick auf die Bühne. Die Schauspieler begannen zu sprechen. Ihre Worte erreichten ihn nicht. Doch dann muss ihn plötzlich irgendein Satz, ein Klang, eine Fügung berührt haben. Er entzog mir seine Hände: erst die eine, dann beide, und setzte sich aufrecht in seinen Sessel: angespannt und erleichtert zugleich.

Erkannte er die Abfolge der Worte, den Ton, die Bilder? Ich weiß es nicht. Der Handlung, so viel scheint mir sicher, vermochte er nicht zu folgen. Aber er verlor seine Angst. Der Rhythmus der Sätze, ihr Duktus schienen ihm irgendwie vertraut. Fast hatte ich den Eindruck, er fühlte sich geborgen, getragen von einem Text, dessen Sinn er zwar nicht mehr verstand, der aber dennoch auf ihn einwirkte und Assoziationen weckte.

Ganz Ähnliches erlebten wir in den Weihnachtsgottesdiensten der letzten Jahre. Walter saß zusammengekauert neben mir und fragte angsterfüllt, wo er sei. Ich versuchte, es ihm zu erklären, ihm zu sagen, dass er den Raum gut kenne und schon oft hier gesessen habe. Er schien mir nicht zu glauben: «Nein, nein, nein.»

Als die Orgel einsetzte, wurde er ruhiger. Der Posaunenchor und das plötzliche Aufflammen der Lichter am riesigen Tannenbaum gefielen ihm sichtlich. Er entspannte sich und schlief ein. Doch als der Pfarrer begann,

die Luther'sche Version der Weihnachtsgeschichte vorzu-
lesen, öffnete er plötzlich die Augen, sah sich erstaunt um
und fiel leise ein: «... mit Maria, seinem vertrauten
Weibe. Die war schwanger.»

Es war, als habe sich eine Tür in seinem Kopf geöffnet
und ein Stückchen Vergangenheit freigegeben. Lukas:
Wie oft hatte er den Text gelesen – Griechisch, Latein,
English Version und eben Luther. Er hatte die Evangelien
übersetzt – jahrelang: Matthäus, Markus, Lukas ...
Schließlich, nach starken Bedenken und mit vielen Skru-
peln, auch noch Johannes. Und dann – in einem neuen
Anlauf – den Römerbrief und die Offenbarung. Erinnerte er sich? Oder waren es Kindheitsreminiszenzen:
«Es begab sich aber zu der Zeit, da ein Gebot ausging vom
Kaiser Augustus, dass alle Welt sich schätzen ließe ...»?
Ich weiß es nicht. Es ist mir auch nicht wichtig angesichts
der Erfahrung, dass dieser vertraute Text meinen Mann
am Heiligen Abend, wenn auch nur für kurze Zeit, aus
seiner Abgeschlossenheit befreite.

Ermutigt durch dieses Erlebnis, wagte ich es neulich,
Walter mit in die Jakobuskirche zu nehmen, als der Or-
ganist und Komponist Hans Georg Bertram dort ein
Konzert gab. Als Student hatte Bertram einer von uns be-
treuten Gruppe von Studienstiftlern angehört. Später, als
Kirchenmusiker in Gießen und Esslingen, entwickelte er
eigene Kompositionsformen, in denen er die Rezitation
biblischer Texte musikalisch begleitete und die einzelnen
Abschnitte durch Interludien verband, die in moderner
Tonsprache bekannte, auf den jeweiligen Text bezogene

Choräle zitierten. Dabei hatte er häufig auf Walters Übersetzungen zurückgegriffen und ihn eingeladen, seine Texte selbst zu lesen. Es waren jedes Mal schöne Veranstaltungen gewesen, zu denen ich – schon um der eindrucksvollen Kirchen wie St. Dionys in Esslingen oder St. Nikolaus in Blaubeuren willen – gern mitfuhr.

Jetzt hatte mich Hans Georg Bertram gefragt, ob ich das Konzert nicht mit Walter zusammen besuchen wollte. Es schien mir undenkbar. Er würde nicht über eine Stunde lang ruhig sitzen und zuhören können. Ich hatte Angst, es könnte ihm zu viel werden, und wollte ihn auf keinen Fall durch eine mögliche Provokation unangemessenen Verhaltens «vorführen». Bertram sagte, er würde für Plätze nahe dem Ausgang sorgen. Wir könnten jederzeit gehen. Weder er noch die beiden Rezitatorinnen würden sich gestört fühlen. Im Gegenteil, für sie, die Sprecherinnen, und ihn, den Komponisten und alten Weggefährten, wäre es eine große Freude, wenn wir es wagten. Ich sprach mit Frau Hespeler. Sie meinte, zumindest meinem Mann würde es Freude machen, und wenn wir ihn in die Mitte nähmen, würde es schon gutgehen.

Nun, wir wagten es, und es ging gut. Wieder die große Angst am Anfang: «Wo bin ich hier? Ich will weg. Nein, nein! Bitte, hilf mir!» Und wieder die Wende nach dem Erklingen des ersten Tons. – Das Werk arbeitet mit zwei Sprecherinnen: Die erste erzählt das Leben Jesu anhand ausgewählter Lukas- und Matthäus-Kapitel, die zweite kontrastiert Walters poetische Modernität durch Psalmentexte, die – in der Luther'schen Übersetzung – Jesu Befindlichkeit kommentieren. Es war faszinierend zu sehen, wie Walters anfängliche Abwehr und Ratlosigkeit einer staunenden Aufmerksamkeit wichen. Kein Zweifel, er hörte zu: mit sich steigerndem Interesse und innerer Beteiligung. Er ließ uns los und blickte nur hin und wieder fragend oder Zustimmung heischend zu mir. Manchmal sagte er sogar leise «Ja» oder «Oh, schön». Kein einziges Zeichen von Unlust oder Ermüdung: über eine Stunde hin gebannte Aufmerksamkeit. Fast hatte ich den Eindruck, auch ihn fasziniere der sprachliche Kontrast zwischen dem Evangeliumstext und den Psalmen.

Erst als auch das Nachspiel vorbei war und das Publikum zu applaudieren begann, nahm er wieder von uns Notiz: «Was machen die?» Und ehe er zugewandt und freundlich die vielen Menschen begrüßte, die ihm die Hand drücken wollten, sagte er nach einem tiefen Seufzer: «Das war wunderbar.»

Er wiederholte diesen Satz noch häufig an diesem Abend. Auch zu Hause noch, wo er ausgeglichen, ja, fröhlich und angeregt, wenn auch für uns unverständlich, weitererzählte.

«Das war wunderbar!» Ob er meinte, was er sagte? Ich kann es nur hoffen. Erfahren werde ich es nie. Dennoch bin ich mir sicher: «Ja, es war wunderbar.»

ANHANG

Namenregister

Die kursiv gesetzten Zahlen bezeichnen die Abbildungen in den Tafelteilen (= Bildnummern)

Bildnachweis

Die Fotos stammen aus der Privatsammlung von Inge Jens
mit folgenden Ausnahmen:
Hans Werner Richter-Stiftung, Bansin: 19
SLUB Dresden / Deutsche Fotothek, Fritz Eschen: 31
Erika Sulzer-Kleinemeier: 36
pa – Picture Alliance: 37, 38
Manfred Grohe: 41, 54, 57
K. H. Suchefort, Bremen: 44
Bayerische Staatsbibliothek München / Timpe: 46
Photonet.de / Lehnartz: 48
Werner W. Wille: 50
Jürgen Dietermann: 52
Sascha Fromm: 53
Bernd Schwarz: 55

Trotz sorgfältiger Recherchen konnten nicht alle Rechteinhaber
ermittelt werden. Der Verlag ist bereit, berechtigte Ansprüche
in üblicher Weise abzugelten.